KB122419

개성부원록

역주자 소개 (가나다순)

김 인 호 | 광운대학교 교수
노 혜 경 | 덕성여자대학교 연구교수
윤 훈 표 | 연세대학교 국학연구원 연구교수
임 용 한 | KJ인문경영연구원 대표

강화고려역사재단 학술총서 ①

개성부원록

김인호/노혜경/윤훈표/임용한 역주

초판 1쇄 발행 2015년 7월 30일

펴낸이 오일주
펴낸곳 도서출판 혜안

등록번호 제22-471호
등록일자 1993년 7월 30일

주소 ㉾ 121-836 서울시 마포구 서교동 326-26번지 102호
전화 3141-3711~2 / **팩스** 3141-3710
이메일 hyeanpub@hanmail.net

ISBN 978-89-8494-534-0 93910

값 18,000 원

강화고려역사재단 학술총서 ①

개성부원록

김인호 / 노혜경 / 윤훈표 / 임용한 역주

혜안

『개성부원록』은 병인양요가 발생하자 개성에서 편성된 지원부대의 종군기이다. 노혜경 교수가 국립도서관 소장 고본의 해제 작업을 하다가 이 책을 보고, 강화고려역사재단의 사업으로 추진해 보면 좋겠다는 건의를 했다. 『개성부원록』의 주체는 개성사람들이지만 사건이 벌어진 현장은 강화였고, 강화와 개성 간에는 고려시대 개성에서 강화로 수도를 이전한 것뿐만 아니라, 조선시대에도 군사적으로나 사회적, 경제적으로 특별한 유대관계가 있었다. 병인양요 때에도 전투가 끝나자 서울에서 파견된 순무영 군대와 다른 지역에서 온 지원부대는 바로 철수했지만, 개성 지원군만이 몇 달 동안 강화에 머물러 전후 복구와 치안유지를 지원했다. 이런 강화와 개성의 이런 특별한 관계는 강화고려역사재단의 설립취지와도 맞아 떨어진다고 생각했기 때문이었다.

다행히 재단의 이해로 지원을 받아 번역과 역주 작업에 착수하게 되었다. 막상 작업을 시작하자 상당히 곤혹스러웠다. 일단 번역이 쉽지 않았다. 문장도 앞뒤가 맞지 않고, 도저히 번역이 되지 않는 곳도 곳곳에 있었다. 무엇보다 당혹스러웠던 것은 책의 내용이 우리가 처음에 생각했던 것과는 많이 다른 것 같다는 사실이었다. 그 때문에 고민을 많이 했다.

그러나 어떻게든 번역을 해 나가면서 우리 걱정이 기우였다는 사실도 알게 되었다. 어려운 문장이 많았지만, 난감했던 번역도 책의 편찬방식과 특성을 알게 되자 이해가 되었다. 내용은 더욱 흥미로웠다. 강화와 개성의 특수한 유대관계가 왜 발생하게 되었는지에 대한 해답이 여기에 있었다.

그 외에도 고종시대의 사회사, 백성들의 삶의 모습, 이 시대 사족과 평민들의 생각, 조선의 군사행정과 전시행정, 한말 조선의 군비상황 등 다른 자료에서는 볼 수 없는 보물 같은 내용들이 곳곳에 기록되어 있었다. 특히『개성부원록』은 백의종군한 선비와 하급장교, 병사, 평민들의 생각과 행동, 그들로 구성된 군대의 모습을 생생하게 보여준다는 점에서 특별한 가치를 지닌다. 조선시대의 전쟁사 기록은 거의가『조선왕조실록』과 같은 관청의 기록, 지휘관의 보고서와 종군기에 의존하게 되는데, 이런 상부의 기록과 현장의 모습이 어떻게 다른지, 현장의 모습이 상부의 기록에서는 어떻게 기록되는지를 볼 수 있는 희소한 자료이다.

기록이 짧고 이런 자료들이 단편적으로 등장하는 것이 아쉽지만, 연구자들이 심도 있게 분석하면 강화와 개성의 관계사와 지역사, 한말 사회사와 군사사 연구에 크게 공헌할 수 있다고 생각된다.

쉽지 않았던 번역에 윤훈표, 김인호, 노혜경 교수가 무척 수고하셨다. 『개성부원록』은 여러 자료를 수합해서 편찬한 책이어서 개인의 회고록, 시, 고사성어, 공문서, 이두문이 다양하게 섞여 있다. 여기에 역사적 배경과 사실까지 함축되어 있는 경우가 많아 한 사람의 능력으로는 번역하기가 쉽지 않은 책이었다. 다행히 윤훈표, 김인호 교수는『승정원일기』와『고려사』등 역사서와 문집 번역에 오래 종사했다. 노혜경 교수는 고문서를 연구했고, 이두문에도 일가견이 있어서 팀워크가 잘 맞았다. 이런 개성을 살려 번역은 서로 분량을 나누어서 하지 않고 팀 작업으로 진행했다. 해설은 군사사 전문가인 윤훈표, 임용한 교수가 담당했다. 그래도 이 책이 여러 텍스트에서 중간중간 필요한 내용을 발췌해서 편찬한 책이고, 한문 번역이 쉬운 일이 아니라 생각지 못한 오류가 없지 않을 수가 없다. 그래도 빠듯한 연구기간에 우리는 최선을 다했다. 실수에 대해서는 독자 여러 분의 아량과 양해를 부탁드린다.

여기에 등장하는 인명들에 대해서는 관련자료를 최대한 섭렵해서 설명을 달았지만, 족보까지는 확인할 수가 없었다. 특히 강화와 개성의 거주민들은 족보가 아니면 찾아낼 수가 없는 분들이 다수 있었다. 아쉽지만 오히려 이 책이 발간됨으로써 여러 후손들에 의해 이 분들에 대한 추가적인 정보가 수집될 수 있는 계기가 될 수 있다면 그 또한 이 책의 가치를 높이는 일이 되리라고 생각된다.

개성 주민들이 주역이 되고, 개성에서 편찬했던 책을 강화에서 간행한다는 것이 어색할 수도 있다. 그러나 150년 전 서양인에 의해 점령당했던 강화부를 구원하기 위해 달려 왔던 그 분들에 대한 보답이라고 생각한다면 강화, 개성의 주민들이 오랫동안 기억할 만한 훈훈한 미담이 될 수 있을 것이다. 『개성부원록』에 등장하는 주역들의 후손이 강화로 이주해서 정착했을 가능성도 있다. 남북이 첨예하게 대립하는 안타까운 우리 시대에 앞으로 그 분들의 행적과 다음 이야기를 발굴하고 후손들이 만남의 자리를 가지는 것도 지역사에서, 혹은 우리의 분단의 역사에서도 의미 있는 일화가 되지 않을까 생각된다.

그동안 거의 알려지지 않았던 『개성부원록』의 가치를 수긍하시고 연구사업을 추진해 주신 박종기 이사장님과 여러 편의를 제공하신 정학수 선생님에게 감사드린다. 또한 자료조사와 교열, 교정을 도와준 윤성재 교수와 충북대 박사과정에 재학중인 정경임 선생에게도 감사를 드린다.

역자 일동

김인호, 노혜경, 윤훈표, 임용한

목 차

범 례

1. 원문(활자본)은 해석 앞에 수록하였다.

2. 번역은 원문이 생략된 부분이 많기 때문에 가능한 복원하여 문맥이 이어지도록 하였다

3. 번역문에는 간단한 인명, 지명 설명, 어휘의 뜻을 중심으로 각주를 달았다. 자세한 설명은 해설로 수록하였다.

4. 번역은 내용과 날짜에 따라 임의로 단락을 나누었다.

5. 단락별, 날짜별로 해설을 부기하였다.

6. 〈 〉표시는 번역문 중에 추정해서 복원한 부분이다.

7. 인명과 관직 일람은 부록으로 수록하였다.

8. 해설에는 『조선왕조실록』, 프랑스측 문서, 조선 기행문, 기타 병인양요 관련 자료를 이용해서 당시의 사정을 입체적으로 조망하였다.

9. 날짜는 음력을 기준으로 하고, 필요에 따라 양력을 부기하였다.

해제

한말 지방민의 현실인식과
서양에 대한 대응

노혜경

1. 개성부원록의 편찬경위

1) 편찬경위와 연도

1866년(고종 3) 9월 6일(음력) 강화에 나타난 프랑스 군함에서 병사들이 기습적으로 강화 갑곶에 상륙했다. 이들의 공격으로 8일에 강화읍이 함락되고 강화 유수는 강화도 서쪽으로 피난했다. 이것이 병인양요이다. 프랑스군의 침공보고를 받은 정부는 즉시 순무영을 조직하고, 오군영의 병사를 동원해서 순무영의 병사로 충당하는 한편, 강화에 인접한 개성과 교동에도 지원부대를 편성하라는 명령을 내렸다.

이 명령을 받아 개성부에서 지원부대를 편성한 것이 9월 11일(음력)이었다. 이 부대는 11일(음력) 밤에서 12일 자정 사이에 개성부의 성문을 나섰다. 이들은 김포반도 북쪽 해안인 정곶과 김포반도를 오가며 강화도 도하를 모색했다. 그러나 조선군의 강화진입을 방지하려는 프랑스 군함의 포격으로 개성군이나 순무영군 모두 도하가 쉽지 않았다. 그러던 중 10월 1일(음력), 순무영 천총 양헌수가 순무영군 500명을 이끌고 도하에 성공, 정족산성으로 들어갔다. 강화읍에 있던 프랑스군은 이 사실을 알고 양헌수군을 공격하다가 정족산성 전투에서 패했다. 당황한 프랑스군은 10월 5일(음력)에 철수했다. 개성의 지원군은 정족산성 전투와 철수로 프랑스군의 경계가 느슨해진 틈을 타서 10월 4일(음력)에 강화에 진입했다. 개성군이 강화읍으로 들어가기 직전에 프랑스군이 철군하는 바람에 개성군은 직접적인 교전은 벌이지 못했다. 그러나 치안유지, 프랑스 군의 재침을 경계하기 위한 경계업무 등을 수행하며 강화의 복구를 지원하게 되었다. 강화도 지원을 목적으로 편성된 군대는 공식적으로 10월 14일(음력)에 해산했고 개성의 중군과 장교들 등 유수영 근무자들은 일상적인 근무로 돌아갔다.『개성부원록(開城 赴援錄)』은 이때까지 이들 지원군의 활약상을 담은 기록이다.

　『개성부원록』은 乾·坤(상·하) 2권으로 구성되었는데, 출간되지는 않았고 필사본 형태로 전해지고 있다. 국립중앙도서관에 '據藤田亮策氏所藏本'으로 등사(謄寫)한 판본(古2707-12)이 있는데, 가장 선본이며, 장서각에는 이왕직 실록편찬위원회에서 편찬한 원고필사본이 소장되어 있다.

　책의 말미에는 강화를 지원한 개성군을 치하하기 위해 1867년 1월 11일(음력)에 실시한 특별시험의 합격자 명단이 수록되어 있고, 두 달 뒤인 1867년 3월(음력)에 작성한 「병인부원기」가 수록되어 있다. 「병인부원기」는 개성 군의 활약상을 후세에 남기기 위해 제작한 것으로 개성군의 간략한 활동상 과 개성부원군의 지휘관과 장교들, 전공자의 명단을 기록한 것이다. 「병인 부원기」는 개성부의 훈련원과 공진정(拱辰亭)에 걸었다고 한다.

　『개성부원록』의 편찬은 이 「병인부원기」의 제작과 관련이 있는 것으로 보인다. 대개 현판의 기문을 작성할 때는 배경이 되는 자료와 내용을 정리하 는 경우가 많은데, 그런 작업의 일환으로『개성부원록』을 작성했던 것으로 생각된다. 두 글의 관련성을 보여주는 사례로는 「병인부원기」의 서문과 『개성부원록』의 시문에 상당히 유사한 분장이 들어가 있다는 것이다.

　송경(松京)은 옛날부터 충의의 고향이다. 이전 역사책에 실려 있는 것은 다시 덧붙이지 않겠다. 우리 성스러운 조정에 이르러서 임진년(임진왜란)에 섬 오랑캐들의 난리에 3명의 현자(賢者)께서 순절하시자 이를 사당에 모시 고 제사를 지냈다. 무신년 호서의 난리(이인좌의 난)에 300명 기사(騎士)가 국왕을 호위하여 따라간 것을 기록한 성훈록(成勳錄)과 여러 철권(鐵券)이 있다. 신미년 관서의 변란(홍경래의 난)에는 100여명의 기병이 자신의 돈으로 기계(器械)를 갖추고 성을 깨트려 공로를 이루고 적을 무찌르는 데 목숨을 아끼지 않았다. 대략 이 송도는 풍속과 (선비들의) 사기가 그러한 곳이다.(「병인부원기」)

생각건대 송도는 충의의 고장이다. 생각해보니 우리 선조 임금 당시 임진년의 재난에 동래부사 송상현, 회양부사 김연광, 부원수 유극량 3인의 절개를 지킨 충신이 (강화부에) 있었다. 그리고 우리 영조 임금 때인 무신년 청주의 변란(이인좌의 난)에 300명이 원종(原從)의 의로움으로 일어나 아침에 떨어진 명령으로 저녁에 출발하였다. 또 우리 순조 임금 때인 신미년 정주의 반란(홍경래의 난)에 108명의 기사가 자비로 무기 등을 갖추어 천국에 가는 것처럼 그곳에 갔었다.(『개성부원록』 상권, 1866년 9월 11일)

그러나 『개성부원록』의 정확한 편찬 시기는 밝혀져 있지 않다. 다만 「병인부원기」와 함께 편찬을 시작했어도 「병인부원기」보다는 나중에 완성되었을 것 같다. 일단 『개성부원록』에 「병인부원기」가 수록되어 있는 것이 『개성부원록』의 편찬이 나중이라는 것을 말해준다. 「병인부원기」가 주요 참전자의 명단과 활약상을 간략하게 기록한 글이라면, 『개성부원록』은 주요 참전자의 경험담과 병인양요 동안에 개성부에서 접수한 보고서와 정부에서 내려온 명령서 등 각종 공문서를 날짜별로 수집해서 정리한 것이다. 간간이 편찬자가 약간의 사평을 부가하기도 했다.

『개성부원록』에 수록한 사건도 병인양요 기간으로 한정하지 않고, 1866년 상반기에 있었던 오페르트의 방문부터 기록하고 있다. 병인양요가 발생하기 이전에 오페르트의 출현부터 1866년 8월 병인양요를 지휘한 프랑스군 로즈 제독의 척후함대의 출현까지 몇 번의 출몰사건이 있었다. 개성부에서는 이양선들을 발견하는 즉시 중앙정부로 보고했다. 또 개성부는 강화와 함께 서울로 들어가는 한강 수로를 경계하는 임무가 있어서 이양선이 출몰할 때마다 개성부에도 비상경계가 발동되었다.

이 덕분에 『개성부원록』은 「병인부원기」에 비해서는 훨씬 방대한 작업이 되었다. 병인양요가 끝나고 그에 따른 개성군의 공적을 치하하기 위한 작업이 1866년 12월 말부터 1867년 1월에 걸쳐 이루어졌다. 그러나 이때까지도 개성의 하급장교들이나 향리들에 대한 구체적인 포상이 없었기 때문에 개성부의 차원에서 이에 대한 정리가 필요했던 것으로 보인다. 실은 개성 지원군, 특히 하급장교인 향리들의 활약상을 정부에서는 높게 평가하지 않았던 것이다. 1867년 1월까지 정부의 포상조치를 보면 개성부 유수였던 김수현은 바로 공조판서로 영전했고, 강화유수 이장렴이 삼도통어사로, 천총 양헌수가 강화중군으로 임명되었지만, 개성군에 대한 치하는 상대적으로 소략했다. 개성부 사족과 주민에 대한 포상도 있었지만 개별적인 포상은 거의가 개성군 종군자가 아니라 자기 재산을 털어 군량미를 제공한 부호들에게 시상되었다. 즉 전쟁에 필요한 물자지원과 군수품 수송, 군사들의 접대 등에 사재를 털고 고생한 인물들에 대한 보상적 포상이 대다수였다. 이것은 개성유수와 개성부 주민 전체에 대한 포상과 전란으로 동요했을지 모를 인심을 안정시킨다는 위무책 성격도 강했다. 하지만 정작 전투에 참전한 개성군의 참전자들에 대해서는 아무런 포상도 내려오지 않았다. 개성 지원군에 참전해서 고생했던 사람들은 불만이 컸을 것이다. 이런 이유로 그들은 자신들의 활약과 노고에 대한 일대 정리가 필요하다고 판단했을 것이다. 이에 「병인부원기」와 동시에 『개성부원록』을 편찬했거나 『개성부원록』 내용을 작성하고 이를 기반으로 「병인부원기」 현판을 제작, 그 내용까지 『개성부원록』에 수록한 것으로 보인다.

사실은 「병인부원기」를 작성한 것부터가 개성군의 활약상을 기록하자는 의미도 있지만 전공자를 정리하는 의미도 있었다. 그들은 이 기록을 토대로 포상이 내려지기를 기대했을 것이다. 그러나 정부가 냉정하게 이들을 외면한 것이다. 그 이유는 밝혀져 있지 않지만 개성군이 실전을 벌이지 않았기 때문에 정부 측에서는 별다른 공이 없었다고 생각했던 것 같다. 공조판서를 거쳐 병조판서로 영전했던 전 개성부 유수 김수현도 이상하게 이들의 포상에 대해서는 별다른 노력을 기울이지 않았다.

개성군의 지휘부는 거의가 개성유수영의 장교와 개성부의 향리들, 개성에 거주하는 약간의 사족들이었다. 그들은 정부의 이런 조치가 서운했을 것이고 자신들의 활약상을 더욱 자세하게 기록할 필요를 느꼈을 것이다. 추측해 보자면 처음에는 「병인부원기」를 제작하면서 그 근거자료로 개성군의 사적과 활약상을 정리하는 작업을 시작했는데, 처음에는 상대적으로 간략한 작업을 구상했던 것 같다.『개성부원록』에는 개성부의 선비이며, 개성군에도 참가했던 강재황(姜載璜)이라는 인물이 쓴 개성군의 활동기가 수록되어 있는데, 처음에는 이런 정도의 자료정리를 생각했을 수도 있다. 그러나 정부가 개성군의 활약상을 평가절하하고 전혀 포상을 하지 않자 좀 더 치밀하고 상세한 참전기를 구상하게 되었고, 시기도 오페르트의 방한부터로 확대하게 되었던 것이 아닌가 한다. 개성군에 참가했던 주요 장교와 향리들이 오페르트의 방한 때부터 이양선이 출몰할 때마다 동원되어 수고했던 전력이 있었다. 개성부의 참전자들은 이 기간동안 자신들의 활약상을 기록함으로써 비록 자신들이 병인양요 때 프랑스군과 직접 전투를 벌이지는 못했지만, 자신들의 수고와 공적을 병인양요 시기로 한정하지 말아 달라고 말하고 싶었던 것 같다.

이런 노력이 결실을 보았는지 정부는 뒤늦게 개성군의 공로자를 포상하게 된다. 1871년 3월 25일에 당시 개성유수 서형순의 보고를 근거로 한 김병학의 상소로 개성군 참전자에게 포상이 이루어졌다. 중군 윤위, 구연홍, 백의종군한 사람, 식량을 낸 사람 등 그 노고를 하나하나 들어서 보고가 올라갔다. 결국 유생 민치오, 강황, 출신 김종원, 한덕교는 모두 초사에 조용하고, 전 오위장 박동헌, 가선대부 김정근, 절충장군 강석룡, 전 부장 허헌은 모두 가자하고, 한량 장익수 등은 상을 더하고, 서리 박응한 등 5명은 첩(帖)을 더하고, 이외의 참전자 모두에게 개성부에서 시상하도록 했다.[1]

그런데『개성부원록』에는 이 사실이 전혀 기록되어 있지 않다. 이것은

---

1)『고종실록』8권, 8년(1871) 3월 25일, 을묘.

『개성부원록』의 편찬이 추가 포상이 이루어진 1871년 3월 이전이라는 사실을 말해준다. 따라서 『개성부원록』의 편찬시기는 「병인부원기」를 저술한 1867년 3월에서 1871년 3월 사이라고 생각된다.

『개성부원록』의 정확한 편찬시기나 저자가 밝혀져 있지 않은 이유는 『개성부원록』이 최종 교정을 끝낸 완전한 완성본이 아니기 때문이다. 여러 자료를 수합해서 날짜별로 정리하는 과정에서 급하게 편집했다는 흔적이 곳곳에 보인다. 중간중간에 문서의 내용이 빠지거나 앞뒤 연결이 전혀 안될 정도로 쪼개진 단락이 있다. 공문서를 편집할 때는 날짜나 접속사를 원본 그대로 베껴 써서 앞에 수록한 내용과 문장이 연결이 안 되는 부분도 있다. 이것은 필사하는 과정에서의 오기가 아니라 여러 자료를 편집하고 배열하는 과정에서 제대로 맞추어 보지 못하고 완전한 마무리를 짓지 못했기 때문이다.

그러나 이것이 『개성부원록』의 자료적 가치를 훼손하는 것은 아니다. 여러 자료를 한 사람이 쓴 것처럼 깔끔하게 정리한 것이 아니라 여러 자료를 모아놓았기 때문에 투박한 모습을 보이지만, 사료의 원형을 보존해 놓았기 때문에 오히려 자료적 가치는 더 높다고 할 수 있다.

2) 저자

「병인부원기」는 저자가 밝혀져 있다. 이 글의 말미에 '副護軍崔尙儒謹書', '前縣監王錫綏謹記'라고 기록되어 있다. 전현감 왕석수가 기문을 작성하고, 최상유라는 인물이 현판의 글씨를 쓴 것 같다.

왕석수(1806~?)는 『승정원일기』에 1875년에 나이가 71세였다는 기록이 있어서,[2] 1806년 생으로 추정된다. 『승정원일기』에 의하면 왕석수는 1854

---

2) 『승정원일기』 고종 12년 4월 11일 정축.

년(철종 5) 직장으로 고려왕릉의 참봉으로 임명되었다.[3] 이 고려왕릉은 개성부에 산재한 고려왕릉으로 보여지며, 왕릉 참봉은 현지인으로 임명하는 것이 상례인 만큼 왕석수는 개성의 토박이였음이 틀림없다. 고종이 즉위한 1864년(고종 원년)에 왕석수는 결성현감으로 임명되었는데,[4] 「병인부원기」에 기록된 '전현감'이란 경력은 이 결성현감을 뜻한다. 그 후 실직은 맡지 못하고, 1875년에 통정대부로 가자되고, 1876년 돈령부 도정(都正)이 되었다. 고종은 개성의 왕씨가 고려 왕족이라고 특별한 우대를 했는데, 왕석수가 그 은사의 수혜자로 선정되었다. 그렇다면 그는 개성의 왕씨 일족 중에서는 대표자격인 인물이었다고 추정된다. 1886년에 왕석수는 호군과 동시에 가선대부가 되었다.[5] 이것은 80세 장수자로서 선정되었기 때문이다. 그 이후의 행적은 알려져 있지 않다. 『개성부원록』을 편찬할 당시에는 63세로 아직 통정대부로 가자되기 전이지만 고려 왕족의 후예였고, 개성부의 사족 중에서는 가장 명망 있고 권위 있는 인물이었다. 이런 이유로 그에게 「병인부원기」의 작성을 의뢰했을 것이다.

최상유(崔尙儒, 1803~?)는 본관이 보령(保寧)이고, 거주지는 개성이다. 부친은 최창익(崔昌益)이고 조부는 최종악(崔宗岳)이다. 헌종 1년(1835)에 직부회시(直赴會試)를 거쳐 증광시(增廣試) 병과(丙科) 12위로 합격했다. 사변가주서(事變假注書)로 관직을 시작하여 성균박사(成均博士), 병조좌랑(兵曹佐郎), 충청도사(忠淸都事)를 역임했다. 헌종 6년(1840) 부모가 연로한 관계로 개성교수(開城敎授)를 지냈고, 고종 원년(1864)에 부호군(副護軍), 고종 9년(1872)에 공조참판(工曹參判), 고종 11년(1874)에는 행호군(行護軍)이 되었으며, 고종 13년(1876)에 특진관(特進官)이 되었다.

「병인부원기」의 작성자는 밝혀져 있지만 『개성부원록』의 저자는 밝혀져 있지 않다. 그 이유는 알 수 없다. 그러나 분명한 사실은 『개성부원록』이

---

3) 『승정원일기』 철종 5년 6월 25일 임진.

4) 『승정원일기』 고종 원년 6월 20일 기축.

5) 『승정원일기』 고종 23년 1월 2일 병신.

개인의 작품이 아니라 여러 사람의 노력이 들어간 합작품이라는 사실이다.

앞서도 지적했지만 『개성부원록』은 여러 종류의 이질적인 자료로 구성되어 있다. 첫째가 여러 사람의 회고록과 증언이다. 개인 회고록 중에서 제일 뚜렷한 것이 『개성부원록』에 등장하는 낙방서생 민치오의 회고록이다. 민치오의 회고록은 민치오 개인이 수기 형태로 별도로 저술한 글임이 분명하다. 그의 활약상을 서술한 부분에서 『개성부원록』의 편찬자가 '민치오가~'라는 식으로 3인칭 서술로 바꿨지만 미처 바꾸지 못해 그냥 '나'로 표현된 부분이 보인다.

> 이때 민치오가 예성강에서부터 진(陣)으로 돌아온 뒤에 교동(喬桐)에서 사건이 생겼다는 말을 듣고 역시 개인적으로 가서 벽란진(碧瀾津)을 건너 교동에 도착하여 정탐했다. (중략) (강화의) 외성(外城) 10리 밖의 제물(濟物)에 이르니 이곳이 곧 갑곶진(甲串鎭)이다. (중략) 곧바로 삼충단(三忠壇)에 올라가 그곳에 앉아서 생각해 보아도 좋은 계책이 없었다. 한 선비가 보였는데 성중에서부터 와서 나(민치오)를 도와준 지봉준(池鳳俊)인데, 개성에서부터 월곶으로 이사한 지가 여러 해가 되었다. 즉시 달려와서 내게 인사를 하며, "선생이 어찌 이곳에 오셨습니까?"라고 물었다.

이외에도 민치오가 등장하는 부분에서 서술 시점이 3인칭 시점과 1인칭 시점이 혼착되는 경우가 여러 곳이 있다. 이것은 편찬자가 민치오의 증언을 듣고 자신이 새로 정리한 것이 아니라 민치오의 수기를 삽입하면서 서술시점 정도를 수정했다는 것을 보여준다.

민치오 류의 수기로 삽입된 또 하나의 기록이 개성부 선비 강재황의 기록이다.

> 노초(老樵) 역시 전말을 이용하여 그것을 기록하였다. 노초는 진주후(晉州后) 사람인 강재황을 말한다.

강재황의 이력은 분명하지 않지만 『개성부원록』에 의하면 본관은 진주이고, 포의의 선비였으나 병인양요가 발발하자 백의종군해서 개성군에 참가했다. 난 후에 그는 개성군의 활약상을 정리한 글을 남겼는데, 이것이 후반부에 그대로 실려 있다.

『개성부원록』의 상당수를 차지하는 내용이 그 시기에 올라온 각종 공문서이다.

> 같은 날(9월 9일) 영정리 이임의 보고이다. 이양선 1척이 월곶에 서 있고, 앞에 배 모양으로 말미암아 어제 이미 첩보하여 성과가 있었다. 그 이양선이 아직 머무르면서 동정이 없으며 차례로 전하여 들어보니 비록 정확하게 몇 척인지는 알지 못하지만, 4~5척이 갑곶나루에 서 있었다.

이 보고는 영정포의 이임이 올린 보고이다. 병인양요 중에 주요 포구의 방어책임자와 이임 등은 각지의 관측병과 피난민의 목격담을 수집해서 이런 보고를 개성부에 거의 매일 올렸다. 『개성부원록』의 편찬자들은 이런 보고서와 강화부, 순무영 또는 중앙에서 온 각종 공문을 모두 검토한 뒤에 주요 자료를 선정해서 날짜별로 배치했다.

마지막으로 성명 미상의 편찬자가 직접 서술한 부분이 있다. 서문이 있고, 기사 중간 중간에 기재한 사평이나 해설이 있다. 제일 중요한 부분은 개성부 유수였던 김수현과 경력 권현, 기타 유수영의 장교와 향리들의 경험담을 채록해서 정리한 내용이다.

> 이지번은 호걸이고, 재주와 지혜가 뛰어나고 능력이 많은 자였다. 한편으로 하례하면서 한편으로는 사례하면서 말했다.
>
> **이지번** "먼 지방의 귀한 물건인데, 어린아이가 쉽게 잃어버리기 쉬우므로 내가 보관해 주는 것이다."

적	"알았다."
이지번	"너희들은 처자식이 있는가? 없는가?"

여기에 등장하는 이지번은 개성유수영의 우열별장이다. 이 장면은 병인양요가 발발하기 직전인 8월에 로즈 제독이 선발대로 파견한 프랑스 군함이 한강을 거슬러 올라가 양화진까지 갔다가 귀환하는 중에 함대의 누군가가 잠시 개성부 해안에 상륙했다. 이지번은 이들의 상륙보고를 받고 달려가 그를 만났는데, 그와 이지번이 나눈 대화를 기록한 것이다. 이 서술에서 볼 수 있듯이 이 서술은 민치오의 수기처럼 이지번의 수기를 참조한 것이 아니라 이지번의 증언을 듣고 편찬자가 정리한 것이 분명하다.

이런 내용도 전체의 1/3 이상을 차지하므로 성명 미상인 편찬자의 노력도 결코 작은 것이 아니다. 그러면 이 편찬자는 누구일까?

우선 생각해 볼 수 있는 사람이 「병인부원기」의 저자인 왕석수이다. 『개성부원록』의 서문을 보면 저자는 조선과 고종의 치세를 태평성대라고 하고, 천주교 박해에 대해서는 1829년(헌종 5) 조정에서 간행한 『척사윤음』을 그대로 인용하고 있다. 여타 사회동향에 대해서도 고종 시대의 사회상에 대한 비판은 자제하고, 철저하게 국가중심적이며 관원적인 시각을 유지하고 있다. 또한 개성유수 김수현은 깍듯이 유상공(留相公)이라고 호칭하고 경력 권현도 권공(權公)이라고 호칭하는 반면 서울에서 파견된 다른 무장은 관직으로 부르고, 개성부 출신의 향리나 사속은 인명을 사용하고 있다. 국가중심적이고 체제 옹호적이며, 사족적 입장을 보여주고 있으며 동시에 자신이 개성인이라는 입장도 분명히 하고 있다. 또 「병인부원기」와 비슷한 문장을 사용하고 있는 것도 편찬자가 왕석수라는 추정을 하는데 도움을 준다.

또 한 사람 유력한 후보자가 민치오이다. 왕석수와 달리 민치오는 개성군과 함께 동고동락했던 참전자였다. 민치오가 회고록 수준의 글을 썼다면 자신의 경험담만이 아니라, 같이 활동하며 목격했던 주변 사람의 활약과 주변에서 벌어졌던 전후 사정을 함께 채록해서 기록했을 것이다. 따라서 민치오가 최종 편찬자가 아니라도 여러 사람의 활약상의 일부는 민치오의 회고록에 등장하는 이야기임이 틀림없다. 또 전반적으로 민치오의 활약상이 다른 사람의 활약상에 비해 내용 구성이나 비중이 지나치게 높다는 점도 민치오를 저자로 유력하게 추정할 수 있는 부분이다. 다만 이것은 민치오 자신이 편찬자이다 보니 자기 경험의 비중이 높아졌기 때문일 수도 있지만, 『개성부원록』의 편찬자가 편찬을 깔끔하게 마무리 짓지 못했던 탓일 수도 있어서 이것을 근거로 민치오가 편찬자라고 단정하기는 곤란하다. 다만 편찬자가 민치오가 아니라고 해도 민치오의 회고록이 중요한 비중을 차지하고 있는 것은 분명하다.

이들 외에 강재황이나 기타 우리가 알지 못하는 누군가가 편찬자일 수도 있다. 그러나 현재 드러난 자료로 보면 유력하게 추정할 수 있는 사람은 왕석수와 민치오이다. 그러나 누가 편집자이든 간에 중요한 사실은 『개성부원록』이 개성부의 관리와 향리, 참전자들의 증언과 이들의 전폭적인 지지와 협력을 통해 탄생한 작품이라는 사실이다.

2. 개성부원록의 주요 내용과 자료적 가치

『개성부원록』은 이 책을 쓰게 된 동기 부분과 고종 3년(1866) 7월 12일부터 다음해 1월 11일까지의 날짜별 기록, 마지막의 기문 「병인부원기」로 구분된다. 서문을 별도로 달지는 않았지만 서문격에 해당하는 서두에서는 이 시기에 서양 오랑캐들이 배를 타고 조선에 침범한 일과 서양의 천주교[邪敎]의 설은 홍건적과 백련교[黃巾白蓮]의 혹세무민(惑世誣民)보다 심하여, 프랑스 신부가 처형되기도 했다는 일 등을 경계의 뜻으로 삼고자 글을 쓰게 되었다고 밝혔다. 그런데 이 서두의 내용 대부분은 1839년에 정부에서 간행한 『척사윤음』의 내용에서 발췌한 것이다. 다만 척사윤음은 병인양요의 직접적 명분이 된 병인박해가 발생하기 이전의 사건이므로 병인박해의 상황을 약간 정리해서 추가했다.

이 책에 있는 흥미로운 내용들을 간략히 제시하면 다음과 같다. 1866년 7월 12일 풍덕(豊德) 영정포(領井浦) 이임(里任)의 보고서에 따르면 7월 10일에 이양선 1척이 강화 연미정(燕尾亭)에 정박했다고 했다. 당시 개성부유수(開城府留守) 김수현(金壽鉉)은 한양에 있었던 관계로 천총(千摠)과 집사(執事)의 탐보(探報) 내용을 강화부에 이문(移文)으로 보냈다. 그런데 7월 16일 보고서에서는 송정(松亭) 앞 바다의 어선 1척을 조사한 결과 총각 1명은 동파(東坡)에 거주하는 자였고, 2명은 주머니에 은전(銀錢)을 지니고 있었다. 또 배에서는 옥병(玉瓶) 등의 물화가 발견되어 밀교역 혐의로 한양으로 불러올려, 이 2명은 효수(梟首)되었고 총각은 곤장 30대로 방송(放送)된 사실을 기록했다.

7월 17일 강화 석우호변(石隅湖邊)에서 경력(經歷) 김재헌(金在獻)이 이양선에 올라 대발(戴拔, Ernest Jacob Oppert), 왕문산(汪文山) 등과 필담으로 정황을 조사했는데, 그들은 주교의 처형을 따져 물었다. 이에 대응전략을 짜서 적선을 공격하자 적선이 교동(喬桐) 쪽으로 이동했고, 이를 추격했던 사실을 보고했다. 8월 17일에는 적선 2척이 서강(西江)에 침범했는데, 당시 개성유수는 주변 포구를 이미 정찰하고 있었고, 이 적선은 19일에 물러났다가 유천(柳川) 근처에 정박하고 있음을 알게 되었다. 이 과정에서 강화부와 개성부는 서로 관속(官屬)의 보고서와 이문을 주고받으며 정황을 공유하고 있었다. 9월 7일에는 이양선 5척이 갑곶진(甲串鎭) 앞바다에 정박하였고, 그 중 1척은 월곶진(月串鎭) 앞에서 조류를 측정하기도 했다. 이에 따라 개성유수는 선박을 보내 정세를 살피고 일부는 예성강 지역을 탐지하도록 했다. 9월 9일자 강화 이문에는 적군이 성을 넘어와서 방어선이 무너졌으며, 개성부에 원병을 요청하기에 이르렀다. 개성부에서는 군적(軍籍)에 소속된 좌우별기사(左右別騎士), 보졸(步卒), 각 읍에 있는 군교, 대흥산성(大興山城)에 있는 군액(軍額), 여현진(礪峴鎭)의 군액, 백치진(白峙鎭) 군액, 태안창(泰安倉), 점석둔(粘石屯) 등의 군사가 동원되었는데, 자원자도 상당수 포함되었다. 당시 강화부의 군량은 상당히 부족한 실정으로 군량도감(軍糧都監)으로 하여금 양곡을 풀게 했다. 그동안 적선은 예성강 포구, 교동(喬桐) 등의 수심을 탐구하는 정황이 계속 포착되었고 그들은 급기야 포를 쏘기까지 했다.

9월 11일 밤, 개성부에서 출발한 지원병은 총 220여명 규모였다. 이에 앞서 개성유수는 병사들에게 술, 고기 등을 먹이고 출발하도록 했다. 운현궁(雲峴宮)에 가서 대원군을 만나서 인사드린 후 홍제원(弘濟院), 고양(高陽), 파주(坡州), 장단(長湍)을 거쳐 강화 영정포(領井浦)에 도착했다. 이미 양헌수(梁憲洙), 김기명(金沂明) 등은 개성군과는 반대편인 강화의 남쪽 정족산성(鼎足山城)에서 전투를 벌였고, 덕분에 영정포에 도착한 개성군은 전혀 주목을 받지 않았다. 이후 강화수로를 건너 월미곶에 도착했고, 강화부에 입성했다. 그런데 강화도 내부에서는 소요사태가 있었고, 프랑스군이 주둔했던 짧은 기간 동안 부역자가 생겨 그들이 관군에 저항하다 살해되었다.

양헌수가 돌아간 뒤 문수산성의 수비대를 개성유수부가 인수했고, 개성부 비장 이민순이 문수산성의 병사들을 통솔했다. 개성군은 문수산성의 경비를 맡았다. 그런데 프랑스군의 침공위험이 완전히 가시지 않은 상태에서 개성은 무방비 상태였으므로, 강화부는 개성군을 회군시키지 않고 풍덕의 속오군을 찾아내 이들에게 해안 경비를 맡겼다. 10월 14일에 개성군은 해산했을 것으로 보인다. 강화도 지원을 목적으로 편성된 군대가 해산된 것이며 중군과 장교들, 원래 유수영에 근무했던 병사들의 근무는 계속되었을 것이다.

개성군의 이런 활동의 결과에 따라 의정부계(議政府啓)로 개성유수 등 참가자들의 상훈이 발표되었는데, 총 600여명에 달했다. 12월 1일에는 별시(別試) 시행이 발표되어 개성부와 강화부에서 시험이 치러졌고, 문무과 급제자들은 관직에 임명되었다.

이런 일련의 전말을 「병인부원기(丙寅赴援記)」로 작성하여 개성 훈련원(訓

鍊院)과 공진정(拱辰亭)에 현판으로 걸게 되었는데, 이 글에는 원군으로 공을 세운 중군(中軍) 윤위(尹湋), 별장(別將) 김정근(金廷根), 백총(百摠) 김종원(金鍾源), 파총(把摠) 강석룡(姜錫龍), 초관(哨官) 한덕교(韓德敎) 등의 명단이 수록되어 있다.

『개성부원록』의 사료적 가치를 살펴보면 우선 오페르트의 방문이나 서양인과의 접촉과정에서 오페르트의 기행문이나 조선의 공식문서에 나오지 않은 독특한 내용들이 포함되어 있다. 오페르트의 기행문이나 실록의 보고서는 목적성이 강하게 반영된 기록들이다. 이에 반해『개성부원록』의 기록은 그들과 만나 대화하는 생생한 장면, 포구나 지방민의 행동과 의식들을 정직하게 보여준다는 점에서 중요한 가치를 지닌다. 특히 기행문이나 보고서가 어떤 측면을 강조하고 왜곡하는지를 이해하는 데 도움을 준다.

이 자료에서는 강화, 개성, 각 포구 등에서 오고가는 문서들이 상당수 보이고 있다. 이임, 동임, 포인, 서리, 집사, 초관 등 하급관리나 향리들이 계속해서 보고서를 올리고 있고, 이에 대해 개성유수는 명령을 내려 지시하고, 강화도에서는 개성유수에게 이문을 보내 정황을 알리고 순영, 유영 간에도 이문이 오가고 있다. 실무자들의 보고서는 하루 사이에 전달되고 회신이나 명령이 하달되고 있다. 정부의 보고는 이렇게 수집된 정보들을 유수가 모아서 올리는 형태이다. 정보의 출처를 이임, 포인 등 하급 실무자로부터 보고받을 내용에서 직접 인용함으로써 그 신빙성을 더하여 정부에 보고하고 있다.

또 다른 자료에서 찾아볼 수 있는 중요한 내용 중의 하나가 바로 대원군에 대한 보고과정을 서술한 부분이다. 대흥중군 윤위가 개성을 나서면서 정부에 올리는 보고서 외에 대원군에 알리고 중군이 직접 알현하는 과정을 거쳐서 출발하고 있다. 또 임시로 중군직무를 대행했던 박희경도 출발하면서 서울 운현궁으로 대원군을 알현하고 적의 정세를 보고하며 순무영에 찾아가 대장 이경하를 알현하고 통진으로 출발하고 있다. 운현궁이 국가기관이 아님에도 흥선대원군은 통치자와 같은 권력을 행사하고 있었다. 이런 상황은 오페르트의 기록에서도 분명히 지적되고 있다.

이 자료에서는 당시의 사회상을 적나라하게 볼 수 있다. 병인양요와 관련하여 당시 군대와 지방의 생생한 장면이 눈에 그려질 정도이다. 당시 지방민의 동향, 선비와 평민들의 생각, 행동방식, 보고서의 혼란, 잘못된 정보와 소문, 서양인에 대한 평가 등 전시상태에서 벌어지는 당혹감과 혼란 상태를 여과 없이 보여주고 있다. 병인양요뿐 아니라 조선시대 전쟁사에서 우리가 볼 수 있는 기록은 거의가 전투나 전쟁이 끝난 다음에 이런 현장보고와 전투상황을 다시 정리해서 보고한 사료들이다. 난중일기나 양헌수의 진중일기와 같이 지휘관의 개인적인 참전기록이 있지만, 지휘관들의 기록은 지휘관의 판단과 경력으로 정리된 것으로 병사와 주민들의 생각과 행동까지 생생하게 보여주지 못한다. 따라서 『개성부원록』은 병인양요의 새로운 자료일 뿐 아니라 전쟁사와 한말 지식인의 지성사를 이해하는 데도 매우 귀중하고 독보적인 자료이다. 강화를 지원하기 위해 조직된 개성군 중 자발적으로 참여한 양반층이 있었던 것으로 보인다. 그런데 이들이 생각하는 이양선, 서양오랑캐라고 부르는 외세에 대한 내용에서는 개성군과 프랑스군의 직접 교전이 없었던 탓에 조선의 덕화에 힘입어 서양오랑캐가 스스로 물러갔다고 하는 등 당시 국제정세나 서양에 대한 정확한 정보 혹은 지식이 상당히 부족했던 측면을 볼 수 있다.

당시 사회상 중 특히 주목되는 부분이 화폐경제의 실상이 보인다는 점이다. 예호(禮湖) 이임(里任) 보고 내용을 보면 "이 마을 근처에 원래 땔나무 파는 곳이 없어서 매번 금천(金川)에서 땔감을 사들여 와서 연료로 쓰고 있었다. 그러나 지금 전쟁이 나서 땔감 실은 배가 하나도 오지 않아 파는 것도 없어서 포구 백성들이 밥 지어 먹기도 힘들다. 한 묶음에 2푼 5리의 값으로 금천 땔나무 시장에 가서 사와야 한다."고 되어 있다. 강화의 땔감 사정이 좋지 못했고, 다른 지역에서 생산된 땔감을 사서 쓰고 있다고 했다. 상품의 유통 상황을 볼 수 있는 내용인데, 특히 전쟁 중에 혼란스러워

배가 다니지 않아서 땔감이 고갈되었고, 연료를 구하지 못해 식사도 못할 정도라고 하고 있다. 뿐만 아니라 당시 땔감의 가격도 나타나고 있다. 또한 주막도 보인다. 개성군이 주둔했던 곳이 선산촌점(仙山村店)이라고 했는데, 이 지역 위 아래 여러 주막도 난리로 인해 모두 비어 있었다고 한다. 승천포구에도 주막이 있어서 잠도 자고 먹을 수 있는 곳이기도 했다.

이 시기 외국과 밀교역을 하다가 발각된 사례도 보인다. 어부가 프랑스군과 농어를 흥정하다가 붙잡혔는데, 그들을 조사해 보니 어부의 주머니 속에 은전이 있었고, 배에 옥병이 있었다. 이들은 이전부터 서양인들과 내통하고 있었고, 우리 근해로 끌어들인 것으로 보아 배후 조직이 있을 것으로 의심받아서 결국 처형되었다. 그런데 당시 연해 어부들은 이양선에 대한 호기심이 많았고, 그들에게 먹을거리를 주는 등 정부의 시각과는 달리 적대시하는 태도가 적었던 것으로 보인다. 정부에서는 그들을 천주교 조직과 관련 있고, 내통하는 자로 의심하는 경우가 많았지만 연안의 어부나 주민들은 호기심으로 이양선 주위로 가던가 배에 오르는 등의 행동을 하고 있었다. 이 시기에 이미 서양인의 물품이 어느 정도 침투되어 있었던 것으로 보이며, 강화나 개성에서도 화폐경제로 필요한 물품을 사다가 조달하고 시장이 확대되어 있는 상황이 여러 군데서 보이고 있다.

이 자료의 또 다른 특징은 특별한 공을 세워서 공덕을 치하하는 방식이 그대로 드러나고 있다는 점이다. 특정지역과 연관이 있을 경우 해당지역에서 과거를 설행하여 직부로 관직을 내리는 방식으로 지역민에게 혜택을 주는 과정을 살펴볼 수 있다. 이와 관련하여 『개성부원록』의 성격을 추정해 볼 수도 있겠다. 이 자료에는 왜 이런 내용을 수록한 것일까?

그 답은 이 자료의 마지막 부분에 있는 개성유수 김수현의 언급에서 찾을 수 있다. 김수현은 "6월부터 이임한 뒤에 일을 본 지 얼마 되지 않았는데 다행히 막료의 보좌와 영교(營校)의 보고에 힘입어 겨우 지금까지 지탱하였다. 실제 이것은 일을 하는 것에 대해 성의로 돕는 것이다. 감히 엎드려 사례하지 않겠는가?"라고 하였다. 즉 『개성부원록』은 개성부의 향리와 양반들의 공적을 과시하기 위해 기록한 책이다. 조선시대에 지방의 향리와 장교들은 부정부패의 주역으로 항상 심한 비판을 받았다. 그것은 당시에도 마찬가지였다. 『개성부원록』의 저자는 개성부의 향리와 장교들의 공적을 내세우는 한편 그들이 처음부터 성실하고, 훌륭한 사람이었고 김수현의 개성통치도 자신들의 도움이 있었기에 가능했음을 말하고 싶은 것이다.

이상에서 본 것처럼 『개성부원록』은 병인양요에 대해 지금까지 알려지지 않은 문서와 내용을 보여주고 있다. 특히 기존의 병인양요 관련 기록이 정부 측 시각이나 강화를 침공한 프랑스 군의 입장에서 쓰여진 기록인데 반해, 『개성부원록』은 현지의 지방관, 사족, 향리와 군교의 시각을 견지하고 있다는 점에서 매우 독특한 가치를 지닌 자료이다. 병인양요만이 아니라 한말 지방인의 인식과 행동방식에 대한 지성사적 연구에도 많은 도움이 될 것이다.

開城赴援錄 上

大淸同治五年 洪惟我聖上踐阼之三載 丙寅始旱而雨 百穀成稔 常晴之日八
域歸仁 太平之治繼 昭代而復起 萬世之基 自上元而賁 新東國老人 金石訣
華山道士 玉盃春 玉糖之穗驗 春陵之嘉氣 白雉之瑞應 周公之聖人外禦 八百
之守內衛

청(淸) 동치 5년(1866년)

우리 성상께서 즉위하신 지 3년인 병인(丙寅, 1866년)에 처음에는 가물다가
비가 내려 온갖 곡식이 여물게 되었다. 언제나 맑은 날로 인하여 전국
8도의 백성들이 어진 사람에게 돌아가고 태평스런 다스림[太平之治]이 밝은
시대에도 계속되면서 만세의 기틀을 다시 일으켜 세웠다. 상원(上元)[1]으로
부터 교화가 일신하여 동국노인(東國老人)의 금석 같은 비법(법도)이 나왔으
니,[2] 화산도사의 옥잔이 나타나[3] (호남 좌도에도 한 줄기에 16개의 열매가

---

1) 보통 음력 정월 보름날을 가리키나 여기에서는 연초(年初)로 이해하는 것이 무난할
   듯하다.
2) 종로구 신영동 149번지 세검정 초등 정문 앞에 큰 향나무 한 그루가 있는데,
   이곳에 석경루(石瓊樓)가 있었다. 1865년(고종 2) 5월 경복궁 중건역사를 시작할
   때 박경회(朴慶會)란 자가 석경루에서 얻었다는 옥잔을 흥선대원군에게 바쳤다.
   그 잔에 새긴 글(銘)에 '수진보작(壽進寶酌)'이란 네 글자와 "화산도사의 소매 속
   보물로 동방국태공께 축수하는 술잔을 올립니다. 을축년 사월절에 이를 열어
   본 사람이 옥천옹(玉泉翁)인가 합니다."라는 시문이 있었다. 옥잔이 흥선대원군을
   축수하고 을축년에 경복궁 중건공사를 시작할 것을 암시하였다고 하여 흥선대원
   군이 크게 기뻐하고 경복궁 중건에 더욱 기운을 얻었다고 한다. 경복궁 중건
   공사를 두고, 조정에서는 거액의 공사비 문제로 찬반양론이 있었다. 옥잔 발견
   이후로 경복궁 공사에 박차를 가하게 되니 일부에서는 대원군이 이를 꾸민 일이라
   하였다.
3) 『고종실록』 권2, 고종 2년 5월 4일(무술)에 의하면 '진강(進講)'을 마쳤다. 내시(內侍)
   에게 명하여 뚜껑을 덮은 구리 그릇 하나를 꺼내 와 보여주도록 하고, 전교하기를,
   "이것은 석경루(石瓊樓) 아래에서 발굴해 낸 것인데 보기만 해도 기쁜 마음이
   그지없다. 효성을 바쳐야 하는 도리로 볼 때 이 기쁨을 기록하는 일을 그만둘
   수 없으니, 내각 제학(內閣提學)과 오늘 입시한 강관(講官), 옥당 이하의 관원들은
   명(銘)을 지어 바치도록 하라."고 하였다. 김태욱(金泰郁)이 무릎 꿇고 그릇을 받은
   다음 뚜껑을 열어 보니 그 속에 나작(螺酌) 하나가 들어 있었다. 그리고 뚜껑
   속에는 돌아가며 시(詩)가 쓰여 있었는데, '화산(華山)의 도사(道士)가 소매 속에
   간직한 보배를 동방의 국태공(國太公)에게 바치며 축수(祝壽)하노라. 푸른 소 한번

달린) 옥수수가 나와서 증험한 일,[4] 용릉의 아름다운 기운,[5] 흰 꿩의 상스러운 나타남,[6] 주공과 같은 성인이 외적을 방어하고, 800명의 제후[八百之守][7]로 인하여

競競業業 濟濟彬彬 衆祥畢至 庶績咸熙 豈有邪氣敢間於斯 或言 大淸數年不登 又有所謂西洋黑魁 廣灣之禍 侵凌都內 偏擾藩外

항상 조심하여 삼갔으며 인재가 많고 문질이 조화되어, 온갖 상서로움이 반드시 이르게 되니 모든 공적이 크게 빛나게 되었다. 어찌 사악한 기운[邪氣]이 감히 순간적이라도 생기겠는가? 어떤 사람은 청(淸)이 몇 년 동안 제대로 운영되지 못하고, 또한 서양의 시커먼 수괴들이 광만의 재앙[廣灣之禍: 애로 호 사건으로 1860년 2차 아편전쟁의 발단이 됨][8] 이후 수도(베이징)를

돌아 백사절(白巳節) 맞음에 개봉(開封)하는 사람은 옥천옹(玉泉翁)이라.'는 것이었으며, 또 중앙에 '수진보작(壽進寶酌)'이라는 네 글자가 기록되어 있었다. 신하들이 차례로 그 그릇을 감상하였다.'고 하였다. 이에 의거하면 '금석결(金石訣)'과 '옥배춘(玉盃春)'을 잘못 기록한 것으로 보인다.

4) 『승정원일기』 고종 2년 11월 13일(갑술)에 의하면 '사알을 통해 구전으로 하교하기를, "동쪽 지방과 서쪽 지방에 모두 흰 꿩이 나타났고 호남 좌도에도 한 줄기에 16개의 열매가 달린 옥수수가 있어서 운현궁(雲峴宮)에 바친 자가 있었다. 이는 모두 기이한 일들이다. 내가 즉시 자전께 올려 보여드리고 이어 서문(序文)을 지어서 기쁨을 기록하였는데, 여러 종척 신하들과 의빈 및 승지, 사관, 여러 각신, 여러 유신들에게 반포해 내려서 모두 화답하는 글을 지어 바치도록 하라." 하였다. (以司謁口傳下敎曰, 東關‧西土, 俱有白雉, 湖左亦有一莖十六穗之玉糖, 而獻之於雲峴宮者, 此皆異事也. 予卽呈覽於慈聖, 仍作序文, 以爲識喜, 而頒下諸宗臣‧儀賓及承史諸閣臣‧諸儒臣, 竝賡進)'했다고 한다. 즉 '옥당(玉糖)'이 옥당(玉糖)으로도 표기되어 옥수수를 가리키는 것으로 보인다.

5) 한(漢)나라 광무제(光武帝) 유수(劉秀)가 용릉(春陵)에 살았는데, 그곳을 바라보면 아름다운 기운이 싸고 있었다는 고사에서 연유하였다.

6) 『승정원일기』 고종 2년 11월 13일(갑술)에 의하면 동쪽 지방과 서쪽 지방에 모두 흰 꿩이 나타났다는 것을 가리키는 것으로 보인다.

7) 이는 무왕이 주(紂)를 칠 당시에 많은 인재가 있었음을 말하는 것이다. 『사기』 제태공세가(齊太公世家)에, "마침내 맹진(盟津)에 이르니, 약속하지 않았는데도 모인 제후가 팔백 명이었다."라고 하였다.

침범하여9) 〈청국을〉 능멸하고 번외를 흔들고 어지럽혔다고 한다.

惟我東方 自唐堯竝立之後 文明之鄉 襲仁聖之化 美風德敎 厥由久矣

〈그러나〉 오직 우리 동방인 조선만이 스스로 당요(唐堯)와 나란히 선 뒤에
문명(文明)의 고향이 되었고, 어질고 신성한 교화(敎化)와 미풍양속과 유교의
가르침을 계승하여 온 지가 매우 오래되었다.

[해설]

『개성부원록』은 조선과 고종의 시대가 하늘의 축복을 받은 왕조이며,
앞으로도 만대를 이어갈 것이라는 자신감으로 시작한다. 그 증거로
고종이 즉위한 뒤로 풍년이 들고, 항상 좋은 날씨가 이어지고 있다는
사실을 들었다. 유가의 전통사상에서 국왕이 정치를 잘하지 못하면
하늘은 먼저 자연재해로 경고한다. 그런데 고종이 즉위하자 처음에는
가물었지만 나중에는 비가 내려 풍년이 들었다. 이것은 고종이 선왕보
다 정치를 잘하고 국가가 정의롭고 안정되었다는 증거이다. 조선은
태평시대를 영위하며 정치가 훌륭하니 조선왕조는 하늘의 도움을
받아 만대를 이어갈 것이다.

반면에 청은 지금 더 이상 발전하지 못하고 있다. 1840년 아편전쟁,
1856년 애로 호 사건으로 서양 군대에게 수도 베이징이 함락당하고
청 황제는 열하로 피신했다. 청의 권위는 땅에 떨어졌고, 주변국들은
서양세력의 확장에 겁을 먹고 있다. 하지만 우리 조선은 서양세력에게
서 안전하고 태평세대를 누리고 있다. 이는 하늘이 조선을 보호하기
때문이다. 하늘이 조선을 사랑하고 보호하는 이유는 조선이 유학의

---

8) 광만의 재앙은 광동만에서 벌어진 사건, 즉 1856년 애로 호 사건(2차 아편전쟁)이라
는 의미로 해석할 수도 있고, '만'자에 '정박시킨다'의 의미도 있는 것으로 보아
서양배가 해안에 정박해 와서 화를 미친다는 의미로도 볼 수 있다.

9) 2차 아편전쟁 때 영국과 프랑스 연합군이 청의 수도 베이징에 진입했고, 청 황제는
여름 별장이 있는 열하로 피신했다. 이 사건으로 청의 위신이 땅에 떨어졌다.

정신과 도덕을 지키며, 유가의 이상에 맞는 정치와 사회체제를 유지하고 있기 때문이다. 그래서 고대 성인인 주공이 외적을 방어해 준다고 여기서 표현한 것이다. 저자는 구체적인 증거로 조선이 정치와 조세, 형벌을 항상 조심하고 절제해 왔다고 강조한다. 덕화와 교육이 잘 시행되어 인재는 많고, 문화가 발달하였다. 조선은 명이 망한 이후로 유학의 정신과 도를 지키고 요순시대의 이상을 구현하고 있는 세상에서 유일한 나라이다. 그러니 나라를 어지럽히는 사악한 기운이 사회를 파고들 여지가 없었다는 것이다.

概我 正廟朝 不幸有凶賊承薰西邪獄之黨 駸駸然入於夷狄禽獸之域 憂其久而愈熾 治其魁, 宥其餘 開示自新之路 而本性旣喪 舊習不悛 我純祖大王 悉燭魑魅之奸 大振斧鉞之威 廓闢而痛鋤及

그렇지만 우리 정조 때에 불행하게도 흉적(凶賊) 이승훈(李承薰)[10]이 등장하여 신유사옥(辛酉邪獄)을 일으킨 무리들이 차츰차츰 이적(夷狄)과 금수(禽獸)의 땅으로 빠져들게 만들었다. 〈우리 조정은〉 시간이 지날수록 더욱 불꽃처럼 일어날 것을 근심하여 그 괴수만을 다스리고 나머지는 용서하셨다. 갱생의 길을 가르쳐 타일렀으나 본래의 인간성을 이미 상실하여 과거의 습관을 고치려 하지 않았다. 우리 순조대왕은 이 도깨비 같은 무리의 간교함을 모두 간파하시어 크게 부월(斧鉞)의 위엄을 떨쳐 시원하고 통렬하게 제거하신 일이 있었고,[11]

[해설]

신유사옥은 1801년(순조 1)에 발생한 조선 최초의 대규모 박해이다. 정조는 처음에는 서양 학문에 호의적이었다. 그러나 천주교가 유학과

---

10) 이승훈(李承薰, 1756년, 영조 32~1801년, 순조 1) : 한국인 최초의 천주교 영세자. 문집으로 『만천유고(蔓川遺稿)』가 있다.

11) 『헌종실록』 권6, 헌종 5년 10월 18일(경진).

대치되는 사상임을 알고 그들의 서적을 금지하고, 배척해야 한다는 결정을 내렸다. 하지만 박해는 자제했다. 순조가 즉위하자 정조를 지지하던 시파가 실권하고 사도세자를 배척했던 벽파가 정권을 장악했다. 벽파는 시파에 천주교도가 많은 것을 보고 천주교 박해를 추진하였다. 이 박해의 표적이 되었던 사람이 조선 최초의 천주교 영세자였던 이승훈과 정약용, 정약전, 정약종 형제, 이가환 등이었다. 이때 천주교 학자의 중심인물이 본서에서 언급한 이승훈이다. 이승훈의 세례명은 베드로, 본관은 평창(平昌)이고 자는 자술(子述), 호는 만천(蔓川)이다. 아버지는 참판 이동욱(李東郁), 어머니는 이가환(李家煥)의 누이이다. 그는 서울 남대문 밖 반석동(盤石洞 : 지금의 中林洞 일대)에서 태어나, 정재원(丁載遠)의 딸과 결혼하여 정약전(丁若銓)·약현(若鉉)·약종(若鍾)·약용(若鏞)과 처남매부 사이가 되었다. 1780년(정조 4) 진사시에 합격하였지만 학문에만 전념하다가 서학에 접하게 되었다. 이후 이벽(李檗)과 사귀면서 천주교를 알게 되었다. 1783년 동지사의 서장관으로 떠나는 아버지를 따라 베이징에 들어가 약 40일간 그 곳에 머물면서 선교사들로부터 필담으로 교리를 배운 뒤, 그라몽(Gramont) 신부에게 세례를 받아 한국인 최초의 영세자가 되었다. 1784년 수십 종의 교리서적과 십자고상(十字苦像)·묵주(默珠)·상본(像本) 등을 가지고 귀국하여 이벽·이가환·정약종 형제 등에게 세례를 주고 그들과 상의하여 명례동의 김범우(金範禹) 집을 신앙집회소로 정하고 정기적인 신앙의 모임을 가져 한국천주교회가 만들어졌다. 그러나 1785년 김범우의 집에서 종교집회를 가지던 중 적발되어 한때 배교하였지만, 다시 신자들에게 세례와 견진성사(堅振聖事)를 집전하는 등 가성직제도(假聖職制度)를 주도하였다. 그러나 가성직제도가 교회법에 어긋난 행위임을 알고는 이 조직을 해산하고 성직자영입운동을 추진하였다. 1789년에는 평택현감으로 등용되었다. 때마침 1790년 베이징에 밀파되었던 윤유일(尹有一)이 돌아와 가성직제도와 조상제사를 금지한 베이징 주교의 명령을 전하자, 그는 유교적 예속과 천주교회법 사이에서 고민하다가 교회를 떠나게 되었다. 그러나 1791년 전라도 진산(珍山)에서 윤지충(尹持忠)·

권상연(權尙然)이 제사를 거부하고 신주를 불태운 진산사건이 일어나자 권일신(權日身)과 함께 체포되어 투옥되었지만, 관직만을 삭탈당하고 곧 방면되었다. 1795년 주문모(周文謨) 신부를 체포하려다 실패한 을묘실포사건(乙卯失捕事件)이 일어나자 성직자영입운동에 관계했던 혐의로 다시 체포되어 충청남도 예산으로 유배되었다가 얼마 뒤 풀려났다. 그러나 순조가 즉위한 1801년 신유박해가 시작되자 상황이 급변했다. 이승훈은 이가환·정약종·홍낙민(洪樂民) 등과 함께 체포되어 4월 8일 서대문 밖 형장에서 대역죄로 참수되었다. 중국인 신부 주문모도 체포되어 처형되었다. 그러자 이승훈과 사돈이며 정약현의 사위였던 황사영은 베이징에 군대를 파견해서 천주교도를 구해달라는 편지를 쓰게 되었는데 이것이 황사영 백서이다. 이 백서가 압수되면서 천주교는 국가에 위험한 세력으로 낙인 찍혔고, 탄압은 가중되었다. 신유박해로 처형된 사람만 140여명이나 되었다.

我憲宗朝 邪敎浮於辛酉 自抵大戮者多矣 聖朝以爲 多所殺戮 損傷和氣 特垂天地好生之心 乃下 眞諺 斥邪綸音一冊 逐條卞柝 播告于中外大小民人等 俾各曉然 則列聖朝 愛育眷念恩莫厚矣 德莫盛矣

우리 헌종 때에 사교(邪敎 : 천주교)가 신유년보다 더욱 심하게 되자 많은 사람들이 처형되었다.[12] 조정에서는 이에 따라 죽음을 당한 사람이 많아 화기(和氣)가 손상되자, 특별히 하늘과 땅 아래 생물을 살리기를 좋아하는 마음을 베풀어 곧 진언(眞諺 : 진서와 언문 즉 한문과 한글)으로『척사윤음』(1839, 헌종 5) 한 책을 내려 법조목마다 분석하여 전국의 모든 백성들에게 전파하고 알려서 이를 분명하게 하니, 과거 선조들께서 사랑하여 기르시고 돌보고 생각하시던, 더할 수 없는 커다란 은혜이고 성덕(盛德)이다.

---

12) 헌종 때의 박해란 1839년 기해박해를 말한다. 이때 조선 2대 교구장이던 엥베르(Imbert) 주교와 무방(Moubant), 샤스똥(Chaston) 등 3인의 신부가 순교했다.

[해설]

이처럼 하늘의 보호를 받아온 조선이 어쩌다가 프랑스의 침공을 받아 병인양요가 발생하게 되었을까? 그것은 유가의 사상과 도덕을 해치는 사악한 사상, 즉 천주교가 조선사회에 퍼지기 시작했기 때문이다. 이하 문장은 천주교가 조선에 퍼지기 시작한 경위와 1801년의 신유박해, 1839년의 기해박해와 같이 천주교에 대한 조선 정부의 대응에 대해 약술이다. 그 내용은 거의가 1839년에 정부에서 간행한『척사윤음』의 문장을 발췌하거나 내용을 요약한 것이다.

『척사윤음』은 1801년 신유박해와 1839년에 벌어진 기해박해를 중심으로 그에 대한 정부의 입장을 표명한 것이다. 일반 백성들도 널리 읽을 수 있도록 한문과 언문 두 가지 문서로 제작해 전국에 반포했다.『척사윤음』의 요지는 세 가지이다.

첫째 천주교는 유학을 국시로 하는 조선의 운명을 위협하는 사상이다. 천주교는 충효, 제사, 남녀유별과 삼강오륜의 근본을 훼손한다.

둘째 그럼에도 조선은 천주교에 대해 관용과 용서의 정책으로 일관했다. 국가의 운명을 위협하는 사상임에도 조선은 언제나 최소한의 처벌만을 하고, 배교자는 언제나 용서했다. 그러나 천주교 신부들은 불법입국을 해서 국법을 어기고, 백성들은 시골로 숨어들고 국가를 원망하고 배반했다.

셋째 천주교의 교리에 대한 비판으로 천당과 지옥 같은 내용은 황당무계한 설임을 논박한다.

『개성부원록』은 이 세 가지 요점 중에서 첫 번째와 두 번째 논지에 중점을 두었다.

雖豚魚之頑 梟獍之凶 亦當有所感悟 而自新矣 不虞近者 何處謊說者 幾名 卽如亡命之蹤 而隱身於窮巷 或如怨國之囚 而誇主乎

비록 어리석기가 돼지나 물고기 같고, 흉악하기가 효경(梟獍 : 어미를 잡아먹는 올빼미와 아비를 잡아먹는 호랑이)과 같다 하더라도 분명하게 느끼고 깨닫는 바가 있어야 할 것이고 스스로 새롭게 되어야 한다. 뜻밖에 최근에는 어느 곳에서 횡설수설하는 자가 몇 명이 있으니, 이들은 망명한 사람들의 종적처럼 촌구석에 몸을 숨기거나, 때로는 나라를 원망하는 죄인처럼 자신이 (나라의) 주인임을 과시하지 않는가?

邪學幻著 本國之服色 隨習本國之方言嘯聚黨友 男女混處 曰天主 曰邪蘇之說 穢濁風敎者 甚於 黃巾白蓮之惑世 第塞聖路者 急於楊墨老佛之亂道 其禍心之包藏 逆節之萌 起從此而漸則 神必怒矣天必殛矣

사악한 배움(천주교)이 우리나라의 복색(服色)으로 사람들을 속이고, 우리나라의 말을 익히고 따라하여 추종하는 무리들을 불러 모아, 남녀가 섞여 살면서 천주를 말하고, 예수의 설을 말하여 풍속과 교화를 더럽혀 흐리게 하는 일은 황건적, 백련교가 세상을 미혹시켰던 것보다 훨씬 심하다. 이들이 성스러움으로 통하는 길을 막는 것은 양주(楊朱)와 묵적(墨翟)13)이나 노자, 부처가 유학의 도를 어지럽히는 것보다 훨씬 빠르다. 그들이 화가 되는 마음을 감추어 역적의 모의가 점차 싹터 여기서 일어나 시간이 지나면, 신이 반드시 노할 것이고 하늘이 꼭 처형할 것이다.

惟 我聖朝 踐阼之初 導迎和氣 刑期無刑故 不得已 殲其魁鍾三之黨 而所謂主敎者 亦知其罪 自底法禁矣

우리 고종이 즉위한 초기에 조화로운 기운을 이끌어 와서 형벌이 없기를 기약하기 위하여14) 부득이하게 그들의 수괴인 남종삼(南鍾三)15)의 무리를

---

13) 양묵(楊墨) : 양주(楊朱)와 묵적(墨翟)을 아울러 이르는 말. 유교에서 이단으로 취급하는 대표적 인물들이다.

14) 『서경』의 '刑期無刑 형벌은 형벌이 없기를 기(期)하는 것이라.'라는 것에서 나왔다.

15) 남종삼(南鍾三, 1817년, 순조 1~1866년, 고종 3) : 조선 말기의 천주교 순교자로 세례명 요한이다. 그는 남탄교(南坦敎)의 아들로 충주에서 태어나, 어려서 큰아버지인 남상교(南相敎)에게 입양되었다. 그는 22세 때인 1838(헌종 4)에 문과에 급제하

섬멸하였다. 또한 주교라는 자는 자신의 죄가 법에 금지된 것을 위반하였음을 알았다.16)

[해설]

본문에서 남종삼의 무리를 섬멸했다는 것은 병인박해를 말한다. 『척사윤음』은 1839년까지의 상황을 정리한 것이다. 1866년 병인양요의 직접적 원인이 된 것은 이 해 봄에 발생한 병인박해였다. 따라서 이 책의 필자는 병인박해에 대한 추가적인 해명이 필요하였다. 병인박해는 이전의 박해와는 규모가 달랐다. 이전의 박해가 100~140명 정도의 희생자를 낸 것에 비해 병인박해는 공식적으로만 8천명 이상이 살해되었다. 박해도 1866년 한 해가 아니라 1866년 봄, 1866년 여름에서 가을, 1868년, 1871년 4번에 걸쳐 진행되었다. 병인양요를 겪은 흥선대원군이 천주교 박해를 지속적으로 단행하기로 결심한 덕에 희생자가 커진 면도 있지만, 1866년 봄 처음의 박해도 규모가 이전과는 달랐던 것이 사실이다.

병인박해에는 독특한 배경이 있다. 기해박해 이후 『척사윤음』까지 반포했지만 천주교 신자는 급속도로 늘었다. 정부의 천주교 탄압도 오히려 줄고 선교사들이 대단히 자유롭게 돌아다닐 정도로 상당히 완화되었다. 이런 상황은 흥선대원군의 집권 초기까지도 계속되었다. 흥선대원군의 부인 민씨도 가톨릭 신자였다.

그런데 1866년 1월 러시아 군함 2척이 원산만에 나타나 지역양반과 접촉하고, 조정에 통상을 요구하는 진정서를 보냈다. 철종 때부터 러시아는 연해주로 진출해 조선과 국경을 맞대고 있던 상황이라 흥선대

여, 홍문관교리(弘文館校理)·영해현감(寧海縣監)을 거쳐 철종 때에는 승지(承旨)가 되었다. 또한 고종 초에는 왕족 자제들의 교육을 담당하여 흥선대원군(興宣大院君)과 친교가 있었다. 천주교에 입교한 것은 아버지의 영향도 컸으나, 자신도 동전한문서학서(東傳漢文西學書)를 읽고 입교하여 한때는 베르뇌(Berneux) 주교를 자기 집에 숨겨 두는 등 열렬한 신자가 되었다. 병인박해 때 참수형을 당하였다.

16) 병인박해 때 프랑스 신부 9명이 자수하여 처형된 것을 말한다. 조선이 그들을 체포한 것이 아니라 그들 스스로 국법을 어겼음을 인정했음을 강조한 것이다.

원군은 사태해결책을 고민하였다. 남종삼은 국내에서 전교 중인 베르뇌·다블뤼(Daveluy) 등 프랑스 선교사의 힘을 빌려, 영국·프랑스와 동맹을 맺어 러시아의 남침을 저지해야 한다는 방아책(防俄策)을 흥선대원군에게 건의하였다.

흥선대원군은 이 제안을 긍정적으로 받아들였다. 그러나 마침 베르뇌 주교가 지방 선교로 서울을 떠나 있어 이 회담이 지연되었다. 베르뇌 주교는 2월에 서울로 돌아왔으나 이때는 이미 러시아 배가 떠나고 위기가 해결된 다음이었다. 그런데 이 과정에서 흥선대원군의 집인 운현궁에 천주교 신자들이 드나들고 흥선대원군이 그들과 결탁하려 한다는 소문이 돌았다. 여기에 베이징에서 천주교 박해가 일어났다는 잘못된 정보가 전해지면서 흥선대원군이 천주교 박해령을 내리게 되었다.

이 과정에서 조선에 들어와 있던 파리 외방선교회 소속 프랑스 신부 12명 중 9명이 체포되어 순교했다. 살아남은 3명의 신부는 청나라 톈진으로 탈출해 본국에 박해의 사실을 알리고, 프랑스가 군대를 동원해 박해를 막아줄 것을 요청했다. 프랑스 함대가 조선으로 출병한 것이 선교의 자유를 얻기 위해서가 아니라 나폴레옹 3세가 추진하던 제국주의 팽창정책의 일환이었지만, 가톨릭 문제가 침공의 구실과 명분을 주었고, 조선에 있던 가톨릭 신자들의 협조를 얻을 수 있었다. 하지만 『개성부원록』의 저자는 병인박해도 이전의 박해정책과 전혀 다름이 없는 최소한의 희생과 관용의 정책이었다고 주장하고 있다. 이 책에서 "주교라는 자도 자기 죄를 알아서 …"라는 마지막 구절은 프랑스 신부 9명의 처형도 그들이 스스로 국법을 어긴 것을 알고 자진해서 처형 당했다는 의미이다.

당시 생존한 가톨릭 신부들의 주장은 이와 다르다. 조선 정부의 박해가 시작되자 베르뇌 주교는 무고한 신자들의 죽음을 막기 위해 동료 신부들을 권유해 자수하게 했다고 한다. 그러나 9명의 신부들의 죽음에도 불구하고 박해가 그치지 않자 생존한 3명의 신부, 페롱과 칼레, 리델 신부 중 제일 연장자였던 페롱 신부가 나이가 가장 젊은 리델 신부에게 청나라로 탈출해서 가톨릭 박해의 상황을 알려 박해를 중단시키게 하라고 한다. 리델은 탈출에 성공, 텐진으로 가서 로즈 제독을 만났다. 그 후 제너럴 셔먼호 사건이 발생하고, 박해가 계속되자 페롱과 칼레 신부도 중국으로 탈출했다.

越明年 即是丙寅也 當秋七月之望異樣船一片 忽然來泊於江華 松亭之滸 是時 沁留 李寅夔 有事在京 經歷金在獻 與其治下 前南兵虞候 朴熙景 偕行問情則

다음 다음해[17]가 곧 병인년이다. 이 해 가을 7월에 이양선 한 척이 나타났는데 갑자기 강화도에 있는 송정(松亭)의 물가에 들어와서 정박하였다. 당시 강화도 유수인 이인기(李寅夔)[18]가 사무 때문에 서울에 머물러 있었고, 경력(經歷) 김재헌(金在獻)과 그 아래에 있던 전 남병우후(南兵虞候) 박희경(朴熙景)[19]이 함께 가서 그들의 사정을 물어보았다.

---

17) 여기서부터는 지금까지의 기술과는 다른 별도의 문서이다. 『개성부원록』은 병인양요와 관련된 여러 기록을 모아놓은 글이다. 각각의 기록에 대해 작자나 출전을 밝혀 놓지 않았기 때문에 기록과 기록 사이의 연결이 매끄럽지 않다. 서두에 다음 다음해라고 한 것은 이 앞 문단 즉 남종삼 등을 처형한 1866년의 다음 다음해라는 의미가 아니다.

18) 이인기(李寅夔, 1804년, 순조 4~?) : 조선후기의 문신으로 본관은 전주(全州), 자는 요장(堯章), 이기연(李紀淵)의 아들이다. 참봉(參奉)으로 1839년(헌종 5)에 정시(庭試) 병과(丙科)에 합격, 출사(出仕)하였다. 1865년 3월 강화부(江華府) 유수(留守)에 임명되어 부내의 진(鎭), 보(堡), 성채, 행궁(行宮) 등의 시설물 일체와 정족산성(鼎足山城) 선원각(璿源閣)의 정비 보수 공사를 추진하였다. 그러나 병인양요(丙寅洋擾)가 발발하자 강화부를 방어하지 못한 책임으로 중군(中軍) 이용회(李龍會)와 함께 파직, 유배되고 말았다.

19) 한말의 무신. 나중에 병인양요가 발생하자 강화부 중군으로 임명되어 맹활약을 했다. 그의 활약상은 『개성부원록』 하권에 자세히 나온다.

[해설]

글의 서두에 '다음 다음해'라고 한 것은 앞의 문단에서 이어지는 문장이 아니다. 『개성부원록』은 전체적으로는 개성부에 살고 있던 사람의 회고록이 전체 내용 중에서 60% 이상을 차지하고 있지만, 그 외에도 병인양요와 관련된 여러 기록과 문서를 모아 편집했다. 각각의 기록에 대해 작자나 출전을 밝혀 놓지 않았고, 편집이 약간 거칠어서 이 문단처럼 기록과 기록 사이의 연결이 매끄럽지 않은 부분이 종종 있다. 여기서 이양선이 정박한 송정포는 강화 북쪽 포구 중에서는 강화읍에서 가장 가까운 곳이다. 영정포를 마주보는 항구로 현재 강화군 송해면에 있으며, 승천포의 동쪽, 연미정 서쪽 편 해변이다. 송정의 동쪽의 월미곶에는 월미진이 있었다. 1779년 강화, 교동 지역의 방어강화와 통어영 이전을 위해 강화도의 포구를 답사한 순심사 구선복은 송정의 입지에 대해 다음과 같이 보고했다.

"승천보(昇天堡)의 동쪽에 송정포가 있는데 본래부터 배가 정박하는 곳으로 일컬어졌기 때문에 가서 지형을 살펴보니, 뒤는 산이고 앞은 바다로 지세가 감돌아 안고 있는 형국이며 거처하고 있는 백성이 4백 호 쯤 되고 선창에 매여 있는 민선이 또한 수십 척이 넘었습니다. 배를 정박하는 장소는 다만 강도에서 제일이 될 뿐만이 아니라 타도에서 찾아보아도 또한 찾기 드문 것이었습니다. 만일 중영(中營)을 승천보에 설치하고 전함을 이곳에다 감추어 둔다면 비록 경보가 있을 때를 당했더라도 다수의 사선들이 모두 방어에 대비하는 도구가 될 수 있습니다."(『정조실록』권7, 정조 3년 3월 8일 임진)

이곳은 강화의 북쪽 수협과 동쪽의 조강(임진강과 한강의 하구), 남쪽의 염하(강화도와 통진 사이의 수로)가 합쳐지는 곳으로 강화읍의 바로 위이고, 한강으로 들어가는 입구이기 때문에 군사상의 요충이었다. 이곳에 정박한 이양선이 한강으로 들어갈 수도 있고, 강화읍을 공격할 수도 있었다. 정부와 강화로서는 큰 위협을 느끼는 상황이었다.

강화 연미정 황형의 집터에 세웠다.

自言洋屬舟中之人 皆敵國有戴拔 汪文山者 最妙少而近似人情 頗識文字 先
詰主敎之故 又以通貨之意 方向 (결락) 額深目象鼻雪面 其船樣異 衆船以火輪
無而捷行

이들은(배의 선원들은) 자원해서 이양선을 탄 사람이라고 하였다. 모두
적국 사람인데, 대발(戴拔, Oppert, Ernest Jacob)이라는 자가 있었다. 〈왕문산
(汪文山)이라는 자는〉 가장 나이가 젊고 인정이 있는 것 같았고, 제법 한문을
알았다. 먼저 〈우리에게〉 주교를 죽인 까닭을 꾸짖으면서 묻고, 또 교역의
뜻을 드러내어 (결락) 이마, 깊은 눈, 코끼리와 같은 코, 눈처럼 하얀 얼굴을
하였다. 그 배는 모양이 이상하고 여러 척의 배가 화륜을 이용하여 〈돛이나
노〉 없이도 빠르게 다닌다.

金經歷 是年高忠厚 朴虞候 是智多膽大者 具曰 主敎之死 犯我法禁 通貨之事
非皇命不敢使 不得東向 且緣由筵達之 回啓以五日爲期. 朴虞候 與浦人出類

강화도에 나타난 오페르트의 증기선 오페르트 책에 실린 삽화

者 間以大義正論誘說 萬端欲其退去則 妙少文山 主張謀事 感而許退以 乾餠
溫茶 款待之

경력 김재헌은 나이가 많고 충성스럽고 후덕하며, 우후 박희경은 지혜가
많고 담력이 크다. 이들이 〈오페르트에게〉 갖추어서 말하기를, "주교가
죽은 것은 우리의 법에서 금지한 것을 위반하였기 때문이고, 교역에 관한
일은 황명(皇命)이 없으면 우리가 감히 할 수 없으니 동쪽(서울)으로 향할
수 없다." 또한 연락을 지속할 것이라고 하고 5일 안에 답장을 주기로
약속하였다.[20] 우후 박희경이 바닷가 백성 중에서 지역유지와 함께 대의와
올바른 논의로서 설득하여, 여러 방식으로 이들이 물러가게 하려고 했다.
나이가 젊은 왕문산이 이 일을 계획하고 주재하는데, 〈김재헌 등의 말에〉
감동하여 〈자신들이〉 물러갈 것을 허락하고, 마른 떡과 따뜻한 차로 대접하

---

20) 오페르트의 기록에 의하면 김재헌은 회신 기한으로 5일을 제안하자 오페르트는
4일로 줄였다고 한다. 『개성부원록』의 다음 기록을 보면 5일안이 관철된 것
같다.

였다.

翌日 浦人以其答例具酒肴 請文山等 於浦邊旅閣 以一大白勸毒燒酒三 巡還
念其酗爛而欲止 文山屈五指 有復飮之味 浦人曰 能復飮乎 文山等 點頭而諾
乃更酌二大白 文山等曰 好了好了 同賊中馮芝林能詩者 題壁上二句賦 而還
歸船 居數日回啓官前縣監 方下來是老成人也 復以理誘之而退焉正當

다음날 바닷가 사람들이 답례로 술과 안주를 마련하였다. 이들은 왕문산
등을 바닷가의 여각(旅閣)으로 초청하여, 큰 대접으로 독한 소주 3잔을
권하였는데, 〈잔을〉 돌리고 술에 취하여 마시기를 그치려고 하였다. 그러자
왕문산이 다섯 손가락을 굽혀서 더 마실 뜻을 보였다. 바닷가 사람들이,
"더 마시겠는가?"라고 하였다. 왕문산 등이 머리를 끄덕이면서 찬성하였고,
다시 큰 술잔으로 2잔을 주었다. 왕문산 등이, "괜찮다, 괜찮다"라고 하였다.
같은 흉적 중에서 풍지림(馮芝林)이 한시를 잘 짓는 자이기 때문에 벽 위에
2구를 쓴 후에 배로 돌아갔다. 며칠이 지나 회계관을 맡고 있던 전 현감이
〈서울에서〉 내려오게 되었는데, 그는 노련한 사람이었다. 그가 다시 이치로
써 유세하여 〈너희들이〉 물러가는 것이 정당하다고 하였다.

[해설]

이 이양선은 중국 상하이에 거주하던 유태계의 독일 상인인 오페르트의
엠페러 호였다. 오페르트는 1866년에 2번, 1868년에 1번 도합 3번
한국에 왔다. 3번 째 방문 때 "남연군묘 도굴사건"을 일으켰다. 그는
1880년 3번의 항해기록을 *Ein verschlossenes land, reisen nach Korea*라는
책으로 독일 라이프찌히에서 출간했다. 영어판도 동시 출간했는데
영어판의 제목은 "A forbidden land, voyage to Korea"였다.
1866년 첫 번째 항해 때 오페르트는 조선에서 벌어진 천주교 박해에
대해서는 잘 알지 못했던 것 같다. 그는 연안의 섬을 탐험하고 3월에
해미현에 상륙해서 해미 현감 김응집과 회담을 했다. 그는 무역을

요청했으나 김응집은 강경하게 통상불허 조치를 주장했다. 김응집과 오페르트의 회담 분위기는 우호적이었지만 빈약한 무장과 조선이 공격해 올지도 모른다는 불안감에 오페르트는 오래 머물지 않고 철수했다.

2차 항해 전에 오페르트는 조선에서 벌어진 천주교 박해와 프랑스 신부의 살해소식을 들었다. 그는 이전보다 신중하게 조선 항행을 준비했다. 그는 기선인 엠페러 호를 새로 구입했다. 엠페러 호는 250톤 가량의 외륜 기선으로 하천 항행용으로 만들어 흘수선이 얕은 배였다. 서해안에 모래톱과 수심이 낮은 지역이 많고, 오페르트의 목적이 한강으로 들어가 서울로 가는 것이었으므로 엠페러 호를 택했다. 선장은 제임스, 일등 항해사는 파카였다. 위 기록에서 "서양인에게 속한 자들이라고 말했다는 사람들"은 이 배에 탑승한 동양인 선원들을 지칭하는 것이다. 선장과 일등 항해사 외의 선원 15명은 모두 중국인과 필리핀인이었다. 여기에 중국인 상인과 통역 4명이 합세해서 전체 인원은 서양인 6명, 동양인 19명이었다. 무장은 9파운드 포 1문, 몇 개의 소회전포와 개인화기가 전부였다.

오페르트는 7월에 해미에 도착해서 봄에 만났던 현감을 다시 만났다. 그리고 다시 서해안을 따라 북상해서 교동에 상륙했다. 교동 관리가 입국은 불가하고 도성으로 가는 것은 더욱 불가능하다고 제지했으나 무력으로 저지하지는 않았다. 이 교동의 관리는 경기 수사 서상직(徐相稷)으로 군관과 함께 오페르트의 배에 승선했다.(『고종실록』 권3, 고종 3년 7월 12일 무진)

오페르트는 한강을 따라 서울로 들어가겠다는 고집을 꺾지 않고 강화로 건너가 송정 해안에 정박했다. 『개성부원록』은 이때의 만남을 기록한 것으로 오페르트의 기행문과 조선왕조실록에는 없는 내용을 포함하고 있다. 강화에서 오페르트는 강화도 경력 김재헌과 만났다. 오페르트는 김재헌이 강화유수인 줄 알았지만 김재헌은 유수의 보좌관인 강화도 경력이었다. 마침 강화유수 이인기는 부재 중이어서 김재헌이 강화도의 책임자로 행세한 것 같다.

조선은 병인박해 이후 프랑스로부터 항의와 협박서한도 받았던 터라 전국의 해안에 경계태세를 강화하고 있었다. 그러나 무력사용은 자제해서 오페르트에 대해서도 가능한 평화적으로 교섭하고 설득하려고 하였다. 오페르트는 무리하게 한강을 거슬러 오르는 것은 포기했지만, 조선이 지금 평화적으로 개항하지 않으면 결국 무력개항을 당하게 될 것이라고 경고하고, 한강 하구까지 항해한 뒤에 상하이로 귀항했다. 이때 그가 작성한 조선해도는 이후 프랑스 함대의 안내서가 되었다. 오페르트는 강화에 정박하면서 강화의 인구, 지형, 조선군의 무기와 무장 수준에 대해서도 주의 깊게 살폈다. 그는 강화의 인구가 1만 5천에서 2만명 정도 될 것이라고 추산했다. 아마도 이런 정보 역시 프랑스군에게 전달되었을 것이다.

조선왕조실록에 기록된 오페르트에 대한 보고에는 그를 런던에 거주하는 영국 상인으로 이해하고 있는데(『고종실록』 권3, 3년 2월 18일 무신), 그가 타고 온 배가 영국제였고, 아마도 선장이 영국인이기 때문에 오페르트를 영국인으로 오해한 것 같다.

『개성부원록』에도 오페르트에 대한 오해가 있다. 영어를 몰라 조선의 문서에 오페르트는 "戴拔"로 기록되어 있었다. 덕분에 『개성부원록』의 편찬자는 종종 "戴拔"을 오페르트가 아닌 오페르트 배에 속한 동양인으로 착각하고 있다. 번역에서는 이 부분을 수정해서 번역했다.

七月十二日 府南舊豊德 領井浦 里任所告內 今初十日 異樣船一隻 來泊於江華小門外燕尾亭焉于時 本府保釐 留相金公壽鉉 前月二十四日 始赴任 今有事 上京 自留營 所以其形止探知 次使千摠 韓貞履 執事 朴衡魯 出送領井浦 而此意轉報于留相

7월 12일이다. 개성부의 남쪽에 있는 옛 풍덕(豊德) 영정포(領井浦)의 이임(里任)이 보고한 바에 따르면, '현재 7월 10일 이양선 1척이 강화소문 밖에 있는 연미정(燕尾亭)에 와서 정박하였다.'라고 하였다. 당시 본부(개성부)를 보존하여 다스리는 개성유수는 김수현(金壽鉉)[21] 공(公)이다. 지난달 24일에 처음 〈유수로〉 부임하여 지금 사무가 있어서 서울로 올라갔는데, 유수영에서 저들의 현황을 탐지하기 위해 차례대로 천총 한정리(韓貞履), 집사 박형로(朴衡魯)를 시켜 영정포로 내보냈고, 그들의 의도를 유수(留相)에게 알리게 하였다.

前 留相 金公 是沙溪先生之令適孫也 先生初爲定山縣監 壬辰 大駕西狩 戎事旁午 先生接應撫摩 方伯襃聞 稱以爲政不煩 又丁卯 大駕幸江都 以先生爲號召使 先生力疾 承命召募兵粮 馳赴江都 深蒙慰奬 因啓賊勢之稍緩 請歸講道

전 개성유수(留相) 김공(김수현)은 사계 선생(沙溪先生, 金長生)의 적손이다. 사계 선생은 처음에 정산현감이 되었다. 임진년에 대가(大駕)가 서쪽으로 몽진할 때 군사에 관한 일로 몹시 바빴다. 선생은 명(明)군사를 접대하고 무마하면서 그 포상으로 관찰사가 되었다. 〈관찰사로〉 다스릴 때 정사를 번거롭지 않게 했다는 칭찬을 들었다. 또 정묘년에 대가(大駕)가 강화도로 몽진할 때 선생을 호소사(號召使)로 임명하였다. 선생이 병마와 싸우며 국왕의 명령을 받들어 병사와 군량미를 모우고 강화도로 달려가니, 〈국왕이〉 그에게 깊은 은혜를 입었다고 위로하고 격려하였다. 당시 적의 세력이 약간 약해진 틈을 타서 이를 보고하고 고향으로 돌아가 유학의 도를 가르치며 살게 해달라고 청했다.

[해설]

이 부분은 위의 글과는 다른 기록에서 발췌 수록한 것이다. 개성유수 김수현이 주인공으로 등장하는데, 병인양요 기간 김수현의 활약을 정리한 내용은 『개성부원록』의 주요 부분을 이룬다. 김수현을 전 개성

---

21) 김수현(金壽鉉, 1825년 순조 25~?) : 조선 말기의 문신으로 본관은 광산(光山)인데, 현령으로 1861년(철종 12) 정시(庭試)에 갑과로 급제하여 부사과와 대사간을 지냈다. 1864년(고종 1) 우승지가 된 뒤 이조참의·대사성·이조참판을 거쳐, 1866년 개성부 유수로 재직 중에 병인양요를 만났다.

유수라고 한 것은 이 글을 작성할 당시에는 김수현이 개성유수를 마치고 다른 관직으로 전보되어 갔기 때문이다. 김수현은 1867년에 공조판서로 부임했다. 그런데 여기서 개성유수 김수현이 등장하자 그의 선조인 사계 김장생에 대한 설명이 부가되었다. 사계 선생의 약전은 전체 문맥으로 보면 사족처럼 보인다. 원문에는 없었던 내용인데, 편찬자가 부기한 것일 가능성도 있다. 『개성부원록』전반에 걸쳐 김수현의 활약에 대해서는 존경심에 가까울 정도로 호평을 하고 있다. 갑자기 사계 선생의 약전을 수록하는 것이나 김수현에 대한 서술태도는 글의 편찬자가 노론일 가능성을 보여준다.

十三日 韓貞履 朴衡魯 探報果如里告

(7월) 13일이다. 한정리(韓貞履), 박형로(朴衡魯)가 탐지하여 보고한 결과가 마을에서 보고한 것과 같았다.

十四日 江華府 移文內 爲相考事 本月初 申時量 異樣船一隻 自西府屬昇天堡前洋 地問情則. 稱以物貨交易 欲向上流故 使留碇後形止 爲先報營 以爲登聞之地爲有在果 彼船之逆水 進退迅如風雨 其所預備之方 不容少緩 而弊府之於貴府係 是隔江相望之地 彼船流碇 旣在其間則 互相禦邊以成掎角之勢 宜無此疆彼界之別 玆以移文爲去乎 沿邊諸處 多發船隻 隨機防禦無邊情疎虞之歎云云

(7월) 14일이다. 강화부에서 보고한 공문 내에서 상고할 것.
"이번 달 초 신시(15~16시)즈음에 이양선 1척이 서쪽으로부터 개성부에 속하는 승천보(昇天堡)[22] 앞 바다에 나타나 육지의 사정을 물었다. 이 배의 사람들은 물화 교역이라고 핑계를 대면서 상류로 향하고자 하였기에, 먼저

---

22) 승천포는 강화와 개성부 양쪽의 마주보는 포구를 다 승천포라고 불렀다. 부에 속하는 승천보라는 것은 강화의 승천보라는 의미이다.

닻을 내리고 정박하게 한 후에 우선 이 형편을 유수영에 알렸다. 이를 보고를 하였기에 이 결과가 있게 되었다. 그 배가 물을 거슬러 올라가 나아가고 물러나는 것이 마치 비바람처럼 빠르게 움직이니, 그곳에서 대비하는 방책은 조금도 긴장을 늦추지 말고 대비하여야 한다. 우리 부(강화부)와 귀부(개성부)는 강을 두고 서로 마주보고 있는 관계인데, 그들의 배가 물에 닻을 내려 그 사이에 이미 자리 잡게 되었으니, 마땅히 이 땅 저 땅 구별하지 않고 서로 기각지세(掎角之勢)[23]를 이루며 방어해야 한다. 그래서 공문을 보내는 것이니, 연해 바닷가 주변 여러 곳에 선박이 많이 나타나고 있으니 기미에 따라 방어하여 변방의 정세를 소홀히 하였다는 후회가 없도록 하라."고 운운하였다.

[해설]

개성부의 공문서를 수록한 것이다. 여기서 강화와 개성의 군사적 관계에 대한 매우 중요한 기록이 나온다. 강화도의 군사적 가치는 서울로 통하는 한강 수로를 방어하는 요충이라는 것이었다. 그런데 한강으로 들어가는 수로는 염하라고 불린 강화도와 김포 사이의 수로와 강화도와 개성부 사이의 강화 북쪽 해협이 있다. 이 수로를 통과하는 적 함대를 공격하려면 양쪽 해안에서 협공을 해야 한다. 즉 염하로 들어오는 적은 강화와 김포군이, 강화의 북쪽 해협으로 들어오는 적은 강화와 개성부가 협공해야 한다. 강화부는 이런 지세를 개성부에 상기시키면서, 만약의 사태가 발생하면 강화와 개성이 서로 관할구역을 미루지 말고 동시에 공격해야만 한다고 상기시킨 것이다. 이것은 강화수로의 방어가 절대로 강화부에게만 주어진 임무가 아니라 강화부가 개성부에게 공동으로 주어진 임무임을 말해주는 것이다.

강화 수로를 사이에 두고 마주보는 지역은 같은 지명을 사용하는 경우가 종종 있다. 즉 강화에 승천포가 있으면 맞은 편 개풍의 포구도

---

23) 기각지세(掎角之勢) : 앞뒤에서 적을 몰아칠 수 있는 양면(兩面) 작전(作戰)의 형세(形勢)를 비유하는 말이다.

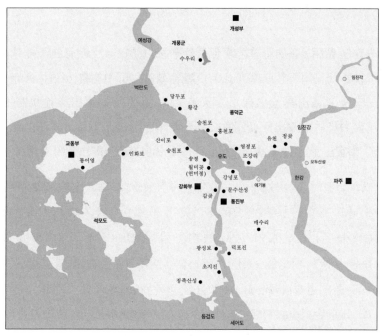

강화와 개성의 주요 포구와 지역

승천포이다. 개풍과 김포 사이의 조강(祖江)도 지명을 공유한다. 이런 독특한 지명 공유도 강화와 개성간의 군사 공동체적 관계에서 파생한 것일 수도 있다. 이런 협력관계가 나중에 프랑스 함대가 침공하며 본격적인 전쟁이 벌어지자 개성부의 군대가 원병으로 참전하게 되는 근거였다.

안타깝게도 과거에는 강화 북쪽 해협을 사이좋게 방어하던 강화 북쪽 해안과 개성부의 남쪽 해안은 지금은 남한과 북한이 첨예하게 대치하는 초긴장 지역이 되어 있다. 그래서 강화도와 김포군에 있는 군사요충이 었던 광성보, 초지진, 덕포진 등의 군사유적이 복원되어 국민관광지가 되어있지만 강화 북쪽 해협은 관광객의 접근조차 어렵다. 그 바람에 많은 사람들이 강화의 군사유적이 강화도 동쪽 염하 일대에 포진된 것으로 알고 있는 경우가 많은데, 실제로 광성보 등은 강화 방위선의 반쪽이다. 통일이 되면 이 남북 해안에 설치되었던 조선시대의 요새와 방어선이 다 복원되는 날이 올 것이다.

十五日 留相公驚聞留營之報 促駕還營 即以防守 次令哨官白應洙 執事僉知
李枝蕃 出柳川丁串浦 哨官出身 白黼炯 執事僉知 朴衡魯 出領井浦 哨官出身
韓宏履 執事出身 全弘瑀 出興天浦 哨官 孫德立 執事出身 金禹器 出橋浦
哨官 林聖哲 執事出身 黃錫煥 出昇天浦 哨官 洪鎭九 執事出身 李圭泰 出黃江
浦 哨官出身 金鍾源 執事僉知 林在賢 出身 崔宅善 出堂頭浦 各率兵防備

(7월) 15일이다. 유수(개성유수)가 유수영(留營)의 보고를 듣고 놀라서 수레
를 타고 재촉하여 유수영으로 돌아왔다. 곧 수비 책임자(防守)로 초관 백응수
(白應洙), 집사 첨지 이지번(李枝蕃)을 유천(柳川) 정곶포(丁串浦)에 보내고,
초관 출신[24] 백보형(白黼炯), 집사 첨지 박형로(朴衡魯)를 영정포에 보내고,
초관 출신 한굉리(韓宏履), 집사 출신 전홍우(全弘瑀)를 흥천포(興天浦)로 보내
고, 초관 손덕립(孫德立), 집사 출신 김우기(金禹器)를 교포(橋浦)에 보내고,
초관 임성철(林聖哲), 집사 출신 황석환(黃錫煥)을 승천포에 보내고, 초관
홍진구(洪鎭九), 집사 출신 이규태(李圭泰)를 황강포(黃江浦)에 보내고, 초관
출신 김종원(金鍾源), 집사 첨지 임재현(林在賢), 출신 최택선(崔宅善)을 당두포
(堂頭浦)로 파견하여 각 병사를 거느리고 방비하게 했다.

諸浦中惟領井 爲要衝也 東距漢陽 西通喬桐 南接江華 十餘里間有土屯 形似
長蛇渡水 自東抵西亦十餘里 名留島 此水路三條領會之所故 領井也 物貨所
湊魚鹽多聚

여러 포 중에서 요충지는 영정포[25]였다. 이곳은 동쪽으로 한양과 거리가

---

24) '출신'이란 무과급제자를 말한다. 같은 관원이라도 무과급제자는 "초관 출신",
　　"출신 파총"과 같이 관직 앞이나 다음에 꼭 '출신'을 붙여서 구분한다.

25) 영정포 : 개풍군 영정리에 있는 포구. 북쪽은 개풍군 신성리(新聖里), 동쪽은 신흥리
　　(新興里), 서쪽은 개풍군 해평리(海坪里)와 접하며 남쪽은 한강을 사이에 두고 강화도
　　의 송정과 마주보고 있다. 1952년 12월 북한의 행정구역 개편 때 면이 폐지되면서
　　경기도 개풍군 흥교면 영정리와 흥천리가 통합되어 신설되는 판문군 후릉리가
　　되었다. 1953년에는 개성직할시, 1954년 황해북도에 속하였다가 1955년 다시
　　개성직할시 관할이 되었다. 1958년 6월 화곡리 일부가 편입되었고 1977년 9월에는

연미정에서 본 문수산 일대

있지만, 서쪽은 교동(喬桐)과 통하고 남쪽은 강화와 접한다. 10여 리 사이에 흙으로 된 둔덕이 있는데, 그 모양은 긴 뱀이 물을 건너가는 모양으로 흙이 쌓여있다. 동쪽에서 서쪽 방향으로 10여리 거리에 이름이 유도(留島)[26]라는 섬이 있다. 이곳 수로는 물길이 세 줄기가 서로 모이기 때문에 영정(領井)이라고 한다. (이곳에는) 수산물과 소금이 많이 모인다.

지명이 영정리로 개칭되었다. 이 지역은 한이산(219m)·백마산(191m)을 비롯한 야산들이 군데군데 있는 평야 지대이다. 북부와 동부에는 능고개와 신흥고개가 있다. 남쪽 경계를 따라 한강이 흐르며 중부에는 오류월저수지·영정저수지가 있다. 한강 연안에는 영정평야와 홍천평야가 있다. 산림은 리 면적의 60% 이상을 차지하며 경작지에서 논이 71%이다. 주요 농산물은 쌀과 옥수수이며 인삼·감·복숭아·백하·숭어 등이 특산물이다. 군소재지 판문읍과 개성까지는 각각 2km이다.

26) 유도(留島) : 경기도 김포시 월곶면 서북부에 자리하고 있는 섬이다. 머무루섬이라고도 불리며 육지에서 500m 가량 떨어져 있다. 『통진읍지』에는 통진 북쪽 10리 지점으로 기록되어 있다. 소가 홍수에 떠내려 오다가 이 섬에 머물렀다는 전설과 함께 '머울은섬·머무루섬'이 되었다고 전해온다. 사도(巳島)라는 한자지명이 사용되기도 한다. 『해동지도』에는 한강과 임진강이 합류하는 지점에 유도가 표기되어 있어, 해로 상으로 중요한 지점이다.

十六日 白黼炯 朴衡魯 旣出此浦 登高瞭望 此時一漁舟釣於松亭之下 彼從船
過見鱸魚之巨口細鱗 眞松江之品 而正是秋風一味也 不惜價賒之 因謂漁子
曰 自此得魚則 直來我所是漁子 豈足爲取適者哉 無常往來之際 殊常之跡
爲江華 將來問抄則 漁子三漢中 總角一名以東坡居民 欲觀 　來兩箇漁子則
囊有銀錢船有玉瓶等 物以其潛通交易之課 捉上京師竝 卽梟首 總角漢大棍
三十杖 放送

(7월) 16일이다. 백보형, 박형로가 이미 영정포에 나가 높은 곳에 올라서
적의 형세를 살펴보았다. 이때에 한 어선이 송정(松亭)의 아래에서 조업하고
있었다. 적의 종선이 지나가면서 큰 입과 가는 비늘을 지닌 농어[27]를 보았다.
이 생선은 진짜 송강(松江)의 명품이고 가을바람이 불면 먹게 되는 최고의
맛 중 하나이다. 그래서 (적이) 값을 아끼지 않고 물고기를 사려고 하여
어부에게 "이 물고기를 잡거든 곧바로 나에게 오시오."라고 하니, 어부가,
"어찌 적당한 것을 잡겠습니까?"라고 하였다. (이들에게) 수시로 왕래할
즈음에 수상한 흔적이 있어서 강화도에서 장교가 와서 신문을 하니, 어부
세 놈 중에서 총각 1명이 동파(東坡)의 주민으로 (결락) 2명의 어부는 주머니
속에 은전이 있고, 배에 옥병 등이 있는 등 물건을 몰래 교역한 증거가
있어, 붙잡아서 서울로 올려 곧바로 효수하고, 총각 놈은 큰 곤장 30대를
치고 놓아 보냈다.

[해설]

　여기서부터는 백보형과 박형로의 경험담을 누군가가 듣고 정리한
내용인 것 같다. 그러나 문맥이 잘 이어지지 않는다. 몇 개의 기록을
합쳤거나 축약하는 과정에서 주어나 중간 내용이 많이 생략되었다.

---

27) 농어에 대한 것은 소식(蘇軾)의 「후적벽부(後赤壁賦)」에 "오늘 저물녘에 그물을
걷어서 고기를 잡았는데, 입은 크고 비늘은 가는 것이 송강의 농어처럼 생겼소[今者
薄暮 擧網得魚 巨口細鱗 狀如松江之鱸]"라고 한 것에서 내용을 빌려왔다. 송강의
농어는 맛이 좋기로 유명하다.

말하고자 하는 내용은 어부가 프랑스 군함과 교역을 하다가 체포되었다는 것이다. 어부들이 농어를 흥정하다가 이양선으로 갔다는 내용은 어부들이 한 변명인 것 같다. 이들이 서울로 이송되어 신문을 받은 내용은 『고종실록』에도 나온다. 이들 세 어부의 이름은 안춘득(安春得)·장치경(張致京)·이두성(李斗成)이었다. 이 중 처형당한 2명이 누구인지는 알 수 없다. 의정부에서는 이들이 이전부터 서양인과 내통하고, 우리나라 근해로 끌어들였고, 이들의 배후에 조직이 있을지 모른다고 의심했다. 이에 좌우 포장이 함께 문초해서 이들의 도당과 주모자를 알아내려고 했다.(『고종실록』권3, 고종 3년 7월 18일 갑술) 아마도 국내의 천주교 조직과의 관계를 의심했던 것 같다. 그러나 그런 배후는 없었던 것 같다. 어부 2명은 불법으로 무역을 한 죄로 처형되었다.

十七日 望見江華 石隅湖邊會者 如海 朴衡魯 白黼炯 相謂曰 此必有曲折 第往觀之則朴熙景及 月串倅 與洋人所買淸人戴拔 汪文山之類 復筆談 問情 誘之以退則 終乃托其洋黨之 不聽焉 見其人則 偏身綺羅 雪面粉格 編髮而垂 後還甚奇怪故 觀者如海矣

(7월) 17일이다. 〈박형로와 백보형이〉 강화도를 바라보니 석우호(石隅湖) 가에 모인 사람들이 바다처럼 많았다. 박형로, 백보형이 서로에게, "이는 반드시 곡절이 있을 것이다."라고 말하면서, 차례로 가서 그들을 보니, 박희경 및 월곶수(월곶진장)가 서양인이 고용한 청나라 사람인 대발(戴拔), 왕문산(汪文山)의 무리[28]와 다시 필담을 나누었는데, 그들에게 사정을 묻고 〈이곳에서〉 물러갈 것을 권유하였지만, 끝끝내 서양인들의 무리에 의탁하여 이를 듣지 않았다. 그 서양인들을 보면 몸에는 무늬 있는 비단을 입었고 흰 얼굴은 분을 바른 것 같고 묶은 머리를 늘어뜨렸다. 〈박형로 등이〉 뒤로 돌아보니 〈서양인의 모습이〉 매우 기괴하였기에 이를 구경하는 사람이 많았다.

---

28) 본문에는 대발을 서양인이 고용한 청나라 사람이라고 했는데, 이는 오류이다.

[해설]

오페르트의 기록에 의하면 16일과 17일 오전까지는 비바람이 심하게 쳤다고 한다. 점심 무렵에 폭풍우가 그치고 날이 맑아졌다. 본문 중에 박형로와 백보형이 강화를 바라보았다는 것은 이날 점심 이후 날이 맑아지자 영정포에서 강화 송정이나 월곶 일대가 관측이 가능해져서 강화 쪽 상황이 보였다는 것이다. 강화 쪽에 많은 사람이 모인 사연은 오페르트의 기록에도 나온다. 이날 날이 밝자 수많은 사람들이 서양인과 배를 보러 몰려들었다. 오페르트는 뭍에 내려 쾌적한 날씨와 신선한 바람을 맞으며 기분 좋은 산책을 했다. 사람들이 그들 주변으로 몰려들었고, 군중에 둘러싸인 오페르트의 기관사는 흥이 나서 바이올린을 연주했다. 조선사람들은 음악을 아주 좋아해서 갈채와 박수가 쏟아졌다. 기관사가 신이 나서 계속 연주를 하자, 오페르트는 그를 진정시키느라 힘이 들었다고 한다. 오페르트는 "서울에서부터 아니 이 나라의 대 상업도시인 송도에서까지 사람들이 외국의 증기선이 나타났다는 소문을 듣고서 달려왔다. 대개 유복한 중산계급에 속하는 사람들이었으며 그들의 인상은 아름답고 표정이 풍부하였으며, 체격은 큼직하고 힘찼다. 모든 사람이 그들이 본 것에 대해 더할 수 없이 매혹당하고 만족한 것 같이 보였다"고 썼다.

그러나 오페르트는 박형로와 백보형이 개성에서 건너와 산책을 중지하고 배로 돌아가라고 권유했다는 사실은 전혀 기록하지 않았다. 오페르트는 가능한 조선 군중과의 관계를 아름답고 우호적인 면으로 드러내는 경향이 있다. 반면 박형로와 백보형은 구경꾼이 많았다고는 했지만, 그 이유가 서양인의 모습이 기괴했기 때문이지 배나 서양물품을 신기해한 것이라거나 조선의 신사층이 그들에게 우호적인 자세를 보였다는 기록은 하지 않았다. 같은 날, 같은 장소에 있었으면서도 서로의 입장에 따라 전혀 다른 서술을 보여준다.

浦人又言 日前初頭問情時 本府經歷金公在獻 隨率十餘名而來則 彼人囚其
隨率 棹其從船載 經歷而書吏一人 奴子一名隨之 及登船有箇 胖大漢 高坐船
上問曰 子是知府大官耶 金曰 余從事也 彼人作色曰 前年 我國 主敎 見害於子
國 此何道理 今欲殺子 雪冤 金公曰 余不畏死但自古未聞殺通使也 彼人曰
然則 置汝爲家丁 金公曰 余年蹻七十也 老人充丁 亦未嘗聞 彼人曰 汝國陪臣
幾人 論囚主敎 此人竝卽招來 不然必捉 汝歸國
金公怡然正色曰 天下之罪人 天下皆殺之 彼人曰 何罪
金公曰 汝所謂主敎及主 背親變幻他國之衣 經年經歲 隨服 他國之哀 此在汝
爲反賊也 閭巷窮僻 嘯聚黨友 男女混雜 穢濁風敎. 此於我爲亂類也. 使汝當之
生耶死耶 期必殺之則 我何獨赦 彼人不能更對還送從船 金公 完隨率而歸焉

바닷가 사람이 또한, "일전에 초두진에서 사정을 물었을 때 본부의 경력
김재헌(金在獻)이 10여명을 거느리고 왔었는데, 당시 서양인들은 김재헌이
데리고 온 사람들을 사로잡고 작은 배에 싣고 노를 저어 갔다."라고 하였다.
경력, 서리 한 명, 노비 한 명이 이를 따라 배에 오르는데 어떤 뚱뚱하고
체구가 큰 사내가 선상 위에 높은 곳에 앉아서 우리에게 "그대가 여기
해당 부의 높은 관리인가?"라고 물었다.

김재헌　"나는 종사이다."

서양인이 불쾌한 얼굴로, "지난해 우리나라 주교가 그대 나라에서 해를
당했는데 이는 무슨 이치인가? 지금 그대를 죽여서 복수를 하고 싶다."

김재헌　"나는 죽음이 두렵지 않다. 다만 옛날부터 통사를 죽인다는 것은
듣지 못하였다."

서양인　"그러면 너를 하인(家丁)으로 쓰겠다."

김재헌　"나는 나이가 70을 넘었다. 노인을 하인[丁]으로 둔다는 것 또한
일찍이 듣지 못하였다."

서양인　"너희 나라 신하 몇 사람이 주교를 가두는 것을 의논하고 있어,
이 사람이 곧 불러 오려하는데 그렇지 않으면 반드시 붙잡힐 것이다. 너는
돌아가라."

김재헌　좋아하고 정색하면서, "천하의 죄인은 천하 사람들이 모두 그를 죽일 것이다."

서양인　"무슨 죄 때문인가?"

김재헌　"그대가 말하는 주교 및 천주는 어버이를 저버리고 다른 나라의 옷으로 갑자기 바꿔버리고 한해 두해 지나서 옷을 따라서 입고 다른 나라에서 죽었으니, 이것은 그대에게 있어 반란을 일으킨 역적이다. 궁벽한 거리에서 무리들을 불러 모아 남녀가 섞여 있으면서 풍교(風敎)를 더럽히고 어지럽혔다. 이는 우리에게 질서를 문란하게 하는 무리가 된다. 그대에게 삶과 죽음을 맡기게 하면 반드시 죽는 쪽으로 결정할 것인데, 우리가 어찌하여 홀로 용서하겠는가?"

서양인이 다시 대화할 수 없어서 작은 배로 돌려보내 김재헌과 함께 그를 모셨던 자들이 모두 돌아왔다.

[해설]

이 기록은 포구에 있던 사람 누군가가 박형로 등에게 7월 13일에 있었던 오페르트와 김재헌의 첫 번째 회담의 내용을 전해준 것이다. 이 회담의 성사과정은 오페르트의 책에도 아주 상세하게 나와 있다. 그러나 회담의 분위기와 내용은 이곳에 기록된 내용과 전혀 다르다. 오페르트의 책에는 『개성부원록』의 대화는 전혀 기록되어 있지 않다. 김재헌은 자신이 개성유수가 아니라 유수의 부하관리라고 밝혔다고 했지만, 오페르트는 김재헌이 개성유수였다고 기록했다. 김재헌을 죽일 수도 있다고 협박했다는 내용은 전혀 없다. 통상을 요구하며 서울로 가겠다는 오페르트의 요구와 여기에 반대하는 김재헌은 합의를 이루지 못했지만, 시종일관 우호적인 분위기에서 진행되었다고 적었다. 선교사 살해 사건을 항의했다는 내용도 전혀 없다. 강화유수가 김재헌의 보고에 따라 정부에 보낸 보고에도 이들의 목적은 오직 통상에 있다고 하고 천주교 문제는 거론하지 않았다. 오페르트는 김재헌에게 술과 음식을 대접했고, 오후 늦도록 배에서 머물다가 몹시 유쾌한 기분이 되어 돌아갔다고 했다. 그리고 답례로서 닭과 신선한 채소를 보내주겠다고 했다고 한다.

협박과 거친 대화 부분은 오페르트가 숨겼을 수도 있다. 양쪽의 기록은 서로 간에 과장과 각색이 있다고 보여진다. 오페르트는 우호적인 분위기를, 『개성부원록』은 긴장관계를 강조하고 있다. 그러나 소문과 포구 사람들에 의해 과장되고 각색된 말일 수도 있다. 서양인과 중국인의 높은 톤의 말투는 외국어를 모르는 구경꾼이 보면 협박하거나 싸우는 태도로 인식될 수도 있다. 아니면 그 사이에 주민들의 상상으로 만들어진 이야기일 수도 있다. 오페르트와 조선 관료의 면담은 말이 아니라 필담으로 진행되는 경우도 많았고, 회담에 참석한 사람도 소수였다. 여하튼 이 기록은 낯선 외국인의 왕래에 대한 주민들의 다양한 반응을 보여준다는 점에서 가치 있는 기록이다.

오페르트는 서울로 가는 계획을 포기하겠다고 하고 무역에 대한 정부의 회신을 달라고 했다. 김재헌은 4일 안에 중앙정부의 회신을 받아 주겠다고 약속하고, 식량과 반찬 등을 선물로 제공하겠다고 했다. 유수는 이 사실도 정부에 보고했고, 정부도 이를 허락했다.

戴拔等 還船後復有六雛棹從船而來 各持刀鎗 先行者內襲甲外倚劍 其人皆墨面突睛 鬚髮橫逆冠如沙鎔樣貌 甚醜惡 又牽一尨尨 亦異樣出於凡狗長髮斑毛耳垂頷眉覆面而人狗之下陸登岇如踏平地 看來 大抵勇猹者也 浦人避走 朴衡魯 白黼炯 還守領井

대발(戴拔) 등이 배로 돌아간 후 다시 6개의 노를 저어 작은 배를 타고 왔다. 각각 칼과 창을 지니고 있었다. 앞에 선 사람은 안에는 갑옷을 입고, 밖에는 검을 차고 있었다. 그 사람들은 모두 초췌한 얼굴에 불거진 눈을 가졌고, 수염과 머리털이 지저분하고 모자는 족두리였고, 용모가 매우 추악했다. 또 삽살개[尨尨] 한 마리를 끌고 왔는데 또한 이상한 모양새로 보통의 개보다 커서 머리털이 길고 털이 아롱지고 귓불이 얼굴을 덮었다.

월곶진 연미정의 돈대

사람과 개가 배에서 내려 언덕에 올라가는데 평지와 같이 쉽게 다녔다고
했다.(여기까지가 포구 사람에게서 들은 이야기이다)
가서 〈오페르트 등을〉 직접 보니 매우 날래고 용감한 자이다. 바닷가
사람들이 피하여 달아났으며, 박형로, 백보형은 돌아와 영정포를 수비하
였다.

[해설]

김재헌이 돌아가자 오페르트와 파커 등은 다시 상륙해서 한 시간
가량 돌아다녔다. 얼굴이 검다는 표현(墨面)은 얼굴이 사납게 생겼다는
의미일 수도 있고, 오페르트 등을 수행하던 필리핀, 중국인 선원을
묘사한 것일 수도 있다.『개성부원록』에는 개를 한 마리 데리고 왔다고
했는데, 오페르트는 이 개에 대해서는 전혀 언급하지 않았다.
이날 이들은 언덕에 올라 한강 하구의 지형을 살피고 강화읍 쪽의
전망도 보았다. 월미곶 근처 물이 세 갈래로 갈라지는 지형을 정확히

보았다. 그 언덕에는 오랜 세월 사용하지 않은 요새의 폐허가 2개 있었고, 요새 내부에 집과 농기구 창고 등이 있었다는 서술로 보아 연미정으로 올라간 것이 아닌가 싶다. 연미정에는 돈대가 있고, 바로 옆에 성문이 있다. 연미정의 돈대는 원래 황형의 집터에 세운 것이므로 이때까지 돈대 안팎으로 소수 건물이 남아 있었을 가능성이 있다.

十八日 夕飯後 白黼炯 朴衡魯 遽然驚動曰 曾聞 明日 乃沁都回啓之期則 彼船去留 可定於此 而不西則東 此將奈何 復相議曰 莫若結船遮路 卽令里任 招致船漢等
皆曰 本浦船隻太 有不足 且無船粮云云 於焉之間時及三更量矣 朴衡魯曰 吾當稟營乘夜入府 白黼炯謂曰 義州人能漢語者 金初善 李陽鳳 方在城中云 與之偕來
朴衡魯 應曰 諾

(7월) 18일이다. 저녁식사 뒤에 백보형, 박형로가 갑작스럽게 매우 놀라서 말하기를, "이전에 들은 바에 의하면 내일 강화도에서 서울로 보고하는 기한이 되는데, 저 이양선이 거류하는 것이 이날까지로 정해져 있다. 〈만약 내일을 지나 이들이 움직인다면 이들이 가는 방향은〉 서쪽이 아니면 동쪽일 텐데 이를 장차 어찌하겠습니까?" 그리고 "〈제일 좋은 방법은〉 배를 묶고 길을 차단하는 것 만한 것이 없습니다."라고 상의하였다. 곧 이임(里任)에게 명령하여 뱃놈들을 불러 오게 하니 모두가, "본 포의 선척은 크게 부족하고 또 배의 양식이 없다."라고 운운하였다. 어느덧 시간이 삼경쯤이 되었다.

박형로 "나는 유수영에 아뢰고 밤을 틈타서 개성부로 들어가겠습니다."
백보형 "의주(義州) 사람 중에서 중국어에 능한 자로 김초선, 이양봉이 지금 성 안에 머무르고 있다고 하니, 그들도 함께 데리고 오십시오."
박형로가 좋다고 응락하였다.

7월 18일. 앞선 7월 13일 회담에서 회보 날짜로 5일 안, 4일 안이 나왔는데, 19일이 마감날로 결정되었던 것 같다. 19일까지는 오페르트의 배를 묶어 둘 수 있었다. 그렇지만 정부의 회신은 분명 오페르트의 제안을 거절하는 내용일 것이기에, 그 때에는 오페르트가 움직일 것이다. 서쪽으로 가면 돌아가는 것이고 동쪽으로 가면 조선의 제지를 뚫고 서울로 직행하는 것이다. 만약 오페르트가 동쪽으로 가려고 하면 반드시 막아야 하는데, 그에 대한 대비책이 없다는 사실을 문득 깨달은 것이다. 이에 백보형, 박형로는 선원을 모아 대책을 논의했다. 다음 날 기록을 보면 이들의 작전은 배를 모아 저지선을 만들고 화공으로 위협하며 이양선을 계속 서쪽으로 몰아내는 것이었다.

그러나 영정포의 선원들은 그 작전을 펴기에 영정포의 선박이 크게 부족하고 배에 적재할 식량도 없다고 했다. 그 다음 내용에서 박형로가 유수영에 공문을 보내고 밤에 개성부로 출발하겠다고 한 것은 영정포의 선박만으로는 이 작전이 불가능하므로 다른 포구에서 선박을 동원해야 하고 그러기 위해서는 유수영의 명령이 필요하기 때문이다. 유수영과 개성부는 사실 같은 관청이지만 장수가 명령 없이 임지를 떠날 수 없으므로 먼저 유수영에 사정을 알려야 개성부로 들어갈 수 있었다. 백보형이 데려오라고 한 개성에 와 있는 김초선과 이양봉은 정부에서 파견한 통역관이다. 오페르트와의 회담이 잘 되지 않은 것을 들은 정부는 가능한 중국어에 능통한 역관을 파견해서 오페르트를 설득하기로 했다. 조선왕조실록에는 여기까지만 기록되어 있는데, 『개성부원록』에는 정부에서 파견한 역관이 의주의 역관들이었음을 알려준다. 의주는 대중국 무역의 중심지여서 서울에 있는 역관보다 의주에 있는 역관의 실력이 더 뛰어났던 것을 알려주는 기록이다.

十九日 朝明白黼炯 瞭望彼船則 怎移常處 橫跨首北 浦人相告曰 彼船泛矣 爰止于誰驚怵不定 白黼炯 初與諸將校 出浦時留柵公 以密紙 只書姓名與出

使地名 分排敎是後分付內 秘密出城 從容到浦 瞭望彼船 謹守而已無或擾民
矣 見此浦驚心愈憂懼 乃誘之曰 若等無恐 嘗聞彼人言內 本欲向王城爲沁人
阻而中止 彼若行舟終欲上京必不到此

(7월) 19일이다. 아침이 밝아서 백보형이 멀리서 이양선을 바라보니 어찌해
서인지 항상 있던 곳에서 옮겨 있었고 뱃머리를 북쪽으로 걸쳐놓았다.
갯가사람들이 서로 보고하기를, "이양선이 떠 있는데 누가 가볼 것인가."라
고 하는데, 놀라 두려워서 〈갈 사람을〉 결정하지 못하였다. 백보형이 처음에
여러 장교들과 포구로 나갈 때에 성 안에 머물면서 몰래 종이에 단지
성명과 나가는 곳 지명만을 써서 분배하여 알려준 후에 분부하길, "비밀리에
성을 나가서 조용히 포구에 도착하라. 이양선을 잘 살피고 조심하면서
이를 지켜서 혹시라도 백성을 동요시키는 일이 없도록 하라."고 하였다.
〈장교들이〉 이곳 포구〈의 상황〉을 보니 〈백성들이〉 놀란 마음에 더욱
근심하고 두려워하였다.
그래서 포구민을 불러 모아서 말했다. "너희들은 두려워하지 말라. 이전에
서양인들이 원래 왕성(王城 : 서울)으로 향하여 가려고 했는데, 강화도 사람
들이 막아서 중지했다고 한다. 저들 서양인들이 만약 배를 움직인다면
끝내 상경하려고 할 것이니 반드시 서울에 이르지 못하게 해야 한다."라고
하였다.

且見曰 昨 石隅筆談 頗有許退之機則 泛彼中流 定是歸西之意也 然在防守之
道 不可無預備之方也 爲先本浦船隻 急急合聚 頃之本營 傳令內結船之敎
嚴切故 白黼炯 營傳令據一以催本浦船一以私通于各浦防守所大小諸船一一
來 隻 有餘 (결락)

또다시 보고, "어제 석우(石隅)에서 필담으로 나눌 때 곧 물러날 것 같은
기미가 있었다. 배가 중류에 떠 있는 것을 보면 서쪽으로 돌아갈 것을
정한 것이다. 그러나 방수(防守)의 방법에는 미리 방비하는 방책이 없어서는

연미정에서 본 유도

안 된다. 우선 본 포구에서 많은 배를 빨리 빨리 모아야 한다."라고 하였다.
얼마 후에 본영의 전령에 보니 배를 묶어 놓으라는 명령이 엄하고 절박하게
나왔기에, 백보형은 본영의 전령을 근거로 하여 한편으로 본 포구의 배를
재촉하고, 한편으로는 각 포구를 방수하는 크고 작은 선박들과 몰래 연락하
여 하나하나 모이게 되니 (결락)

白輔炯 招集舟子曰 若等壅水上流 使彼船無得 (결락) 糸船之法 便是結陣必
依一字長蛇陣法 無或差錯 復以彼船 每每曉之曰 彼艦小退 此艦漸進 又約束
曰 號令自前船 鱗次相傳止於後船 自領井 至留島五里之餘 舟旗蔽空 檜揖如
麻 白輔炯 特立前船 瞭望 彼船 有頃 色吏 李錫允 洪景泰 載船粮而出 朴衡魯
率 金初善 李陽鳳 而來觀之曰 壯哉 期日暮擊鼓 吶喊蓺火 達曉衆口沸海火城
塞江到明彼船歸西

백보형이 뱃사공을 불러 모아서, "너희들이 상류의 물을 막아 저 이양선이

66

연미정에서 본 유도와 건너편 해안 영정포-정곶

(결락) 배를 엮는 법은 곧 진(陣)을 만드는데 반드시 일자장사진법(一字長蛇陣法)에 의거하여 혹시라도 착오가 없게 하라.”고 하였다. 다시 저 배를 보고 일일이 가르치기를, “저 배가 조금 물러나면 이 배가 점점 나아간다.”고 하였다.(오페르트의 배와 일정 간격을 유지하며 계속 밀어붙인다는 의미임) 또한 “호령은 앞배에서부터 나오고, 차례로 잇닿아 서로 전하고 뒤 배에서 그친다.”라고 약속하면서 말하였다. 영정포부터 유도(留島)에 이르기까지 5리 정도인데 배의 깃발이 하늘을 덮고 배 젓는 노가 삼대 같이 모였다. 백보형은 특히 앞의 배에 서서 이양선을 지켜보았다. 얼마 후에 색리(色吏) 이석윤, 홍경태가 배에 양식을 실었다. 박형로가 김초선, 이양봉을 데리고 나갔다. 이를 보고, “장하다. 해가 지는 것을 기약하여 북치고 함성을 지르며 불을 붙이면, 새벽이 될 때 여러 사람들의 소리가 바다에서 들끓고 〈배로 만든〉 성 같은 차단벽(城塞)이 불이 환하여 강에 이르면 분명히 이양선이 서쪽으로 돌아갈 것이다.”라고 하였다.

朴衡魯 追至喬桐下流茫茫不見 乃還報曰 今寅時量 彼人退去事 馳告營敎內 各浦防守撤罷事 又有行人樂甚 咏唐人詩一絶云 片帆何處去 匹馬獨歸遲 怊悵江南北 靑山欲暮時[29]

박형로가 뒤쫓아 교동 하류에 이르렀는데, 아득하고 어두워서 〈이양선을〉

---

29) 당나라 시인 유장경(劉長卿, 709~780)의 작품인 「瓜洲道中送李端公南渡後歸揚州道中寄」이다.(『전당시(全唐詩)』 권147)

보지 못하였다. 이내 돌아와, "지금 인시(寅時 : 새벽 3~5시 사이) 정도인데 이양인들이 물러갔습니다."라고 보고했고, 영교(營校) 내에 각 포구를 지키는 병력을 철수한 일도 빨리 보고했다. 또 그곳에 있던 어느 행인이 매우 기뻐서 당시(唐詩) 한 구절을 읊었는데, "조각배 어디로 갔을까. 필마로 도는 발길 자꾸만 더디어라. 슬프도다, 강의 흘러감이오. 청산은 석양에 물들려고 하네."라고 하였다.

[해설]

7월 19일 오페르트의 운이었는지, 본능적인 감각이었는지는 알 수 없지만 그가 한강 하구를 정찰한 뒤 바로 뱃머리를 돌린 것은 천운이었다. 하루만 더 지체했더라면 유혈사태가 발생할 뻔 했다. 백보형은 엠페러 호의 상태를 보고 저들이 한강 진입을 포기하고 귀환하려한다고 정확히 파악했다. 하지만 만약의 사태를 대비하지 않을 수는 없었다. 백보형의 임무는 이양선의 서울 진입을 막기 위해 상류로 들어가는 물길을 차단하는 것이었다. 차단하는 방법은 배를 사슬처럼 잇대어 배로 차단선을 치고, 또 화공으로 바다 위에 화염벽을 쌓아 오페르트의 배가 항진하지 못하게 하려고 했다. 마침 박형로가 이들의 계획을 승인하는 유수영의 명령서도 가지고 왔다. 백보형은 다른 포구의 배들까지 총동원해 서로 뱃전을 잇대어 한일자로 장사진을 치고, 이 장사진을 여러 겹으로 배치한다. 적이 서진하는 척 하다가 동쪽으로 방향을 바꿀 것을 대비해서 적이 진행하는 상태를 보며 거리를 유지하며 따라간다. 해가 지면 북을 치고 함성을 지르며 횃불을 들고 화공을 하는 것과 같이 한다. 적선을 태우지는 못해도 수로를 불로 봉쇄할 수는 있고, 적을 위협할 수 있다. 그러면 이양선이 동진을 포기할 것이라는 것이 백보형의 예상이었다.

이 함대는 출진을 했지만 오페르트의 속도를 쫓아갈 수가 없었다. 또한 장사진을 친 선단의 속도는 더 느렸을 것이다. 백보형은 교동이 있는 하류까지 이들을 뒤쫓았다. 이후 전체 함대로 추격하는 것을 정지하고, 백보형이 통역관을 태운 채 소수의 배로 쫓아갔을 것이다. 그러나 이양선이 빨라서 그 자취조차 볼 수 없었다. 백보형은 돌아와서 이양선이 멀리 사라졌다는 것을 확인하고 유수영에 말을 달려 보고했다. 유수영은 즉시 각 포에 파견한 수비대를 철수하라는 명을 내렸다. 이것으로 오페르트 사태와 그로 인한 비상상태는 해지되었다.

右列別將 洪冕燮 呈遞 代李枝蕃差出 是月也 洋船一葦入於浿江 爲浿人所攻燒 其船物所謂刀鎗不入的 崔蘭軒 趙淸峰 强悍之徒 滅盡其類 箕伯之成勳 浿人之敵愾豈不休哉 語云 夷狄譬如禽獸 數爲反覆則 彼雖許退其情僞不可取信越

우열별장(右列別將) 홍면섭(洪冕燮)이 바뀌고 대신 이지번(李枝蕃)이 차출되었다. 이 달에 이양선 한 척(제너럴 셔먼 호)이 대동강에 들어갔는데, 평양사람들에게 공격당하여 불살라졌다. 그 배라는 것이 이른바 칼과 창이 들어가지 않는 것이었지만[철선이라는 의미] 최난헌(崔蘭軒 : 토마스 목사), 조청봉(趙淸峰 : 조능봉)[30]과 같이 강하고 사나운 부류들도 모두 진멸되어 버렸다. 평안도 관찰사(박규수)가 공적을 이룬 것과 평양사람들이 적과 싸우려는 의기가 어찌 아름답지 않으랴. 사람들이, "비유하자면 오랑캐는 금수와 같고 여러 번 (약속을) 번복하기에, 저들은 비록 물러갈 것을 약속해도 그 뜻은 거짓이라서 믿을 수가 없다."라고 하였다.

八月 十七日 潮 二隻賊船泛濫而犯 到西江之下流 西江去 京城未滿十里之近也 噫 太平世界 天威咫尺之地何等外寇之急 警如是其迫也 無乃困漂倒失路耶 抑欲預聲敎而歸服耶 契丹古之匈奴 嘗陷於尹瓘之征女眞 本來奸究 卒敗於姜邯贊之策 壬亂倭酋之三兆八億亡有子遺 泛彼片帆 何足爲乎 旣退於沁

---

30) 최난헌은 제너럴 셔먼 호에 통역관으로 승선한 선교사 토마스 목사의 한자식 이름이다. 조청봉은 불타는 배에서 빠져 나와 기슭에 올라왔다가 주민에게 살해된 중국상인 조능봉(趙凌奉)의 오기인 것 같다.

8월 17일이다. 밀물이 들어와 2척의 적선[31]이 함부로 떠가서 서강 하류에 도착하였다. 서강을 지나니 경성은 10리가 되지 않는 근처였다. 아아, 태평세계에 임금이 계신 지척까지 이르니 어찌하여 외적의 빠름이 이처럼 다급한 것인가? 곤궁을 만나 표류하다가 길을 잃은 것은 아닌가? 혹은 미리 성교(聲敎 : 조선의 덕치)를 듣고 귀순하여 항복하려고 하는 것인가? 거란(契丹)은 옛날의 흉노(匈奴)로서 일찍이 윤관(尹瓘)의 여진 정벌로 함락되었는데, 원래 간사한 계책을 가지고 있었지만 끝내 강감찬의 책략으로 패배하였다. 임진왜란 당시 적의 수괴는 3조 8억의 유가족을 남겼다. 그러니 그들이 조각배를 띄워 어찌 하겠는가? 이미 강화도에서 물러났다.

[해설]

텐진에 주둔하고 있던 프랑스의 로즈 제독은 병인양요에 앞서 침공로를 정찰하고, 한강 수로를 통해 군함이 서울에 도착할 수 있는지를 확인하기 위해 선발대를 파견했다. 당시 로즈 제독이 지니고 있는 해도는 대략 조선의 위치만 보여주고 있었기 때문이다. 선발대는 로즈 제독이 지휘하는 기함인 르 프리모게 호와 쾌속 전투함인 르 데루레드 호, 포함인 르 타르디프 호였다. 정찰효과를 높이기 위해 프리깃함 마세의 조타장을 태우고, 해병대원 54명이 탑승했다. 르 데루레드 호에는 병인박해를 피해 탈출한 리델 신부와 그가 데려온 3명의 수로 안내인 중 1명이 탑승했다.

르 프리모게 호는 도중에 암초에 부딪혀 파손되는 바람에 전진을 포기하고 작약도로 후퇴해 정박했다. 다른 2척의 군함은 여러 번 좌초되었지만 서울에 도착하는데 성공했다. 조선측 기록에서는 오군영의 병사를 강안에 배치했다고 했는데, 프랑스 장교들은 멀리서 요새와 대포를 보았지만 단 한 명의 병사도 보지 못했다고 보고했다. 한강을 따라 서울로 항해할 수 있다는 사실을 확인한 것에 만족해서 르 데루레

---

31) 로즈 함대의 선발함대인 르 데루레드 호와 르 타르디프 호.

드 호는 철수했다. 이들이 조선군을 전혀 보지 못했다고 보고했기 때문에 나중에 로즈 제독은 처음부터 바로 주력이 진입해 행군했더라면 쉽게 목적을 달성할 수 있었을 것이라고 후회하였다. 당시 함대가 곧바로 철수한 것이 조선군에게 자신감을 주었다. 로즈의 주력부대가 도착했을 때 조선군은 싸울 준비를 하고 있었다는 것이다.[32]

르 데루레드 호와 르 타르디프 호는 정찰을 마치고 철수한 뒤 작약도에 있던 르 프리모게 호와 합류해서 지푸로 귀환했다. 한강을 따라 내려오면서 그들은 딱 한번 총격을 받았다고 한다. 이들은 한강을 빠져 나가던 중 김포 석곡에서 정박했다. 개성부의 우열별장 홍면섭의 후임으로 임명된 이지번이 이때 프랑스인과 접촉했던 것 같다. 다만 상륙 이후의 상황과 이지번과의 접촉에 대해서는 조선과 프랑스 쪽 어디에도 기록이 없어서 이지번이 만난 프랑스군이 누구인지 알 수 없다. 이제부터 『개성부원록』의 본격적인 이야기가 시작된다.

且敗於浿 況復犯此都下之大江耶 其長技大碗口已試 放一砲以聲禦 人或衣胡服 或戎服 或紅兜 靑兜 或衣黑氈 或衣靑毯 變態幻容 令人叵測者 便是醉怵圖禍之套件 如此妖賊 自朝家 豈無所殄滅之威靈哉 時當營建正殿之役 方設監試之場 將有事於支勅之具 如彼其賊 視如蚊蝱 而特以民心之 不無騷動 抄發諸營軍卒 使備江干 揚示威武而已果

또한 〈이전에 왔던〉 적(제너럴 셔먼 호)도 대동강에서 패하였으니 하물며 다시 서울 아래의 큰 강을 침범할 수 있으랴. 〈우리의〉 장기인 대완구[33]를 이미 시험하여 포 한 방을 쏘아서 소리로써 방어하고, 사람이 혹은 호복(胡服)을 입거나 혹은 융복(戎服), 혹은 붉은 두건(紅兜), 파란 두건(靑兜), 혹은 검은 모전(黑氈)을 입고, 혹은 푸른 모포(靑毯)를 입어 모습을 바꾸고 현혹시켜 사람들에게 〈그 실체를〉 헤아리기 어렵게 하며, 이를 통해 겁먹게 하면

---

32) 박병선, 『1866년 병인년, 프랑스가 조선을 침노하다』, 조율, 2013, 119쪽.
33) 완구(碗口)는 돌탄을 쏘는 포임. 여기서는 가장 큰 화포라는 뜻.

화를 덮는 일이 될 것이다. 이 요사스러운 적과 같으면 조종으로부터 어찌 적을 없애버릴 위력 있는 영혼이 없겠는가. 〈다만〉 이때 정전(正殿 : 경복궁)을 짓는 부역이 있게 되어 바야흐로 과거시험장이 세워졌으며 장차 칙사(청나라 사신)를 접대할 일이 생길 참이었다. 〈그래서 비록〉 저 적들이 모기와 등에 같은 〈쉽게 없애 버릴 수 있는〉 존재에 불과했지만, 다만 민심이 요동치지 않을 수 없었다. 그래서 〈민심이 심하게 동요할 것을 우려해서 적을 공격하지 않고〉 여러 영(營 : 오군영)의 군졸을 선발하여 강가에 배치하도록 하고 위세와 무력을 드날리기만 했던 것이다.

十九日 潮水賊船遁去 營卒無血刃而還 此豈非干羽格苗之化歟 賊船旣脫禍 網走 到柳川之境 怊胎稍安 驚膽始定而息 振秋陽乘凉風 將刀鎗把銃砲 轉投 村落 擧錯尋常見人無所回避 遇童稚則 有戀子之情 以銀錢一葉給之 傍觀李 枝蕃意謂 賊物當官納遂取之 賊怒之

(8월) 19일이다. 조수에 따라 적선이 물러나서 가버렸다. 〈오군영의〉 군졸들이 칼에 피를 묻히지 않고 돌아왔으니, 이 어찌 간우(干羽)[34]란 춤을 추어 묘족(苗族)이 귀의했던 교화가 아니겠는가? 적선은 이미 재앙에서 벗어나고 그물에서 달아나 유천의 경계에 도착하였다. 겁먹었던 것이 조금 안정되고 놀란 마음이 비로소 편안하여 쉬게 되었다. 가을볕이 서늘한 바람을 타고 비추었다. 〈서양인이〉 칼과 창을 들고, 총포(銃砲)를 잡고 촌락에 들어와 편안하게 돌아다녔다. 사람을 보고도 회피함이 없었다. 우연히 어린아이를 만났는데, 자식이 생각났는지, 아이에게 은전 한 닢을 주었다. 옆에서 지켜보던 이지번(李枝蕃)이 "적의 물건은 관(官)에 납부해야한다."고 하면서, 동전을 뺏으니 돈을 준 서양인이 화를 냈다.

---

34) 간우(干羽) : 하나라 우왕이 문덕(文德)을 크게 발휘하여 양 섬돌 사이에서 무무(武舞)인 간무(干舞)와 문무(文舞)인 우무(羽舞)를 춤추니 70일째 되는 날 유묘(有苗)가 감화되어 귀의했다는 고사에서 온 것이다.[『서경(書經)』 대우모(大禹謨)]

李枝蕃 是豪俊多能者 一便賀之 一便謝之曰 遠方貴物 稚子易失故 取藏之
賊曰 諾 枝蕃問爾們有妻子否 賊曰 曾聞朝鮮禮義之邦 何不問父母耶 枝蕃曰
孔子曰 父母在 不遠遊爾 今遠來則 其無父母可知 何問之有 賊乃俛首言他曰
君 家阿那邊 李枝蕃曰 只在此山中 賊乃請食物 錄書以示之

이지번은 호걸이고, 재주와 지혜가 뛰어나고 능력이 많은 자였다. 한편으로
하례하고 한편으로는 사례하면서 말했다.

이지번 "먼 지방의 귀한 물건인데, 어린아이가 쉽게 잃어버리기 때문에
내가 보관해 주는 것이다."

적 "알았다."

이지번 "너희들은 처자식이 있는가? 없는가?"

적 "이전에 듣기를 조선은 예의의 나라인데 어찌 부모는 묻지 않는가."

이지번 "공자가 이르길 '부모가 있으면 멀리 놀러가지 않는다.'라고 하였
다. 지금 〈너희들이〉 멀리 온 것을 보니, 부모가 없음을 알 수 있는데
어찌하여 〈부모에 대해〉 물어 보겠는가?"

적 (이내 머리를 숙이고 말을 돌렸다) "그대의 집은 어디 근방인가?"

이지번 "단지 이 산 속에 있다."

적이 곧 음식물을 청하는 글을 써서 보여주었다.

[해설]

프랑스 군함 2척이 양화진에 도착하자 정부는 어영 중군 이용희(李龍熙)
가 인솔하는 어영청군과 훈련도감의 마군 2초(200명)와 보병 7초(700명)
를 강변에 파견했다. 고종은 조정에서 회의를 개최하여, 좌우포도대장
에게 이양선의 침공으로 서울 주민이 동요하거나 폭동이 나지 않도록
단단히 단속하게 하고, 대신들에게 적선 2척을 파괴할 방법을 물었다.
그러나 영돈녕부사인 이경재와 좌의정 김병학은 적을 공격하기 보다는
적이 먼저 공격하지 않는 한 너그럽게 대해서 회유하자는 방안을
제시했다. 이들의 의견을 따라 조선의 선공은 중지되었다. 다만 만약의

사태를 대비해서 서울에 방을 붙여 의용군을 모집하게 했다.[35] 그러나 프랑스 군함은 19일 오전에 양화진을 떠나 사시(9시~11시 사이) 쯤에 행주나루를 지나 철수하였다.

柳川 卽開城之分界也 當初洋船之渡 本府留守 金相公以出身 把摠 姜錫龍 哨官 洪鵬燮 出使於領井浦爲守防 以右列別將 李枝蕃 左部千摠 韓貞履 出身 把摠 金載琦 譏察 各浦 以左列別將 金廷根 圖形各浦 此時李枝蕃等 譏察而止 於此分界 密察賊狀 因其請物而馳報于本營 留相 金公曰 妖賊入境 孰能討滅 以罰西江之犯 經歷 權公炫 年高而忠義兼摯 治績載路 乃告曰 下官齒弊嘗恐 不必於國事 報答天恩 正當此時 自願而行 留相公 賢而許之曰 老當益壯實非 虛語也 於是 權公 號令隊率急 至五十里 柳川 賊船已去 乃歎曰 緩不及事 此賊當何地而禽乎 然不戰而勝 亦兵家之貴也 復何言乎 浦童傳沁壁芝林 賊 詩云

유천(柳川)은 곧 개성의 경계이다. 처음에 이양선이 지나갈 때 본부(개성) 유수 김상공(金相公)이 출신 파총(出身把摠) 강석룡(姜錫龍), 초관(哨官) 홍붕섭 (洪鵬燮)을 영정포로 내보내 지키게 하였고, 우열별장(右列別將) 이지번, 좌부 천총(左部千摠) 한정리(韓貞履), 출신 파총 김재기(金載琦)를 시켜 각 포구를 엄중하게 살피도록 하였다. 좌열별장 김정근(金廷根)에게 각 포구의 모양을 그려오게 했다. 이 때 이지번 등이 기찰을 하다가 여기 유천의 경계지역에 도착했다. 몰래 적의 형상을 살피던 중에 그들이 먹을 것을 요청하기에 본영(개성유수영)으로 달려와서 이를 알렸다.

유수인 김공은 "요사스러운 적이 경내에 들어왔는데 누가 이를 토벌하여 서강(西江)을 침범한 범죄에 벌을 줄 것인가?"라고 하였다.

경력(經歷) 권현(權炫)[36]은 나이가 많고 충성과 의로움을 같이 지니고 있어

---

35) 『고종실록』 권3, 고종 3년 8월 18일(갑진).

36) 권현은 1865년 11월 27일에 개성부 경력으로 임명되었다.(『승정원일기』 고종 2년 11월 27일 무자)

치적(治積)이 가득하였는데 그가 보고하길, "아래 관원으로37) 나이가 들도록 폐를 끼쳐왔으니 이전부터 나랏일에 필요가 없는 몸이 되는 것을 걱정해 왔습니다. 천은(天恩 : 국왕의 은혜)에 보답할 때가 바로 이 때입니다. 자원하여 가겠습니다."라고 했다. 개성유수가 〈권현을〉 현명하다고 여기고 허락하며, "노인이 장년을 감당한다고 하는 것은 진짜로 빈말이 아니다."라고 하였다. 이에 권공(權公)이 호령하여 군졸들을 거느리고 급하게 50리를 달려 유천에 도착하니 적선이 이미 떠나고 없었다. 그가 곧 탄식하기를, "늦어서 놓쳤구나. 이 적들을 어느 지역에서 사로잡을까? 그러나 싸우지 않고 이겼으니 이 또한 병가(兵家)에서 귀중하게 여기는 것이다. 더 이상 무슨 말을 하겠는가?"라고 하였다. 포구의 어린아이가 강화도의 벽에 적 풍지림(芝林)의 이야기를 전해 주었다. 적의 시이다.

京城幾楚 春雲江山
萬古精神 弊舫一帆
秋月往來 一時意恩
此彷彿乎 垓城項籍
歌奈何而 歸吳江也
于時也

경성이 옛적의 초(楚)나라 같아 봄의 안개가 강산을 덮었다.
만고의 정신은 낡은 배의 한 개 돛처럼 걸려 있다.
가을 달이 오고가는데 일시의 은혜라.
찬란하구나. 해성38)에 있는 항우의 자취39)

---

37) 부하라는 뜻으로 권현 자신을 지칭한다.
38) 해성(垓城) : 초패왕 항우가 마지막으로 싸웠던 해하성(垓下城)을 가리킨다. 지금의 안휘성 숙주시(宿州市) 영벽현(寧璧縣) 동남쪽에 위치한다.
39) 항적(項籍, BC 232~202) : 항우(項羽)라는 이름으로 더 잘 알려져 있다. 적은 이름이고, 우는 자이다.

어찌하리오[奈何][40]라고 노래를 부르니 오강으로 돌아가자 하네
이때에 이르러 …

即八月二十二日也 別將 金廷根 素以忠良 勤愼之資 年踰五十老於軍事奉公
之下. 圖形各浦之里數 遠近 山谷險易 次第詳悉 而聞賊船之耗來會於柳川
乃言曰 賊船旣退於沁 而今復來復去則 其情僞難知 願與君共作一隊 順流以
下 追亡逐北 不亦可乎

곧 8월 22일이다. 별장 김정근은 원래부터 충성스럽고 선량하여 근실하고
삼가는 자질이 있었는데, 나이가 쉰이 넘은 노인임에도 군사와 봉공(奉公)의
일을 맡고 있었다. 그가 각 포구를 그림으로 그렸는데, 마을의 숫자, 멀고
가까움, 산곡의 험하고 쉬운 지형을 차례대로 상세하게 나타냈다. 그런데
적선이 유천에 와서 모인다는 소식을 들었다. 〈그는〉 곧이어, "적선이
이미 강화도에서 물러났으나[41] 지금 다시 왔다가 다시 돌아가는 것을
반복하고 있으니, 그 정실을 파악하기 어렵다. 원컨대 그대와 함께 하나의
선대를 만들어 물살을 따라 아래로 타고 내려가서 도망치는 놈들을 북쪽으
로 쫓아가는 것이 또한 좋지 않은가?"라고 하였다.

[해설]

프랑스 군함 2척이 한강을 따라 서울로 들어가자 강화, 교동, 개성부에
는 비상이 걸렸다. 이곳의 수령들은 적선의 한강 진입을 막지 못한
잘못을 정부에 보고하는 한편 각 포구에 방어 책임자를 파견했다.
기찰을 파견하는 것은 소요를 일으키거나 주민들이 적과 내통하는

---

40) 이는 사면초가(四面楚歌)를 가리킨다. 즉 '힘은 산을 뽑고 의기는 세상을 덮었건만
[力拔山兮氣蓋世] / 시운이 불리하고 추는 나아가지 않는구나[時不利兮雖不逝] /
추가 가지 않으니 어찌하면 좋을까[雖不逝兮可奈何] / 우여, 우여, 그대를 어찌하면
좋을까[虞兮虞兮奈若何]'이 그것이다.
41) 오페르트의 배를 말한다.

것을 방지하기 위한 것이었다. 『개성부원록』에는 기록되지 않았지만 프랑스 군함이 양화진에 들어왔던 8월 18일 개성부 유수 김수현은 몰래 인삼을 매매한 홍인보와 문국보 2명을 잡아 서울로 압송하고 이들을 효수하자는 보고를 올렸다. 두 사람은 즉시 효수되었다. 이들은 본보기로 처형된 것 같은데, 이지번 등의 기찰활동의 결과였을 것이다. 한편 이지번은 프랑스인이 음식을 요청한다는 사실을 개성부에 보고했다. 그러나 김수현은 그 요청을 거절했다. 적선이 한강을 거슬러 올라간 것은 명백한 침공이니 이제는 토벌만이 있을 뿐, 이전과 같은 유화정책은 이제 있을 수 없다는 논리였다. 정작 조정에서는 적선이 양화진까지 들어왔음에도 공격을 자제하자는 결정을 내리고 있음에도 불구하고, 지방에서는 강경책으로 선회하고 있음을 볼 수 있다. 지난 번 오페르트의 경우도 마찬가지였지만, 군사력도 약한 지방관청에서 자발적으로 강경책으로 선회하는 것을 볼 수 있는데, 이는 적선을 통과시켰기 때문에 문책을 당할 것을 우려한 것도 있고, 평양 주민들이 제너럴셔먼 호를 침몰시킨 것에 고무된 바도 있다고 보인다.

한편 개성부 경력 권현과 유천에 나가 있던 별장 김정근 일행은 그들대로 단독으로 이양선을 추격하기로 결정한다. 이들은 유천 또는 정곳에서 출발해서 영정포까지 약 10km 정도를 항해했다. 하지만 그 사이에 증기선인 로즈의 함대의 선박들은 이미 서해상으로 나가 있었다. 이들이 톈진에 도착한 것은 8월 25일이었다.

韓貞履 乃卓犖之傑士 金載琦 乃剛明才子 與李枝蕃同席而坐 皆曰 是吾志而
軍兵恨小 金廷根 笑曰 軍讖 不云乎 柔能制剛 弱能制强 諸君但見吾破之就
經歷 帳下具告以事 明府權公 聞而善之 促船而下 清風徐來 水波不興 舟子喜
甚 無氛埃可知 賊船遠遁逃 於是 擧酒屬於金廷根曰 昔 孫權擧酒屬於甘寧曰
今年行討 如此酒矣 善哉 君之 出此一計 足以當逐 出塞之意也 又顧謂韓貞履
曰 軍中有一韓 西賊聞之驚破膽 次謂李枝蕃曰 仙 李乾坤 旣見之子非牧則靖
也 呼金載琦 對坐金廷根而 笑曰 雙南秋色 逐君來美哉 此固爲國之寶也

한정리(韓貞履)는 탁월하게 뛰어난 선비이다. 김재기(金載琦)는 굳세고 똑똑하며 재주 있는 젊은이로 이지번과 함께 같이 한 자리에 앉아 있었다. 이들은 함께, "군병은 후회(恨)하는 일이 적어야 합니다. 이것이 우리들의 뜻입니다."라고 하였다. 김정근이 웃으며, "「군참(軍讖)」에서 말하지 않던가? '부드러움은 능히 굳셈을 제어하고 약한 것은 능히 강함을 제어한다.'라고 말일세. 제군들은 단지 내가 깨트리고 나아가는 것을 보리라." 〈김정근 등이〉 경력(권현)에게 나아가 장막 아래에서 세운 일에 갖추어 보고하니, 명부(明府) 권공이 이를 듣고 좋다고 하였다. 배를 재촉해서 내려가니 '맑은 바람이 서서히 불어와, 수면은 물결도 일지 않아서'[42] 뱃사람이 매우 기뻐하였다. 티끌 같은 흔적도 없으니 〈재앙의 조짐이 없음을〉 알 수 있었고, 적선은 멀리 달아나 숨어 버렸다. 이에 술을 들고 김정근에게 권하면서,[43] "옛날에 손권이 술을 들어 감녕에게 권하면서, '금년에 토벌을 행하여 이와 같이 술을 마시게 되었으니[44] 좋도다.' 그대가 하나의 계책을 내주면 이를 마땅히 쫓을 것이니 변방으로 나선다는 뜻이다." 또 돌아보고 한정리에게, "군대에 하나의 한(韓)이 있어 서적(西賊)들이 그것을 듣고 놀라서 간담이 서늘하게 놀랐을 것이다."[45] 다음으로 이지번(李枝蕃)에게, "죽은 이건곤(李乾坤)이 이미 아들을 보았으니 기르지 않았어도 편안할 것이다."라고 말하고, 김재기를 불러서 김정근과 마주 앉혀놓고 웃으면서, "두 남자가 추남이더니[46] 드디어 군이 와서 미남이 되었구나.[47] 이는 진실로 나라의 보물이다."라고 하였다.

---

42) 소동파의 『적벽부』의 구절.

43) 이 구절도 『적벽부』의 擧酒屬客을 차용한 문구이다.

44) 『삼국지』 감녕전에 나오는 문구이다. "權擧酒屬寧曰：'興霸, 今年行討, 如此酒矣, 決以付卿.' 卿但當勉建方略, 令必克祖, 則卿之功, 何嫌張長史之言乎."

45) 송나라의 한기(韓琦)와 범중엄(范仲淹)이 서하(西夏)를 평정한 것을 기리는 민요의 한 구절을 딴 것이다. "軍中有一韓, 西賊聞之心膽寒. 軍中有一范, 西賊聞之驚破膽."(朱熹, 『五朝名臣言行象』 卷七)

46) 류대백(劉大白)의 『西湖秋泛』에 나오는 '雙峰秋色'을 개사한 것임.

47) 소식(蘇軾)의 「洞仙歌」에 있는 '東風逐君來'를 개사한 것.

復顧謂左右別將曰 勉之哉 以培其根 以達其枝 君等 緬懷肇錫嘉 而勞力不怠
則 何患功業之 不及古人乎

다시 돌아보고 좌우별장에게, "힘쓸지어다. 그 뿌리를 북돋아야 그 가지가
무성해진다. 제군들은 아름다운 이름을 받는 것을 상상하라.[48] 노력을
게을리 하지 않으니 어찌 공업(功業)이 옛사람에게 미치지 않음을 걱정하겠
는가?"라고 하였다.

金廷根跪而對曰 昔范仲淹爲帥西都 恩德著聞 夏聾服稱 龍圖老子 今見 明府
之恩德及此 前日 龍圖之老復在西都 豈憂洋賊之妖氣乎 克談而歡

김정근이 무릎을 꿇고, "옛날에 범중엄[49]이 서도(西都)의 장수가 되어 은덕
이 세상에 널리 알려졌는데 서하(西夏) 사람들이 공경하고 복종하여 용도노
자(龍圖老子)라고 불렀습니다. 지금 드러난 경력(權顯)의 은덕이 여기에 미치
니 앞서의 용도(龍圖)의 노자가 다시 서도(西都)에 나타났는데 어찌 서양오랑
캐의 불길한 기운을 걱정하겠습니까?"라고 대답하니 이야기가 정리되었고

---

48) 면회조석가(緬懷肇錫嘉)는 『초사』 離騷經의 한구절 "皇覽揆余初度兮, 肇錫余以嘉名"
을 차용한 것이다. 緬懷는 추억하다, 생각하다.

49) 범중엄(范仲淹) : 북송 소주(蘇州) 오현(吳縣) 출신으로, 자는 희문(希文)이고, 시호는
문정(文正)이다. 진종(眞宗) 대중상부(大中祥符) 8년(1015) 진사(進士)가 되고, 비각교
리(秘閣郊理)와 우사간(右司諫), 권지개봉부(權知開封府)를 역임했다. 인종(仁宗)의
친정(親政)이 시작되자 부름을 받아 간관(諫官)이 되었다. 1036년 곽황후(郭皇后)의
폐립문제를 놓고 찬성파 여이간(呂夷簡)과 대립하다가 지방으로 쫓겨났다. 요주(饒
州)와 윤주(潤州), 월주(越州)의 지주(知州)를 맡았다. 그 뒤 구양수(歐陽修)와 한기(韓
琦) 등과 함께 여이간 일파를 비판했으며, 스스로 군자의 붕당이라고 자칭하여
경력당의(慶曆黨議)를 불러일으켰다. 보원(寶元) 원년(1038) 이원호(李元昊)가 서하
(西夏)에서 제위에 오르자, 섬서경략안무초토부사(陝西經略安撫招討副使)가 되어
서하 대책을 맡고, 침입을 막았다. 그 공으로 경력(慶曆) 3년(1043) 추밀부사(樞密副
使)가 되고, 이어 참지정사(參知政事)로 승진하여 십사소(十事疏)를 올리는 등 내정개
혁에 힘썼지만, 그를 미워하는 하송(夏竦) 일파의 저항이 강해 지방관을 지내다가
병으로 죽었다. 시문(詩文)과 사(詞)를 잘 지었고, 만년에 지은 「악양루기(岳陽樓記)」
가 유명하다. 문집에 『범문정공집(范文正公集)』이 있다.

다들 기뻐하였다.

須臾 至於領井 賊船果 遁去遠矣 浦樣 依舊 乃安頓于旅閣 營敎星馳 以留探賊 後之意 急蹶 來報 明府權公 因留江閣諸將官 皆下直而趨營 金廷根 行過豐德 舊邑 前路日將斜 見一箇書生 携了詩 笻短奴一星擔笈而隨 廷根 心內正是近 方擧子之還也

조금 있다가 영정포에 도달하니 적선이 과연 멀리 달아나고 없었고, 포구의 현 상태는 옛날과 같았다. 곧 여각에서 편안히 머물렀다. 유수영에서 보낸 명령(營敎)이 성화같이 빨리 달려와서, 머물면서 적의 뒤를 따라간 결과를 보고하라고 했다. 급히 파발을 띄워 보고했다. 명부(明府)의 권공(권현)이 이 때문에 강의 여각에 머물렀고, 여러 장교와 관리들은 모두 하직하고 유수영으로 달려갔다. 김정근이 풍덕(豐德)의 구읍(舊邑)을 지나 갈 때에 앞길에 뉘엿뉘엿 기울어 가는 석양빛을 받으며 걸어가고 있는 한 서생(書生) 을 보았다. 그는 시권(詩卷)을 끼고, 대나무 지팡이를 짚고, 종 일성(一星)은 책궤를 메고 서생을 따르고 있었다. 김정근은 내심 〈저 선비는〉 이 근방에서 사는 〈선비로〉 과거를 보고 돌아오는 길이 틀림없다고 생각했다.

[해설]

『개성부원록』의 주요 부분을 차지하는 회고록의 저자로 추정되는 민치오가 등장한다. 민치오가 등장하는 부분이 다른 사람이 민치오의 구술을 정리한 것이 아니라 민치오의 회고록을 발췌한 것이라고 볼 수 있는 근거는 몇 가지가 있다. 우선 민치오의 등장 장면부터가 석양빛 에 비친 민치오의 실루엣으로 시작하는 시각적 묘사를 통해 평범하지 않은 분위기를 연출하고 있다. 그러나 가장 유력한 근거는 "종 일성이 책궤를 메고 서생을 따르고 있었다."라고 묘사한 내용이다. 이 장면은 김정근이 아직 민치오와 통성명도 하지 않은 상황에서 김정근의 일인칭 시점으로 자신의 앞을 걸어가는 민치오의 뒷모습을 보는 장면을 묘사한 것이다. 그러므로 종의 이름이 일성인 것을 알 수 없다. 제대로 묘사하려면 "어린 종놈 한 명이 책궤를 메고 서생의 뒤를 따르고 있었다"라고 묘사해야 한다. 종 일성은 이 장면에서 단 한번 등장하고 마는 인물로 전혀 비중 있는 인물도 아니었다. 따라서 이 장면은 김정근의 시점으로 묘사되었지만, 김정근의 회고가 아니라 민치오가 김정근의 시점을 빌려서 정리한 장면일 가능성이 높다. 물론 김정근이 이 회고를 할때는 종의 이름을 알았을 것이므로 이렇게 말했을 수도 있다. 그러나이후에 보이는 민치오의 등장기록을 보아도 민치오가 회고록을 썼던것은 분명하다. 그러므로 이 부분은 민치오가 1인칭 시점으로 작성한글을 편찬자가 3인칭 시점으로 바꾸다가 미처 다 바꾸지 못한 경우일것으로 볼 수 있다.

마치 카이사르의 『갈리아 원정기』처럼 자기 자신의 이야기를 3인칭작가시점으로 묘사하는 것은 조선시대에는 매우 특이한 사례이다. 그러나 하권 마지막 부분에 수록한 민치오의 지인 강재황의 회고록역시 3인칭 시점으로 묘사되고 있는 것을 보면 3인칭 시점의 서술방식이 『개성부원록』이 지닌 독특한 개성이라고 할 수 있다.

欲探京耗催程 而遇乃里中人閔致五也 子非避亂之徒 何以至此 閔生曰 余昨自科場 往觀于西江 雲捲晴天 風飛電散 疑其所過 不無餘災之慮故 縱一葦而採採去處則 入吾地柳川者 三日矣 心猿不定 意馬交馳 來至斯所 但見水雲悠悠 汀霞淡淡 靜聽江叟語 本營 金將軍 追亡逐北 而去子眞是耶 廷根謝曰呵呵 問其京耗 致五斂衽而敬曰一言蔽之 太平氣象 廷根喜曰 何爲也 閔生曰惟我冲年 主上 挺天縱之聖 紹百王之統 內有周成之保 上有漢文之治

〈김정근이 그 서생에게서〉 서울 소식을 탐지하려고 길을 재촉하여 만나니, 〈그는〉 곧 동리 사람인 민치오(閔致五)였다. "그대는 피난하려 달아나지않고 어찌하여 이곳에 있는가?" 하고 물으니, 민서생이, "내가 어제 과거시험장으로부터 서강에 가서 봤는데 구름이 걷혀 하늘이 맑게 개이고 바람이 불어 사방으로 흩어졌다. 〈이양선이〉 지나간 곳에 남은 재난의 염려가 없지 않은 까닭에 조각배로 가는 대로 따라 살펴보면서 와보니 내가 들어선 곳이 유천이었는데, 〈이곳에 온 지〉 3일째다. 마음은 원숭이처럼 안정되지 못하였고 뜻은 말처럼 엇갈려 달린다. 이제 이곳에 이르니 단지 물과 구름이 유유(悠悠)한 것처럼 보이고, 물가에 노을이 담담하다. 강가의 늙은이의 말을 조용히 들어보니 본영의 김장군(金將軍 : 김정근)이 도망치는 놈들을 북쪽으로 쫓아갔다고 했다. 쫓아간 사람(추격한 행동이)이 참으로 옳다."라고 하였다. 김정근이 사례하면서 껄껄 웃었다. 〈김정근이〉 서울 소식을 물었다.

민치오　옷깃을 바로 하고 삼가며 "한마디로 말하자면 태성스러운 기상입니다."

김정근　기뻐하며, "어째서 그러한가?"[50]

민치오　"생각건대 우리 10대[沖年]의 주상전하께서는 하늘이 내리신 성인으로 백왕(百王)의 대통을 이어서 안으로는 주공과 성왕의 보살핌과 함께하고, 위로는 한나라의 문제와 경제의 치적이 있으신 분이시다.

童謠曰 南山千年岫 漢江萬年水 千年岫 萬年水 獻我主上 萬萬壽推 此童謠群情可知 此非太平氣象乎 廷根應曰 唯正合吾里巷之歌矣 復問曰 騷動何如 致五齒笑曰 不忠無常之類 何足掉舌哉 因問曰 吾鄉何 廷根應曰 晏然也 閔生曰 果是忠義之方

동요에 나오길, '남산천년수 한강만년수 천년수 만년수 우리 주상께 바치니 만만세.'라고 하였는데, 이 동요로 수많은 이들을 정서를 알 수 있습니다. 이것이 어찌 태평한 기상이 아니겠습니까?"

김정근　"이는 우리 마을의 노래와도 딱 맞습니다."라고 응답하면서, 다시

---

50) "하위"는 직역하면 무엇을 할 것인가라는 뜻이다. 그러나 문맥상으로 보면 '어째서 그러한가'로 번역하는 것이 옳다고 보인다.

묻기를 "소동은 어떻습니까?"

민치오　이를 드러내며 웃으며, "불충하고 상식적이지 않은 무리가 〈이런 태평세상에서〉 어찌 족히 혀를 놀리겠습니까?"라고 하면서 "내 고향은 어떻습니까?"

김정근　"편안합니다."

민치오　"과연 충의(忠義)의 고장입니다."

廷根曰 我留相公之化也 致五曰 然 余觀京中物論 我公之賢顯朝廷. 寔我松民
之福也 子亦何爲至此舍 廷根曰 如此如此 又曰 科事實耶 我爲子待榜 致五曰
觀光而已 何令人豫賀之有. 金廷根曰 今子老儒 何但觀光云乎

김정근　"우리 유수공의 교화 때문입니다."

민치오　"그렇습니다. 내가 보기에 서울은 물론이고 우리 공의 현명함이
조정에서 드러난 것입니다. 참으로 우리 송도 백성의 복입니다. 당신은
어째서 여기에 있는 것입니까?"

김정근　"여차여차해서입니다." 또한, "과거는 어떻게 되었습니까? 나는
그대가 합격하는 방에 이름이 붙기를 기다릴 것입니다."

민치오　"관광을 했을 뿐입니다. 축하받을 만한 일은 없을 것 같습니다."

김정근　"지금 그대는 노성한 선비인데, 어째서 그냥 관광이나 했다고
말하십니까?"

行至府南銅峴 夜已深矣 閔生歸巢 金廷根奉圖形狀趁于營下 留相 金公曰
省狀詳悉 能勝其任 是日 明府權公 旣承營敎 誠意憧憧 卽使守防官 姜錫龍
別般申飭 更欲厲氣追之 錫龍跪曰 窮寇莫追 亦一道也 願明府深察之
權公曰 君言 頗近理 俄者 金廷根 入城時爲我言 留探敗賊 一將校足矣 今營敎
如此 是非但探賊兼撫沿海之敎也 此果有理之言也

개성부의 남쪽 동현(銅峴)[51]에까지 이르렀는데 밤이 이미 깊었다. 민서생은

집으로 돌아가고 김정근은 〈포구의〉 형상을 그린 도면을 들고 유수(營下)에게 갔다. 유수 김공은, "적의 상태를 상세하게 살피고 임무를 제대로 수행해야 한다."고 하였다. 이날 명부(경력) 권공이 이미 유수의 명령을 받아 마음이 안정되지 못했다. 즉시 수방관(守防官) 강석룡(姜錫龍)에게 특별히 명령하여 괴로운 기운(프랑스군)을 다시 쫓아내고자 하였다. 강석룡이 무릎을 꿇고, "막다른 곳까지 몰린 적을 추격하지 않는 것 또한 하나의 방도입니다. 원컨대 명부(경력)께서는 이 점을 깊이 살펴주십시오."라고 하였다. 권공은, "그대의 말은 제법 이치에 가깝다. 조금 전에 김정근이 성(城)에 들어왔을 때 나의 말 때문에 머물렀는데 패한 적을 탐문하는 것은 장교 한 명이면 충분하다. 지금 유수의 명령이 이와 같으니 이것은 다만 적을 탐문하는 것뿐만 아니라 아울러 연해지역을 안무하라는 명령이다. 이는 과연 이치가 있는 말이다."라고 하였다.

乃召該洞長里任頭民等 諭之曰 水賊之害 水邊之家 當先偏被則 水賊之防 水邊之民 必當刀制 今彼水賊. 稱居西洋 所謂洋學術數也 僞詐多變 去不可信 來不可測 若等雖在浦邊 蓋其智勇慷慨之士 忠君向上之心 豈無其人乎 各守 乃業 安堵如常 毋以一時驚擾之故 而能有效忠則 從必有不世之功 咸須知悉 浦民等 應曰 依分付擧行矣

그리고 곧바로 해당 동장(洞長), 이임(里任), 두민 등을 불러 효유하기를, "해적의 피해는 바닷가의 집이 가장 먼저 피해를 입게 되기에, 해적을 방어하는 것은 바닷가의 백성이 마땅히 칼로 제압해야 한다. 지금 해적이 서양에 산다고 이르면서 이른바 양학(洋學 : 천주교)의 술수를 말하고 있다. 이들은 거짓과 사술을 일삼으며 변덕이 심해 가더라도 믿을 수 없고 오더라도 〈언제 올지〉 예측이 되지 않는다. 너희들은 비록 포구 근처에 살고 있지만, 대개 지혜와 용기, 그리고 강개한 선비로 임금에 충성하고 위를

---

51) 구리개. 개성 남부(南部) 사거리에서 고남문(古南門)으로 가는 길목에 있는 언덕길.

향하는 마음을 지닌 사람이 없겠는가? 모두가 각자의 생업(業)을 지키고 평상시처럼 안도하여, 한때의 놀랍고 소란스러운 변고를 없게 하고, 충성을 본받으면 반드시 불세의 공을 이룰 것이다. 모두 반드시 이를 알고 힘을 다하도록 하라." 포구의 백성들이, "분부에 따라 거행하겠습니다."라고 응답하였다.

遂停肩輿把眼鏡 登高瞭望 秋水空闊 渚鳧而已 沙鴻而已 鋪康津於咸安 皆是平海寧海釀 恩津於泰安 莫非德川榮川奉化而振威 不但全州淸州懷仁而任實許多 固城 長城 (결락)
明日 領其隊率 回報 逃賊之由 留相公慰之曰 不亦勞乎 旣逐水賊 又安浦民 可謂 一擧兩得 其績可上幕府 權公對曰 都是上公之心籌 默揣 留相公曰 營門 醇謹而飯食而已 何功之有

마침내 가마를 멈추고 망원경을 가지고 높은 곳에 올라가 멀리 바라보았다. 가을의 맑은 물이 넓게 트였고, 물가에는 오리, 모래사장에는 기러기뿐이다. 포구로는 함안(咸安)의 강진(康津)이고, 이는 모두 평해(平海), 영해(寧海)이며, 태안(泰安)의 은진(恩津)을 섞고 덕천(德川), 영주(榮川), 봉화(奉化), 진위(振威)와 비단 전주(全州), 청주(淸州), 회인(懷仁), 임실(任實) 등이며, 고성(固城) 장성(長城)52) (결락)
다음날 〈권현이〉 군대를 통솔하고 돌아와 도망하는 적을 잡지 못한 사유를 보고했다.53)

유수 공 위로하면서 "〈비록 적을 놓쳤더라도〉 역시 수고한 것이 아닌가? 이미 해적을 쫓아냈고 또한 포구의 백성들이 편안하니 이른바 일거양득이라

---

52) 이 부분은 문서의 일부로 보이지만 탈락이 너무 심해 번역이 불가능하다.
53) 본문대로 번역하면 적이 도망친 사유를 보고했다가 된다. 그러나 적이 도망친 사유를 개성부 군대가 알 리가 없고, 그렇게 번역하면 다음 문장에 유수가 위로했다는 것과 문맥이 연결되지 않는다. 아마 단어에 누락이 있고, 원 뜻은 적을 잡지 못한 사유를 보고했다가 맞을 것이다.

고 말할 수 있다. 그 공적을 막부(幕府)에 올릴 수 있겠다.”

권공　“이 모든 것은 상공이 묵묵히 염려해준 덕분입니다.”

유수 공　“〈나야〉 관아에서 삼가고 조심하면서 밥만 축내고 있을 뿐인데 무슨 공이 있다는 것인가?”

權公復對曰 下官 竊聞 化民之中 有夫人之不言 明政之下 見君子之 亦旣世德 淸白名賢之宗 職銜嘉善大夫之貴

권공　다시 답하기를, “제가 가만히 들으니 〈당신이〉 백성을 교화하는 가운데 항상 이치에 맞는 말만 해서,[54] 밝은 정치 아래서 군자를 보는 것 같다고 들었습니다. 이미 세상의 덕, 청백함, 명현의 근본을 이루어서 직함이 귀한 가선대부가 된 것입니다.”

閑邪陳善曰 嚴而恭方物出謀 克經而緯 又加忠愼之策 似是馬曹偏重 居留之 恩來 自象魏官用先罷市民抱 生業之資 闍禁至嚴 邑客絶稱念之謂 罰靑松之 暗斫斷 鬱森羅之叢杜紅蔘之潛蒸 姦軌免縲絏之畏 私屠嚴飭 農夫抒鷔雜技 痛憎 土豪縮蜎掩人過失 囚徒喜甦生之逢. 稱家有無 役民弛勤徵之費 文士勸 勤課之工 武士增習藝之氣可以供 國家之賓興可以當 王事之敵愾規則 前使 之蹟能於筌蹄圖望 初仕之差 勇於征彙 五家作統從觀邪學之亡 四所同論 自 解怨言之誹 祈誠上感雨 水淋漓治化 下敷邱木菶蔚羽翼成矣 幕燕致禮羅之 賓手足捍兮 庭鵠服禮言之衣 黑白打點源源是楸枰 淸濁分流 湜湜其涇渭 政 通人化 望廬還於彦方 衡直鑑空 持法平於廷尉 吾猶聽訟也 不聽徵債之紛拏 孰不愛民哉 偏愛困窮之軟敎 淸遊轉轉北山 文人爭招金玉之班 樂歲穰穰南 村 學究能談水陸之味 子庶土民之號是父而母 稱丁字木碑之書 惟姓而名諱 膚曰 外寬內明 邇悅遐慰民曰升平 賊敢鼎沸東滅

사악함을 막고 선을 펼친다는 것은 엄하고 공손하며, 상황에 따라서 계책을

---

54) ‘有夫人之不言’은 『논어』 선진편에 나오는 ‘夫人不言, 言必有中’을 의미한다.

세워 날줄과 씨줄에 맞추길 잘해야 한다. 또한 충성스럽고 신중한 계책을 더하면 미관말직이라도 중요한 곳에 있게 되는 은혜가 오게 된다. 상위(象魏 : 궁궐 위 높은 누대)에 바치는 공물과 관용(官用)을 파해서 시민이 생업의 자산을 얻게 해야 한다. 통금이 지엄해서 수령을 찾아오는 손님[邑客]이 청탁의 말을 하는 것을 끊어야 한다. 청송(靑松)을 몰래 찍어 벌목하는 것을 벌하고, 삼라(森羅)처럼 얽히고 모은 홍삼(紅蔘)을 몰래 찌는 것을 막으며, 간사한 방법으로 감옥에 갇히는 두려움을 면하는 것, 몰래 도축하는 것을 엄하게 신칙하고, 농부가 기뻐하며 잡기(雜技)를 하는 것을 매우 싫어하고, 토호가 고슴도치처럼 오그라들어 다른 사람의 과실을 가리고, 옥에 갇힌 죄수가 갱생을 만나는 것을 기뻐하는 것이다. 집의 형세에 따라 부역민에게 징수하는 비용을 느슨하거나 힘쓰는 것, 문사에게는 부지런히 공부하는 것을 권하는 것, 무사는 더욱 기예를 연습하는 기운을 늘리는 것, 국가의 빈객이 감당할 수 있도록 흥하는 것, 왕사(王事)의 적(敵)이 규칙에 화내는 것, 앞서 전사(前使)의 행적은 올가미[筌蹄]를 만드는데 능하고 처음 벼슬길에 오르는 자를 권망(圈望)해 차출하여 동료들과 함께 용감히 가도록 하며, 오가작통(五家作統)[55]의 법으로 사학지도(邪學之徒)를 멸망시키는 것을 보았을 때, 사방에서 같은 논의가 원망하는 말의 비방을 스스로 해소하여, 진실로 비를 내리게 하도록 빌게 하며 물에 젖듯이 교화가 되었다. 이에 다스림과 교화가 아래로 퍼져 숲이 울창해진 것처럼 또는 날개와 깃이 이미 자란 것처럼 성숙해졌다. 〈또한〉 장막을 치고 예를 다하는데, 손님들이 도열하여 손발처럼 호위하였다. 뜰의 따오기(똑똑한 자손이 많은 것을 비유)가 덕을 담은 말씀의 옷을 입고, 〈바둑판에〉 흰돌과 검은 돌로 바둑을

---

55) 오가작통(五家作統) : 조선시대에 5가(家)를 1통(統)으로 묶은 인보조직(隣保組織). 서울과 지방 모두에 5가를 1통으로 하여 통(統)에는 통주(統主)를 두었으며 지방에는 매 5통마다 이정(里正)을, 매 면마다 권농관(勸農觀)을 두며 서울에는 매 1방(一坊)마다 관령(管領)을 두었다. 특히 숙종 원년에 이전의 오호일통(五戶一統)에서 오가작통으로 개칭된 이후 조직이 더욱 강화되었으며 특히 헌종 연간에는 천주교도 색출에 크게 이용되었다.

두듯이 맑은 것과 탁한 것이 분명하게 나누어지는데, 이것이 바뀔 때도 있었다.56) 정치는 사람들에게 통하고 교화가 이루어져, 왕열(彦方)57)의 정치를 사모하였다. 법은 공평무사하여 형벌을 집행하는 관리들이 법을 공평하게 행사하도록 하고, 나(유수)는 오로지 청송(聽訟)만을 하는데, 채무를 가지고 다투고 잡아오는 것은 소송을 받아들이지 않으니, 누가 애민(愛民)의 정치가 아니라고 하겠는가! 곤궁한 백성의 한숨(歡欷)은 특별히 보살핀다. 북산에서 맑게 노닐며 거니니, 문인들이 금옥(金玉)의 반열58)에 있는 사람을 다투어 부른다. 남촌의 장원에서 즐겁게 살면서, 산해진미에 대해 연구하고 이를 떠들며 살았다. 사는 사람들은 서로 어머니 아버지라고 부르며, 호패에는 오직 이름은 안 쓰고 성만을 썼다. 갱가(순임금과 고요가 서로 화답하며 부르는 노래)에서 말하길,59) "밖에서 풍기는 외모는 너그럽고 마음속은 밝아서 모든 것을 꿰뚫어 본다."고 하였다. 이에 기뻐하며 백성을 위로하길, "평화로운 시기를 타서 적이 감히 동국(東國 : 우리나라)을 위태롭게 하고 멸망시킬 수 있겠는가?"

壬辰 西征 辛未 雪山重輕 甘棠蔽芾 由此觀之 治平可知 相公 何以飯食 宰相之以沮輿情之誦讀哉

임진년과 서쪽의 정벌(미상)과 신미년(홍경래의 난) … 에 설산의 무겁고 가벼움과 감당나무를 자르지도 꺾지도 말라는 노래를 통해서 살펴보면

---

56) 『시경』 곡풍 편에 있는 것으로, 경수가 위수보다 탁하지만 맑을 때도 있다. 버림받은 부인이 남편에게 쫓겨가면서 용모는 쇠했지만 마음은 착하다는 뜻.

57) 왕열(王烈) : 자(字)가 언방이고, 후한 때의 인물이다. 그는 덕으로 사람을 감화시켜 소도둑질을 한 사람을 용서하고 베 한 필을 주었다는 고사가 있다.

58) 고위관료를 말함. 금옥의 반열이란 금관자와 옥관자를 다는 관리를 뜻한다. 관자는 관모에 다는 끈인데 당상관 이상은 옥관자를 달고, 2품 이상의 대신은 금관자를 달았다.

59) 『서경』 익직에 있으며 내용은 군주와 신하가 자기 직분을 올바로 수행해야 모든 일이 편안해진다는 뜻.

〈우리 고을을〉 잘 다스리고 있는 것을 알 수 있다. 상공(相公)은 어찌하여 음식만 축내고 있다고 하십니까? 재상의 일을 하면서 보통 사람들의 정서를 읊고 읽는 것을 막습니까?

[해설]

이 부분은 '雪山重輕'과 '甘棠蔽芾'의 앞 뒤로 필사 과정에서 빠진 단어가 있는 것 같다. 설산경중(雪山重輕)과 감당폐불(甘棠蔽芾)은 모두 훌륭한 지방관을 칭송한다는 의미의 고사이다. '설산경중'은 두보(杜甫)의 「증좌복야정국공엄공무(贈左僕射鄭國公嚴公武)」라는 시 중에서 '공이 오니 설산이 무거워지고 공이 가니 설산이 가벼워졌네[公來雪山重 公去雪山輕]'라는 구절을 인용한 것이다. '감당폐불'은 『시경』 소남(召南)편 제5편 감당(甘棠)의 한 구절이다. 소공이 남쪽 지방을 다스리면서 이상적인 정치를 했다. 백성들이 그를 존경하고 기억해서 그가 잠시 쉬었던 감당나무(팥매나무)까지도 꺾거나 자르지 말고 보존하자는 가사로 노래를 만들어 불렀다는 고사이다. 문장의 대략적인 뜻은 김수현이 자신이 관아에서 밥만 축내고 있다고 말하자 권현이 김수현의 통치를 칭찬하면서 어찌 밥만 축내고 있다고 말할 수 있느냐? 백성들이 당신을 칭찬하는 것을 왜 막으려 하느냐고 반박하는 내용이다.

留相公曰 自六月莅臨之後 視事日淺 而幸賴幕僚之佐 營校之報 僅支於今者 實是從事誠意之保也 敢不拜謝 權公復起拜 歸平近堂.

유수 공 "6월에 부임해 온 뒤로부터 일을 본 지 얼마 되지 않았는데 다행히 막료가 잘 보좌해 주고, 유수영의 장교들이 보고를 잘 해주어 겨우 지금까지 지탱하였다. 실로 이는 종사자들이 성의로 보살펴 준 것이다. 감히 엎드려 사례하지 않겠는가?"
권공이 다시 일어나 절을 하고 평근당(平近堂)으로 돌아갔다.

[해설]

대화 중에 김수현 자신이 밝히고 있듯이 그가 개성에 부임한 것은 6월이었다. 개성을 다스린 것은 2개월 남짓한 기간일 뿐이다. 김수현이 나중에 김홍집 내각에서 의정부 좌찬성으로 임명되었을 정도로 유능하고 성실한 관료였던 것은 사실이지만 아무리 유능한 관료라도 2개월만에 권현이 칭찬하는 것과 같은 치적을 올릴 수 없다. 그러면 『개성부원록』에 이런 내용을 수록한 이유는 무엇일까? 그 답은 대화의 "6월에 부임해 온 뒤로부터 일을 본 지 얼마 되지 않았는데 다행히 막료가 잘 보좌해 주고, 유수영의 장교들이 보고를 잘 해주어 겨우 지금까지 지탱하였다. 실로 이는 종사자들이 성의로 보살펴 준 것이다. 감히 엎드려 사례하지 않겠는가?"라는 내용에 있다.

『개성부원록』은 개성부의 향리와 사대부들의 공적을 과시하기 위해 기록한 책이다. 조선시대에 지방의 향리와 장교들은 부정부패의 주역으로 항상 심한 비판을 받았다. 그것은 당시에도 마찬가지였다. 『개성부원록』의 저자는 개성부의 향리와 장교들의 공적을 내세우는 한편, 그들이 처음부터 성실하며 훌륭한 사람이었고 김수현의 개성통치도 자신들의 도움이 있었기에 가능했음을 말하고 싶은 것이다.

元來 九月 是大火之月 授衣之節也 黃花紀候 紅葉呈彩溪翁 已歸 社老 未會 纖纖初月 提起 詩興 乃獨步書樓集古人詩一節 協韻而吟之詩曰

원래 9월은 여름[大火之月]으로 옷을 주는 계절이다. 국화 피는 절기이고 붉은 단풍잎이 계곡 늙은이에게 드리우니, 이미 돌아온 늙은이를 아직 만나지 못하였다. 가느다란 초승달에 시를 짓고 싶은 마음이 일어나 혼자 서루(書樓)로 걸어가 모아놓은 옛 사람의 시 한 구절에 협운(協韻)[60]하여 읊었다. 그 시의 내용은 이렇다.

---

60) 협운(協韻) : 같은 운에 속하지 않는 운자(韻字)를 동일한 운으로 사용하는 일.

滿城風雨近重陽
雁點靑天一字行
醉來欲落龍山帽
且看黃花晚節香

성 가득한 비바람에 중양절은 다가오네.[61]
기러기가 푸른 하늘에 점 찍으니 한 줄로 가고 있네.[62]
술에 취하여 용산의 모자가 떨어지길 바라니[63]
늦게야 시드는 누런 국화의 향기나 보련다.[64]

而大風 從西南來 秋葉空鬪地 晨星漸墜天 悚然而異之曰 前月水賊之來 此風
先至復胡爲來哉 不意

큰바람이 서남방에서 불어와 가을 낙엽이 땅에 떨어지고 샛별이 점차
하늘에서 떨어져 두렵고 이상하게 생각하면서, "전달에 해적이 왔는데
이 바람이 앞서서 오니 다시 오랑캐를 위해서 온 것인가? 뜻밖이다."

---

61) 이 구절은 가난하게 살면서 시를 잘 지었던 송(宋)나라의 반대림(潘大臨)이, 친구
  사무일(謝無逸)에게 보낸 답서 가운데 "만성풍우근중양(滿城風雨近重陽)"이란 구절
  에서 따온 것이다.(『냉재야화(冷齋夜話)』권4)
62) 백거이(白居易)의 「강루만조경물선기음완성편기수부장적원외(江樓晚眺景物鮮奇
  吟翫成篇寄水部張籍員外)」에 "바람이 흰 물결 뒤집으니 꽃잎이 천 조각이요, 기러기
  가 푸른 하늘에 점찍으니 글자가 한 줄일세[風翻白浪花千片 雁點靑天字一行]"라는
  구절에서 따왔다.
63) 용산의 연회에서 풍류를 즐긴 진(晉)나라 맹가(孟嘉)의 고사를 인용한 것이다.
  술에 잔뜩 취하여 모자가 벗겨져서 백발이 드러나더라도 혐오하지 말고 술을
  마시자는 뜻이다.
64) 송(宋)나라의 명상(名相) 한기(韓琦)가 중양절(重陽節)을 맞아 후원(後園)에서 동료들
  과 잔치를 열어 지은 시에 "노포에 가을 용태가 담담한 것은 부끄럽지 않아,
  늦게야 시드는 국화의 향기나 구경하려네.[不羞老圃秋容淡, 且看黃花晚節香]"라는
  구절에서 취한 것이다.(『금수만화곡후집(錦繡萬花谷後集)』권38)

이 부분은 주어가 드러나 있지 않지만, 『개성부원록』 저자의 회고임이 분명하다. 그리고 저자가 투철한 유학적 사고를 지닌 인물임을 암시한다. 유가의 천인합일설은 국가에 재난이 있으면 하늘에서 자연재해로 이를 경고한다고 믿었다. 조선처럼 천도와 인륜을 준수하는 국가는 하늘이 더욱 특별한 관심을 가지고 보살필 것이 분명하다. 이러한 사상은 한말까지도 변함이 없었다. 매천 황현은 1910년 헬리혜성이 출몰한 것이 한일합병을 알리기 위한 징조였다고 믿었다. 『개성부원록』의 저자 역시 병인양요가 일어나기 전에 자신이 이상기후를 보고 양요의 발생을 예측했다고 적었다. 가을로 접어드는 환절기에 찬바람이 부는 것을 이상기후로 예단했다는 것은 조금 억지인 듯 싶지만, 이는 자신의 예지력을 자랑하기 위한 것이 아니다. 유가적 관점에서 보면 하늘의 경고가 반드시 있어야 했기 때문이다.

初六日 江華府 移文內 本府屬 鼎足山城 瞭望僧所告內 異樣三隻 本月初五日 未時量 方張上來于永宗境 是如云 而彼船無常來往 平則或不無闖 入京江之慮 多發船隻 防守于柳川等地云云

〈9월〉 초 6일이다. 강화부에서 보낸 문서 속에 "본부에 속한 정족산성에서 요망승(척후를 맡은 승려)이 보고한 바에 따르면, 이양선 3척이 이번 달 초 5일 미시(13시~15시) 즈음에 바야흐로 위로 올라가 영종도 경내에 있다고 하였다. 그 이양선이 일정하지 않게 왕래하다가 틈을 엿보아서 경강(京江)에 들어올 염려가 없지 않으니 배를 많이 징발해서 유천 등의 지역에서 막고 지킬 것이다. 운운"

[해설]

9월 6일 정족산성에서 바다를 감시하는 임무를 맡은 승려가 오후 1시에서 3시 쯤 이양선 3척이 영종도 근해를 항진하는 것을 발견하고 개성부에 보고했다. 같은 날 경기감사 유치선은 이양선 큰 배 3척과 작은 배 3척이 팔미도에서부터 올라왔다고 보고했다.[65] 7일에는 여러 지역에서의 보고가 한꺼번에 몰려왔다. 영종첨사 심영규는 3개의 돛을 단 배 3척과 2개의 돛을 단 배 4척이 팔미도 외해에서 와서 부평 경계의 물치도와 호도 사이에 가서 정박했다고 보고했다. 통진부사 이공렴은 이양선 3척이 올라왔는데, 2척은 강화와 통진 사이의 염하를 향해 올라와서 통진부의 죽진 앞바다를 지났고, 1척은 벌써 손돌목에 거의 도착했다고 보고했다. 그러나 이들의 보고는 모두 함대의 일부만 을 관측한 것이었다. 가장 정확한 보고는 손돌목 앞 덕포진의 첨사 이두현의 보고였다. 그의 보고에는 이양선 4척이 나타났는데, 2척은 경강으로 들어가는 조운선보다 거의 2배나 컸다. 작은 배는 모두 15척인 데, 한 척의 배에 8척, 다른 한 척에 7척이 달려 있었다. 이들은 모두 조류를 거슬러 갑곶으로 올라갔다. 이들과 별도로 부평 앞에 정박한(작 약도를 말함) 3척이 있는데, 이들은 아직 움직임이 없다고 보고했다.[66] 이 배들은 로즈 제독의 주력함대였다. 로즈 제독은 청나라에 주둔하고 있던 함대와 일본 요코하마에 주둔하고 있던 해군을 총동원해 침공함대 를 편성했다. 군함은 7척, 병력은 1,000명 정도였다. 통역은 리델 신부, 수로 안내는 3명의 천주교 신자가 담당했다. 작전에 참가한 함선은 다음과 같다.

기함 : 게리에르 호(Guerriére)

순양함 : 르 프리모게 호(Le Primauguet), 라플라스 호(Laplace)

전투 쾌속함 : 르 데루레드 호(Le Dérouléde), 키엔샨 호(Kien-Chan)

포함 : 르 타르디프 호(Le Tardif), 르 브르통 호(Le Brethon)

로즈 제독은 기함 게리에르 호와 라플라스 호, 프리모게 호를 작약도에 잔류시키고, 4척의 군함만을 강화도로 항진시켰다. 로즈 제독은 데루레 드 호로 옮겼다. 오전 6시 30분에 정박지를 출발한 함대는 포함 타르디프

---

65) 『고종실록』 권3, 고종 3년 9월 6일 임술.

66) 『고종실록』 권3, 고종 3년 9월 7일 계해.

호와 데루레드 호의 순서로 항진했다. 그 다음에는 키엔샨 호가 서고 후미는 포함인 르 브르통 호가 맡았다. 기함 게리에르 호에 승선했던 해병 중대는 5척의 소형선에 분승해서 키엔샨 호의 뒤를 따랐다. 프리모 게 호와 라플라스 호에 탔던 해병대는 8척의 소형선에 옮겨 데루레드 호의 후미에 있었다.[67]

프랑스 함대가 출현하자 개성, 강화, 통진부와 조정에서는 비상이 걸렸다. 『개성부원록』에도 나타난 것처럼 조선은 이들의 목적지가 서울이라고 예상하고 한강 수로를 막기 위해 골몰했다. 그러나 프랑스 함대의 목적지는 서울이 아니라 강화도였다. 이들은 이 작전을 대비해서 9월 2일에 지푸(산둥반도 옌타이)항 근처에 있는 쿵퉁 섬에서 상륙작전의 훈련과 함께, 간만의 차가 심하고 얕은 모래톱이 많은 조선 수역에서 전함이 좌초될 것에 대비해 소형의 쾌속 전투함으로 예인하는 사전 연습까지 마친 상태였다.

전투를 목적으로 출항했기에 이들의 분위기부터 달랐다. 제너럴 셔먼 호를 제외하고 지금까지 출몰한 이양선들은 우호적인 분위기를 유지했다. 제너럴 셔먼 호도 일단은 조선 사신을 받아들였고 통상을 요구했다. 하지만 로즈 함대의 전함들은 조선 사신이나 배의 접근 자체를 막았다. 영종첨사 심영규는 로즈 함대에 장교를 태운 배를 파견했다. 그러나 프랑스군은 접근을 거부하고, 무기를 들고 위협하거나 가까이 접근하면 나포하겠다는 행동을 보였다. 조선군은 부득이 철수해야 했다. 조정은 이 보고를 받았지만 더 이상 별다른 조치를 취하지 않았다.

初七日 或言洋船五隻 泊於甲串鎭前矣. 其中一隻 溯回于月串鎭前 以斷京松之水路

〈9월〉 초 7일이다. 혹은 이양선 5척이 갑곶진 앞에 정박하였다고 말한다. 그 중에 1척은 월곶진 앞까지 거슬러 돌아왔다. 〈이로 인해〉 서울과 송도

---

67) 국방부 전사편찬위원회, 「병인·신미양요사 ; 민족전란사6」, 전사편찬위원회, 1989, 96~97쪽.

사이의 물길이 끊어지게 되었다.

初八日 領井浦 里任 洞長 所報內 今日 潮水 異樣船一隻來 立于江華月串鎭馳
報事 留相公 題曰 嗣後形止 星火馳報是遣 船隻與瞭望防守之節 比前另飭事

〈9월〉초 8일이다. 영정포의 이임, 동장이 보고한 바에는 오늘 조수에 따라
이양선 1척이 와서 강화 월곶진에 있게 되었다고 급히 이를 알렸다고
한다. 유수공이 지시하는 문서를 내려서 이 뒤의 일은 매우 급하게 보고하
고, 배를 보내는 것과 멀리서 정찰하고 지키는 절차는 이전대로 반드시
지킬 것.

八月 洋船之來 明府 權公 與執事 朴衡魯 瞭望京江後 與把摠 姜永禧 執事
林在賢 捕校 田在圭 書吏 洪濟順 崔廷順 察禮成江 至是上營以別將 李枝蕃
執事 李杖秀 送江華探知 以執事 崔宅善 送大興摘奸軍器 以執事 金弘毅
送通津探機 以哨官 金鍾源 捕校 田在圭 機察各浦 以哨官 金盆鎔 韓德敎
李德祚 執事 金永熙 秦尙顯 崔鍾學 秦學善 李圭泰 出領井浦 以把摠 劉始豐
哨官 朴光世 李逢圭 金弘道 執事 金弘珪 禹世祿 出堂頭浦. 以哨官 金晉億
白命纘 金弘瓘 朴東曄 李濟河 出禮成江 以把摠 李樂熙 出昇天浦 以哨官
金鼎三 執事 許橚 秦宜濂 出虎峴. 以哨官 林彦河 白應采 執事 高景岳 出橋浦
以哨官 韓信容 執事 黃錫煥 出興天浦 以哨官 閔致暹 出黃江 以執事 文有根
出赤峴 以哨官自願 洪鎭九 執事 白基祚 竝出柳川 丁串等地. 各率兵防守
而哨官 執事 捕校等加設 而分任營中之群務 旁察境內之諸弊 明府 權公 與
金廷根 率兵五十都察各浦

8월에 이양선이 와서 명부(경력) 권공이 집사 박형로(朴衡魯)와 경강(京江)을
멀리 정찰한 뒤에 파총 강영희(姜永禧), 집사 임재현(林在賢), 포교 전재규(田在
圭), 서리 홍제순(洪濟順)·최정순(崔廷順)과 같이 예성강을 살폈다. 이때에
감영의 별장 이지번(李枝蕃), 집사 이장수(李杖秀)를 강화로 보내 적을 탐지하

프랑스 함대의 침공로

게 하였다. 그리고 집사 최택선(崔宅善)을 대흥(大興 : 대흥산성)으로 보내어
서 군기(軍器) 여부를 살펴보도록 하였다. 집사 김홍의(金弘毅)는 통진(通津)으
로 보내어 기회를 탐지하게 하였다. 초관 김종원(金鍾源), 포교 전재규(田在圭)
에게 각 포구를 기찰하게 하였다. 초관 김익용(金益鎔)·한덕교(韓德敎)·이덕
조(李德祚), 집사 김영희(金永熙)·진상현(秦尙顯)·최종학(崔鍾學)·진학선(秦學
善)·이규태(李圭泰)에게 영정포로 나가게 하였다. 파총 유시풍(劉始豐), 초관
박광세(朴光世)·이봉규(李逢圭)·김홍도(金弘道), 집사 김홍규(金弘珪)·우세
록(禹世祿)을 당두포(堂頭浦)로 나가게 하였다. 초관 김진희(金晉僖)·백명찬
(白命鑽)·김홍관(金弘瓘)·박동엽(朴東曄)·이제하(李濟河)는 예성강에 나가게
하였다. 파총 이낙희(李樂熙)를 승천포(昇天浦)로 나가게 하였고, 초관 김정삼
(金鼎三), 집사 허헌(許櫶)·진의렴(秦宜濂)을 호현(虎峴)으로 나가게 하였다.
초관 임언하(林彦河)·백응채(白應采), 집사 고경악(高景岳)을 교포(橋浦)로 나
가게 하였다. 초관 한신용(韓信容), 집사 황석환(黃錫煥)을 흥천포(興天浦)로
나가게 하였다. 초관 민치섬(閔致暹)을 황강(黃江)으로, 집사 문유근(文有根)을
적현(赤峴)으로 나가게 하였고, 초관 자원 홍진구(洪鎭九), 집사 백기조(白基
祚)를 유천(柳川), 정곶진(丁串) 등지로 나가게 하였다. 각각 병사를 거느려

강화 전경 프랑스 군인 쥐베르의 그림. 『Une expedition en Coree』
(명지대-LG연암문고 소장)

방수(防守)하고 초관, 집사, 포교 등을 추가로 두어 영중(營中)의 여러 일을
분담시켰다. 영중의 무리가 보좌에 힘써서 경내의 여러 가지 폐단을 살폈다.
경력 권공이 김정근과 병사 50명을 거느리고 각 포구를 살폈다.

初九日 江華移文內 本月 初八日 早朝 彼醜 踰城攔入 其鋒不可抵當全城失守
兩聖御眞移奉于本府 寅火堡鎭舍後 文移松喬兩營 請來援兵 以圖興復之意
已爲馳啓後 以文移爲去乎 貴營管下 兵卒優數送以爲掎角施策之地爲乎矣
十分危急火速調發云云

〈9월〉 초 9일이다. 강화부의 보고문 안에, 이번 달 초 8일 이른 아침에
저 추악한 오랑캐들이 성을 넘어 난입하였다. 그들의 예봉을 당할 수 없어
온 성안이 함락되었다. 두 성스러운 어진(御眞 : 숙종과 영조의 어진)을
강화부의 인화보(寅火堡)에 있는 진사(鎭舍)로 옮겨서 받든 다음에, 송도와

교동(松喬) 두 영(營)에 공문을 보내어 구원병을 보내줄 것을 요청하였다. 이를 통해 강화부의 회복을 도모하고 있다는 의미로 이미 보고한 다음에, 공문을 보내게 되어 그대의 본영 관할 아래에서 많은 병졸을 보내 기각(掎角)이 되게 할 계책의 기반이 되도록 할 것이다. 매우 위급하니 〈구원병을〉 빨리 징발하도록 하라. 운운

[해설]

개성부에서는 지난 번 오페르트와 로즈 함대 선발대의 한강 진입 사건을 경험으로 그때와 같은 방식의 방어대책을 취했다. 그러나 그 사이에 강화도에서는 프랑스 군의 침공으로 격전이 벌어졌다. 개성부는 그 사실을 까마득히 몰랐고, 강화읍이 함락된 다음에야 전황보고를 받았다. 이 보고에서 8일에 강화부가 함락되었다고 했는데, 이는 강화부가 완전히 점령된 날을 말한다. 정확히는 프랑스 군이 갑곶에 상륙한 날이 9월 6일, 강화읍을 공격해서 성문과 성벽을 함락시킨 날이 7일, 강화부내로 진입한 날이 8일이었다.

프랑스군은 치밀한 작전을 세웠다. 예비대로 작약도에 3척을 주둔시키고 4척이 강화공략에 나섰다. 강화공략의 작전은 해병대를 상륙시켜 기습적으로 강화를 점령하는 한편, 포함을 강화수로에 보내 원군이 강화로 들어오는 길을 차단하는 것이었다. 프랑스군은 포함 타르디프 호에게 이 임무를 맡겼다. 『개성부원록』에 여러 차례 등장하는 월미곶 앞에 정박한 적함 1척은 이 타르디프 호를 말한다.

9월 6일 오전 11시 갑곶에 도착한 프랑스군은 타르디프 호를 강화 북쪽으로 보내고, 나머지 함대의 병력들이 일제히 갑곶에 상륙했다. 갑곶의 주민은 이미 도망쳤고 저항은 거의 없었다. 프랑스군은 마을과 마을을 굽어볼 수 있는 115고지를 점령했다. 포구에는 청동제 대포 몇 문과 포탄, 화승총, 고체화약 등이 있었다. 낡은 무기였지만 프랑스군은 이를 모두 파괴했다.

9월 7일 조선군의 저항이나 반격을 우려한 프랑스군은 주변의 돈대를

강화 남문 안파루

정찰했지만 낡은 청동제 대포만 있을 뿐 조선군 병력을 보지 못했다.
자신감을 얻은 프랑스군은 오후에 강화읍 공략을 시작했다.

강화부의 읍성은 처음에는 토성이었으나 1677년(숙종 3)에 석축으로
개조했다. 이후 영조 때도 보수를 거쳐 견고한 편이었다. 성에는 망한루
(동문), 안파루(남문), 첨화루(서문), 진송루(북문)의 4대문이 있었다.
성곽의 둘레는 13km였다.

첫날 프랑스군은 남문과 동문을 동시에 공격했다. 동문에서 도세리
함장이 이끄는 1제대와 강화 수비대가 교전을 시작했다. 그러나 잠시
총격전이 벌어지는 동안 일부 프랑스군 병사가 북동쪽 성벽으로 우회해
서 성안으로 진입했다. 강화성 수비대는 놀라서 도망쳤다. 남문에서도
프랑스군과 교전이 벌어져 수문장 이춘일 등이 전사했다. 프랑스군은
당일로 성문과 성벽을 확보했지만 성내로 진입하지는 않고 철수했다.
9월 8일 아침에 로즈 제독은 야전포를 이끌고 남문을 통해 강화읍내로
진공했다. 약간이 총격 소리가 들렸지만 선발대가 즉시 성벽을 다시
확보했다. 4명이 들어와 성문을 열었다는 것은 이 상황을 말한다.

로즈는 아마도 성벽을 따라 진격해서 성내를 굽어볼 수 있는 남산에 올랐다. 이곳에서 강화읍내의 지리를 파악하고, 강화부 관아의 위치를 파악했다. 그들은 주저없이 강화부내로 진입했다.

강화부사 이인기는 강화부 장령전에 보관하고 있던 영조와 숙종의 어진을 들고 백련사로 나갔다가 다시 서문을 나가 인화보로 탈출했다. 강화도에는 5개의 진, 7개의 보, 53개의 돈대가 있었다. 인화보는 이 중 7보에 해당하는 보로 강화도 서북쪽 끝 현재의 창후리에 있는 교동으로 가는 선착장과 교동대교 사이에 있었다. 강화와 교동, 예성강 하구의 삼각지점을 관제하는 요충이다. 강화부사가 이쪽으로 후퇴한 것은 유사시에 교동이나 개성 쪽으로 탈출하기도 쉬웠기 때문일 것이다. 부사는 일단 이곳에 어진을 안치하고 송도와 교동에 지원군을 요청하는 공문을 보냈다. 이 공문은 함락 다음 날인 9월 9일에 개성부에 도착했다.

9월 8일 정부는 아직 강화도 함락 소식을 알지 못했지만, 전쟁을 예감하고는 있었다. 좌의정 김병학은 고종을 알현하고 훈련대장 이경하를 순무사로 임명하고, 즉시 통합방어사령부인 순무영을 금위영에 설치하게 했다. 순무영에는 중앙 오군영의 병사를 배치했다. 이어 중군 이용희를 지휘관으로 몇 백명의 병사를 강화로 파견하자고 했다. 일관에게 출전 시간을 점을 치게 하니 유시(酉時 : 오후 5시~7시)가 길하다는 점괘가 나와 그 시간에 출발하게 했다.

도성의 소요사태를 대비하기 위해 지종경경 이동현과 종정경 이장렴을 좌우 포도대장으로 새로 임명해서 도성 순찰을 강화하도록 했다. 비상 시국에 좌우 포도대장을 모두 종실 출신으로 교체하는 것은 고종 시대의 특징을 보여주는 사례이다. 또 도성에 전쟁에 지원하는 사람을 모집하며, 공을 세우면 즉시 등용하겠다는 방을 내 붙이게 했다.[68]

---

68) 『비변사등록』 고종 3년 1866년 9월 8일.

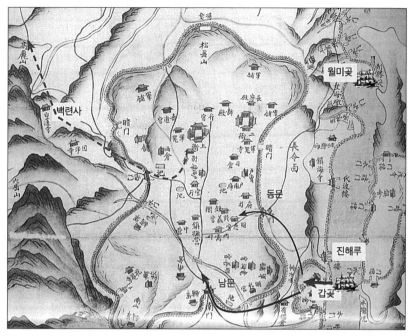

同日 領井里任 所報內 異樣船一隻 立于月串 前樣之由 昨已牒報爲有在果
彼船尙住無動靜 是乎旀 鱗次傳聞是乎則 雖不的知幾隻是乎乃 四五隻立于
甲串津 頭四人先越城 開門 幾人突入城中 甚至盡奪軍器作弊何如 而城之內
外人民散以之四方 目今避禍來此者不知幾百人中 第一先難者 米商罕入居民
朝夕憂歎乙仍于 馳發文報 題曰知悉是在果 一依傳令擧行爲旀 嗣後形止 斯
速馳報事

같은 날에 영정리 이임이 보고한 바에는, 이양선 1척은 월곶에 서 있고,
앞에 배 모양으로 말미암아 어제 이미 첩보하여 성과가 있었다. 그 이양선이
아직 머무르면서 동정이 없으며 차례로 전하여 들어보니 비록 정확하게
몇 척인지는 알지 못하지만, 4~5척이 갑곶나루에 서 있었다. 4명이 먼저
강화성을 넘어 문을 열었고, 몇 사람이 성중에 돌입하자 심지어 군기를
다 약탈당하는 작폐에 이르니 어찌할 것이며, 성의 안 밖의 인민은 사방으로
흩어졌다. 지금 화를 피하여 이곳에 온 자가 몇 백이나 되는지 모르고,

가장 곤란한 점은 쌀장수가 드물게 들어왔기에 백성이 아침저녁의 끼니를 근심하는 것이다. 말을 달려서 문서로 보고했다. 〈이에 대한 답변으로〉 내린 문서에서 잘 알았다고 하면서, 하나같이 전령에 따라 거행하며 이후의 진행상황은 빠르게 말을 달려 보고하도록 했다.

[해설]

이 기록은 영정포의 이임이 개성부에 보고한 기록이다. 이임은 영정포로 밀려든 피난민으로부터 강화읍의 함락 상황을 탐문해서 개성부에 보고한 것 같다. 강화읍이 함락되었지만 프랑스군이 하루 뜸을 들인 덕분에 주민들은 거의가 달아났다. 이 전투에 참전했던 프랑스 군인 쥐베르의 기록에 의하면 강화읍내로 들어가 보니 주민들이 다 도망쳤는데, 여자는 한명도 없고 백발노인 몇 명만 남아 있었다고 한다.[69] 달아난 피난민 중 일부는 강화 북쪽 수협을 건너 개성부로 도주했다. 강화와 개성부는 평소에도 교류가 활발해서 동쪽에서부터 서쪽으로 송정포, 승천포, 산이포와 같은 여러 개의 포구가 있었다. 송정포는 강화읍에서 제일 가까운 곳이고, 송정포와 마주보고 있는 포구가 영정포였다.

난민이 몰려들자 당장 시급한 문제가 구호식량의 조달과 배급이었다. 이와 관련해서 이 기사에 아주 흥미로운 내용이 보인다. 피난민 중에 쌀장수가 없어 난민에게 식량공급을 할 수가 없다는 것이다. 조선은 전통적으로 농본사회였다. 상업이 발달하지 않고, 상인이 있어도 대부분 영세 상인이었다. 흉년이 들거나 전쟁이 나면 구호식량의 조달은 관이나 지주들의 창고를 털어 해결했다. 따라서 상인들에게 의존했다는 기록은 별로 없다. 그러나 18세기 대동법을 시행한 이후로 쌀이 전국적으로 최고의 상품이 되었다. 병인양요가 벌어진 19세기 말이 되면 관에는 비축식량이 없고, 구호식량까지도 상인에게 의존하지 않으면 조달할 수 없을 정도로 상업, 최소한 미곡상업과 유통업이

---

69) 『프랑스 군인 쥐베르가 기록한 병인양요』, 58쪽.

발달하였다. 이 기록은 이를 보여주는 증거이다.

그런데 9월 9일에 프랑스군 50여명이 통진부에도 침공했다. 병력은 겨우 50명이었지만 통진부는 병력이 없어서 저항을 하지 못했고, 통진부사 이공렴은 달아나 민가에 숨었다. 그 바람에 조정에 전혀 보고를 올리지 못해 파면되었다. 통진부에 침입한 적군은 마을의 소와 가축, 관사에 보관 중이던 600~700냥의 돈을 약탈했다.[70]

當日亥時量 議政府關文內 議政府爲相考事. 洋夷猖獗 侵掠沁都 巡撫使旣已 啓下, 中軍方先啓行是如乎 此時戒嚴 尤當十分縝密 另飭沿海邑鎭 精繕其器 機 整肅其軍伍 遮截防守之策 星火知委擧行事是矣 如有用命不勤者 一切以 法從事 宜當向事

당일 해시(밤 9~11시) 가량이다. 의정부의 문서 안에는, 의정부에서 자세히 살펴볼 일이라고 되어 있다. 서양 오랑캐가 창궐하고 강화도를 침략한 것은 순무사(巡撫使)가 이미 그전에 보고하였는데, 중군이 먼저 보고하고 출발한다고 하므로 이러한 때에 계엄은 더욱더 충분하고 정밀하게 해야 한다. 또한 연해의 읍진(邑鎭)에 명령을 내려 그 군사 기기(器機)를 정밀하게 보수하고, 그 군대의 통솔을 엄숙하게 하며, 적을 막고 지키는 방법을 빨리 알려서 거행할 것. 만약 명령을 받아 부지런하게 하지 않은 자가 있으면 일체 법에 따라 일을 처리하도록 하는 것이 마땅히 할 일이라고 하였다.

初十日 朝 領井浦 守防 金永禧 金益鎔 所告內 問其彼人之勢則 里任洞 所告內 彼船大隻 初七日 卯時量五隻 泊在甲串 如前樣一隻 來泊月串前洋 故江華留 守 聞其彼船之來泊 卽行次于甲串 是如可 彼漢等 突入城門 故還入營門之際 彼漢等 亦隨行入盡奪軍器 又取貨寶載運 彼船大肆猖獗 故江華留相 本府西

70) 『고종실록』 권3, 고종 3년 9월 11일 정묘.

南去是乎遣 其民人等 暮夜 渡江而來者 不知幾千人是乎 昨日 彼船中 四放大
椀口 今又二放 本浦民人等 多有驚散 至於離家之境是乎旀 本浦粮米絶乏
矣等 上下將無糊口之策是乎遣 又傳聞通津段 値彼人亦爲入城作亂許多故
男女老少 避禍于本浦 緣由馳報事 題曰知悉是在果 隨稟于本官 以爲奠報之
地向事

〈9월〉 초 10일 아침에 영정포 수방(守防) 김영희(金永禧), 김익용(金益鎔)이
보고한 바에 의하면 다음과 같다. 오랑캐의 형세를 물어보니, 이임, 동장이
보고한 내용 속에 이양선의 큰 배가 초 7일 묘시(오전 5~7시)에 5척이
나타나 갑곶에 정박하여 있고, 같은 모양의 배 1척이 와서 월곶 앞바다에
정박해 있다고 한다. 따라서 강화유수가 이양선이 와서 정박한 것을 듣고
곧바로 갑곶에 행차하였다가 저 놈들이 성문으로 갑자기 들어왔다. 이
때문에 군영의 문 안으로 돌아들어갈 무렵에, 저 놈들이 역시 따라 들어와
우리의 군기(軍器)를 다 약탈하고 또 보물을 가져다 옮겨 실었다. 이양선이
마음대로 날뛰는 까닭에 강화유수가 본부를 서남쪽으로 이동하였다. 백성
들은 한밤중에 강을 건너 온 자가 몇 천 명인지 알 수 없었다. 어제 이양선
가운데에서 대완구를 4번 쏘았고, 오늘 또 2번 쏘아 본 포구의 백성들이
크게 놀라 흩어졌으며, 심지어 집을 떠나가기까지 하는 지경이었다. 본
포구의 식량이 크게 부족하여, 우리들 위와 아래 장수들이 호구지책이
없다. 또한 전해 들으니 통진(通津)은 그 즈음에 이양인들이 성에 들어가
난동을 부린 것이 허다하게 많아서, 남녀노소가 본 포구에서 화를 피했다.
이런 연유로 말을 달려 급히 보고했다. 명령서에는 잘 알았다고 하였고,
즉시 본관(本官)에게 보고하는 것으로 알리는 방편으로 삼으라고 하였다.

[해설]

9월 10일 영정포의 수비대장인 김영희와 김익용이 영정포로 온 피난민
에게서 탐문한 후에 작성한 보다 상세한 상황보고이다. 강화유수가

방어를 위해 갑곶으로 행차했으나 적이 성문으로 갑자기 들어와 대피했다고 한 것은 변명성의 내용이다. 이미 전날 성벽 일부가 함락되었다. 강화유수는 수비대와 주민을 모아 방어를 강화해야 했는데, 그러지 못했다. 다음날 방어선도 쉽게 뚫리고 강화유수는 인화보로 도주했다. 강화유수 이인기는 강화읍 함락 상황을 이렇게 보고했다.

"강화유수 이인기의 장계에, '서양 외적들이 부성(府城)으로 침입하여 들어온 경유에 대해서는 어제 이미 아뢰었으나, 오늘 이른 아침 저들의 배 1척이 먼저 월곶진을 향해 가서 닻을 내린 다음 화포를 크게 쏜 것은 길을 차단하고 위력을 보일 계획이었습니다. 그러면서 한편으로는 갑곶진의 큰 길을 따라 곧바로 남쪽 문으로 향해 가서 개미떼처럼 성을 기어 넘어 난입하여 포탄을 마구 쏘아대는 통에 예봉을 막아낼 수 없었습니다. 성을 지키던 군사들과 백성들은 뿔뿔이 흩어져 숨어버리니 수하에는 단지 약간의 인원뿐이어서 군영 아전들도 더는 맞서서 싸울 수 없었습니다.

신은 수령으로 임지에서 죽는 것이 직분 상 당연하나, 두 임금의 어진(御眞)을 이미 백련사(白蓮寺)에 임시로 모셨으니 달려가서 호위하는 것 또한 명분에 맞는 도리였습니다. 막 백련사로 향하려던 즈음에 또 생각해보니 저 추악한 무리들이 사찰을 본다면 틀림없이 불을 놓을 것이니 또한 위험한 형편이므로 부득이 다시 인화보의 막사로 이봉하였습니다. 형세를 보면서 나가거나 물러가려고 생각하고 신도 잠시 인화보에 머물러 있습니다. 지금 송도와 교동, 두 영에 공문을 보내 원병을 요청하고 또한 도망친 군졸들을 소집하여 회복을 도모하고 있으나 승리와 패배의 여부는 기필할 수 없습니다."[71]

프랑스군은 강화유수영으로 들어와 창고를 약탈했다.

로즈 함대의 일지에는 이날 그들이 강화유수영 창고에서 발견한 보물의 목록이 자세히 적혀 있다.

"건물 한구석에는 호화로운 장서들이 보관되어 있었다. 책 이외에도 보관방법으로 판단하건대 매우 귀하게 보이는 대단히 정교한 물건들도

---

71) 『고종실록』 권3, 고종 3년 9월 9일 을축.

상당량이 있었다. 금박을 입힌 글씨가 쓰여 있는 대리석관, 대리석으로 만든 작은 거북 등이었는데, 모두 비단으로 정성스럽게 싸서 향기로운 작은 주머니와 함께 충격을 흡수하기 위해 두 겹 혹은 세 겹으로 된 상자에 담겨 보관되어 있었다. 책들도 얕잡아 볼 것이 아니었다. 장서 대부분은 여러 권으로 이루어져 있었다. (중략) 대규모 지도와 글, 신기한 그림들도 있었다. 이 모든 물건들은 분류 및 정리를 위해 맡겼고, 가능한 경우 프랑스로 보냈다. 아문 주변에는 여러 가지 잡다한 물건이 가득 찬 넓은 창고들이 있었다. 대부분 새 것으로 보이는 만 자루 가량의 화승총, 비슷한 수량의 검, 화살, 훌륭하게 다듬어진 가죽으로 된 화살통, 투구 갑옷 및 쇠로 된 넓적다리 가리개 등 모든 것이 노란색 가죽 상자 안에 들어 있었다. 중국식 장화, 윤이 나는 철판으로 만들어진 가면, 쇠침이 달린 도리깨 모양의 무기도 있었다. 무기들에는 탄약이 많이 장전되어 있었는데, 특히 산탄이 많았다. (중략) 게다가 창고에는 갖가지 비축물품들이 있었다. 쌀과 보리가 한쪽에 가득 들어 있는 창고에서는 순 은괴가 들어 있는 상자 19개가 발견되었다." 이 은괴의 가격은 약 20만 프랑 정도로 추정되었다. 프랑스군은 은괴와 장서 중에서 값비싸 보이는 의궤류 등을 배에 적재하고, 무기류는 모두 파괴하였다.[72]

월곶진에 파견된 타르디프 호는 매일 2~4번씩 포를 쏘아 위협사격을 했다. 『개성부원록』에서는 이 포를 대완구라고 표현했는데, 포를 보지는 못했지만 포성이 크다는 의미였다. 포성이 클수록 크고 위력적인 포로 간주하는 관습이 있었다.

此時 明府權公 都察各處 以其守防之事 嚴飭諸僚 以其安堵之意 曉諭居民 瞭望沁都 蒼莽之地 風塵之暗 只隔一水 顧語金廷根曰 沁府 自前偏被外寇之 禍 而殉節者多 出義者衆矣 今殉節者幾人 出義者復幾人歟 以辛未 西警觀之 嘉山郡守 鄭蓍父子之同日立節 其妓女雲娘之嘉行 至今 炳人耳目 其時朝廷

72) 『프랑스가 조선을 침노하다』, 135쪽.

特施進爵以鄭蓍父魯爲司憲府 執義以蓍爲兵曹叅判 尋加 判書 諡曰忠憲 以
其少子及雲娘 各以當典別喩褒之 不亦壯乎

이때 경력 권공이 여러 곳을 살피고 방어하는 일을 가지고 막료들을 엄하게
타일렀으며, 안도하라는 뜻을 가지고 주민들에게 널리 알렸다. 멀리 강화도
를 바라보니 아득하게 보이는 땅이 바람 속 먼지로 흐릿한데 단지 한
줄기 강물로 떨어져 있을 뿐이다. 그가 김정근을 돌아보면서, "강화부는
예전부터 외적의 피해를 자주 입었고 이 때문에 나라에 절개를 지키고
의(義)를 내세운 사람이 많았다. 지금 순절자가 몇 사람, 의를 표방한 자가
다시 몇 사람이던가? 신미년(1811)에 서경(西警 : 홍경래의 난)을 보면, 가산
군수(嘉山郡守) 정시(鄭蓍)[73] 부자(父子)가 같은 날 절개를 굽히지 않았고,
그의 기녀 운랑(雲娘)의 훌륭한 행실은 지금까지 사람들에게 널리 알려져
있다. 그 때 조정이 특별히 벼슬을 내려 정시의 아버지 정노(鄭魯)를 사헌부
집의로 하고, 정시는 병조참판으로 삼았는데 곧이어 판서로 올려서 임명하
였고, 시호는 충헌(忠憲)이다. 그의 어린 아들과 운랑은 각각 합당한 은혜를
베풀어 이를 포상하였는데 이 역시 장한 일이 아닌가."라고 하였다.

[해설]

강화부의 함락 소식을 들은 개성부에서는 더욱 분주하게 방어대책을
논의하기 시작한다. 지난 번 오페르트의 내한과 프랑스 선발대의 침입

---

73) 정시(鄭蓍, ?~1811) : 본관은 청주(淸州)이고, 자는 덕원(德園), 호는 백우(伯友)이다.
1799년(정조 23) 무과에 급제하고, 선전관을 거쳐 훈련원주부·도총부경력 등을
역임했으며, 1811년 가산군수로 임명되었다. 홍경래의 난이 일어나 그의 부대가
가산으로 진격하여, 군리(郡吏)들의 내응으로 쉽게 읍내를 점령하였다. 당시 봉기군
이 가산군수인 그에게 인부(印符)와 보화를 내놓고 항복문서를 쓰라고 하였다.
그러나 그는 이를 거부하다가 아버지와 함께 죽게 되었다. 순조는 정시에게 병조참
판·지의금부사·오위도총부부총관을 추증하고, 관(棺)을 하사하였다. 아울러 살아
남은 그의 동생과 기생인 운랑도 포상하였다. 1813년 왕명으로 정주성 남쪽에
사당을 세워 당시 싸우다 죽은 6인과 함께 제사를 지내도록 하니, 이를 7의사(七義士)
라 한다.

때 능력을 발휘한 권현과 김정근이 방어실무를 지휘하게 되었다. 이미 강화부에서는 개성부에 원군을 요청한 상태였다. 그런데 이 긴박한 순간에 권현은 먼저 강화부에 순절자가 있는지를 탐문하고 있다. 그리고 강화부는 예전부터 많은 외침을 받았고, 그때마다 의사와 순절자를 배출했으니 이번에도 틀림없이 순절자가 있을 것이라는 기대를 하고 있다.

이 기사는 조선시대에 외침을 받을 때마다 등장하는 의절의 의미를 알려주는 귀중한 기록이다. 한때 우리나라에서는 서구적 합리주의의 영향으로 적이 침입하거나 국가가 수난을 당했을 때 전직 관료나 양반 지배층이 자살을 하는 행동에 대해 정신은 높이 평가하지만, 실제 효과라는 면에서 보면 비합리적이거나 실천력이 결여된 명분과 명예에 지나치게 매몰된 행동으로 폄하하는 경향이 있었다. 그러나 이 기사는 소위 순절이 결코 실제적 효과를 배제한 관념에만 사로잡힌 행동이 아님을 말해준다. 첨단무기를 사용하는 현대의 전쟁에서도 병사들의 사기와 정신력은 전투에서 매우 중요한 요소를 차지한다. 백병전과 육탄전으로 부딪히는 전근대의 전쟁에서 정신력과 전투의지는 전쟁의 승패를 결정하는데 더더욱 중요한 요소였다. 국난의 위기를 당해 지배층인 관료나 양반 유생이 순절하는 것은 지배층의 솔선수범과 책임감을 과시하는 동시에 일반 민중에게 전투의지를 호소하는 효과가 있었다. 개개인의 가치와 합리성을 중시하는 현대인의 입장에서 보면 이러한 사고방식이 이해가 가지 않을지도 모르나 유학적 가치관에 철저했던 과거에는 순절의 효과가 적지 않았다. 권현과 김정근은 전투가 임박한 상황이 닥치자 먼저 순절자의 출현을 기대했던 것이다. 실제로 얼마 지나지 않아 강화부에서는 이들의 기대대로 순절자가 발생하였다.

金廷根 對曰 本府 古有 金淮陽鍊光 宋東萊象賢 劉副元帥克良 皆立節之賢人也 廷根是鍊光之後裔 此時甲串賊船欲防外救 日放大砲 其聲聞於龍崗山 相

距近七十里. 領井防守 納其大碗口丸一箇 重三十斤 非鉛鐵 形似瓶 其中有火
藥 十三兩重 旁多小竅亦有藥其來不能迅而能遠渡沁江. 又過三里如火盆 所
落處掘地丈餘云

김정근이 대답하기를, "강화도 본부에도 옛날에 회양부사(淮陽府使) 김연광
(金鍊光),[74] 동래부사(東萊府使) 송상현(宋象賢), 부원수 유극량(劉克良) 등이
있는데 모두 절개를 내세운 현명한 분들입니다." 김정근은 이 김연광의
후예였다.

당시 갑곶에서 적선이 외부에서 구원부대가 오는 것을 방지하기 위해
매일 대포를 쏘았다. 그 소리가 용수산에까지 들렸는데, 거리가 거의 70리가
떨어져 있었다. 영정포를 지키기 위해 그 대완구(大碗口) 포탄 1개를 들여왔
는데, 그 무게가 30근이고, 연철이 아니었으며 그 모양이 시루와 비슷하고
그 가운데 들어가는 화약은 13냥 정도 되는 무게이다. 옆에는 작은 홈이
많고 화약이 있으며 오는 것이 빠르지 못하지만 멀리 심강(강화도 옆 염하)을
건널 수 있다. 또한 이 포탄은 3리나 나가는데 화로 같아서 떨어진 곳에
땅이 한 길 남짓 파인다고 한다.

[해설]

르 타르디프 호의 위협포격은 효과를 단단히 보았다. 포성이 70리까지
들렸다. 이것은 조선군이 들어보지 못한 위력이었다. 더욱 공포스러운
것은 포탄이 폭발한다는 것이다. 포탄은 3리나 날아가며 포탄이 떨어진

---

74) 송도(松都, 개성)는 포은(圃隱) 문충공[文忠公, 정몽주(鄭夢周)]이 고려왕조를 위해
절개를 지킨 일이 있고부터 동방(東方)의 충의(忠義)를 창도한 곳이 되었는데,
우리 선조(宣祖) 때에 이르러 이에 고(故) 회양부사(淮陽府使) 김연광(金鍊光) 공과
동래부사(東萊府使) 송상현(宋象賢) 공과 첨지중추부사(僉知中樞府事) 유극량(劉克
良) 공은 모두 송도 사람으로, 왜난(倭難)에 한때 목숨을 바쳐 이름이 천하(天下)에
알려지고 명예가 후세에까지 전해져서 욕된 바가 없으니, 아! 위대하도다. 내가
일찍이 송도를 거쳐 서해(西海)로 나가다가 여러 번 김공(金公)의 옛날 살던 마을을
지나면서 조그마한 비석에 그의 사적을 기록한 것이 있는 것을 보고서 눈물을
머금고 오래도록 가지를 못하였었다.

포격하는 프랑스 군함 쥐베르 그림

곳에서는 한길 가까운 구덩이가 파였다. 이때까지도 조선군의 화포는 폭발하는 포탄이 아닌 산탄이나 철탄 위주였다. 임진왜란 때 폭발하는 포탄으로 비격진천뢰가 등장했지만 신관을 사용하는 격발 방식이 아니라 심지를 달아 태워서 폭발시키는 방식이어서 효과가 떨어졌고 일반화되지 않았다.

明府權公 都察各浦後 還府 宣傳官李 奉合符赴援之敎而下來. 昇平日久 合符
發兵之規 有未嘗徑過者 留相公 猶豫之際 千摠 韓貞履 稟呈內 合符前規
如此如此也 留相公曰 汝何以知之 韓貞履 對曰 前日國恤之時 衆見之矣 留相
公曰 然 汝是聰明 該事之人也 吾亦欲依此規行之 卽以公服下庭祗迎 趨升堂

上拜坐 宣傳官 奉符而合之 肅整甚嚴 宣傳官 方在回程 殆亥時量

경력 권공이 각 포구를 살펴본 후에 개성부로 돌아왔다. 선전관 이(李)가 부절을 합쳐서 구원하러 가라는 명령을 받들고 내려왔다. 〈그런데 개성부는〉 오랫동안 평안하여 부절을 합쳐서 병력을 출동시켰던 규례가 이전에 없었다. 유상공이 망설이고 있을 즈음에 천총 한정리가 보고를 올린 것 안에는 '이전에 부절을 합치는 사례가 이러이러하다.'고 되어 있었다.

유상공　"너는 어떻게 이를 알고 있는가?"

한정리　"그 전에 국상(國喪)을 당하였을 때에 참여해서 보았습니다."

유상공　"그렇구나. 그대가 이렇게 총명하니 이 일을 할 사람이다. 내가 또한 이 규례에 의하려고 한다." 곧 공복(公服)을 입고 뜰아래에서 부절을 맞이하고 당(堂)위에 올라 앉아 절을 하였다. 선전관이 부절을 합하니 정숙하고 매우 엄정하였다. 선전관이 돌아갈 즈음은 거의 해시(밤 9~11시) 가량이 되었다.

[해설]

강화도 함락 소식이 정부에 전해진 9월 9일 정부는 전쟁준비에 착수했다. 이미 전날인 8일 정부는 순무사를 임명하고 중군이 인솔하는 정예 병력을 강화도에 파견하기로 결정했다. 이날은 도성방어를 강화하기 위해 서울 주변의 수원, 광주, 양주의 군사 800명을 소집, 강화로 파견한 병력을 대신하도록 하였다. 그리고 강화도 주변의 개성, 교동 지역에도 병력 동원령을 발동했다. 개성과 교동의 병력을 소집해서 빨리 강화를 구원하라고 명령하고, 강화도가 점령당해 군량 수급이 곤란할 터이니 인접 도시이며 부유한 상업도시인 개성에서 군량을 조달해 주라는 명령을 내렸다.[75)]

정부의 조치는 외견상 적절하고 흠잡을 데가 없다. 그러나 나중에 밝혀지지만 이 명령은 지방의 실정을 전혀 알지 못하고 내린 실효성

---

75)『고종실록』권3, 고종 3년 9월 9일 을축.

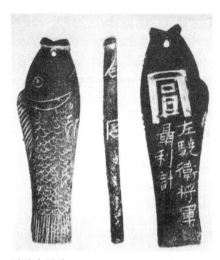

발해의 부절

없는 명령에 불과했다. 개성에는 군대다운 군대가 거의 없었고, 군수물자와 군량도 준비되어 있지 않았다. 이미 오페르트의 내방 때부터 외국 군대의 침공 징후가 있었음에도 이런 상태는 개선되지 않고 있었다.

이 날 『개성부원록』의 기사는 정부에서 병력동원명령서를 가지고 개성부로 오는 사신을 맞이하는 과정에서의 고민을 기록한 것이다. 조선은 병력통제가 엄격해서 지방군을 동원하려면 중앙의 명령서가 있어야 했다. 고대로부터 병력동원명령서는 부정을 방지하기 위해 부절을 사용했다. 부절은 도장과 같은 표시를 반으로 자른 것으로 반은 병조에, 나머지 반은 지방관이 보관한다. 중앙에서 사신이 부절을 가지고 오면 그 절반을 서로 맞춰서 모양이 딱 들어맞으면 진짜로 간주하는 것이다.

그런데 조선은 예의의 나라이기에 모든 행사에 의례를 중시했다. 특히 중앙에서 내려오는 사신은 거의 국왕을 대신하는 사신이기 때문에 그를 맞이하고 영접하는 의전이 매우 중요했다. 자칫해서 실수나 무례를 범하면 국왕을 모욕하는 행위가 되기 때문이다. 이런 태도는 전시상황에서도 변함이 없었던 것 같다. 그런데 병력동원은 자주 있는 행사가 아니어서 개성유수 김수현도 평생에 부절을 맞아 본 적이 없었다. 그래서 고민을 거듭하고 있었던 것이다. 다행히 천총 한정리가 과거 홍경래의 난 때 부절을 맞아본 경험이 있었고, 이것이 희귀한 의식이라고 자각하고 잘 기억해 두었다. 그래서 김수현은 한정리에게 의식 일체를 주관하게 했다. 의식은 길어서 밤늦게야 끝났다. 한시가 급한 상황에서 의전으로 하루를 소비한 것이다.

議政府爲相考事 節啓下敎府啓辭 此時沿海隘口備禦之方 尤不容一毫疎忽
前府使 白樂賢 京畿中軍差下 令該曹 口傳下批 除朝辭 當日出往 沿海各邑
軍兵 量其多少領率 項與摠廳陣 相應防守 遮絶前路 至於松都喬桐 已有沁都
請援矣 使各該中軍 領率軍兵 火速馳往 而沁都軍餉 必當難繼 今開城留守
毋論某樣穀 從水路陸續輸送之意 竝三懸鈴 知委事 是知

의정부에서 살펴보아야 할 일, 보고한 것에 대한 명령에 대해 강화부에서
다시 보고하였던 내용 가운데에는, "지금 이 시점에 연해(沿海)의 좁은
해로에 대한 방어 태세와 방책은 더욱더 조금이라도 소홀히 해서는 안
됩니다. 전 부사(府使) 백낙현(白樂賢)76)을 경기중군(京畿中軍)으로 파견하도
록 합니다. 이를 병조(兵曹)에게 구전(口傳)으로 내려 처리하게 하시고 조정에
사직하는 인사는 면해주시며, 당일로 나가서 연해 지역 각 고을의 군사들의
숫자를 헤아려 이끌도록 하여, 총융진(總戎陣)과 같이 서로 응하여 방어하면
서 (적의) 앞길을 막아야 합니다. 송도(松島)와 교동도(喬桐島)에 대해서는
이미 강화도의 구원 요청이 있었으니, 각각(강화와 교동의) 중군(中軍)에게
군병을 거느리고 빨리 달려가도록 하고, 강화도의 군량으로는 이들에게
계속해서 공급하기 어려울 것이니, 지금 개성유수(開城留守)가 어떠한 형태
의 곡식이든 간에 수로(水路)를 따라 육지로 수송하게 하십시오. 아울러
보고는 3현령(三懸鈴 : 가장 빠른 급보)으로 할 것."

是知留相金公以山斗之望 膺元聖留洛之任 必有監我士師之道 而遽當 此時
周室四輔之德 已得排布於胸甲之間 而謙謙君子 取善於人矣 顧謂左右曰 我
素非肖似之姿 猥蒙居留之命. 念職事之所重 殆若蚊背泰山 惟顚沛是懼矣
今忝 闔帥之職 尤不勝懍蹙之忱 其制勝措處之方 將何以畫計 庶報其萬一耶
戶房郎廳 李仁永 禮房別提 金挨鉉 兵房僉知 崔漢奎 郎廳 尹滋應 工房 前五衛

---

76) 백낙현(白樂賢, ?~?) : 한말의 무신. 1865년 숙천부사로 재직 중에 죄인을 놓친
   죄로 파면되었다가 1866년에 복직되었다. 병인양요가 일어나자 경기중군으로
   임명되었다. 이후 전라좌도 수군절도사가 되었다.

將 張顯國 主簿 金始善 郎廳 李啓夏 皆內幕善人也 任之以事 咸得其宜 而輔翼
之 誠常恐不及矣 李仁永等 起而對曰 兵事當愼密 伏願閣下 躬自默圖 不可難
議令 外人瞰計也

이로써 유상 김공의 태산, 백두와 같은 명망을 알 수 있는데, 원래 성인이
낙수를 책임지는 임무를 받으면 반드시 우리 선비의 스승이 되는 도(道)를
살피게 된다. 그리고 이때에 주나라 왕실이 4명 대신의 덕(德)에 의거하여
이미 흉갑(胸甲) 사이에 배열하여 두었다. 또한 겸손한 군자는 남에게서
선함을 취한다. 좌우를 돌아보고 말하기를, "내가 평소에 (성인과) 비슷한
자질도 없는데 외람되게 이곳에 거류하라는 명령을 받았다. 이 직무의
소중함을 생각하면 거의 모기가 태산을 등에 짊어지는 것과 같을 정도이며,
오직 엎어지고 자빠질까 하는 것이 두려울 뿐이다. 지금 곤수(閫帥 : 지휘관)
의 자리를 맡기셔서 더욱 두려워 위축되는 마음을 이길 수 없다. 제압하고
승리를 거둘 수 있는 방책을 앞으로 어떻게 계획하여야 만분의 일이나마
보답하겠는가. 호방낭청(戶房郎廳) 이인영(李仁永), 예방별제(禮房別提) 김규
현(金揆鉉), 병방첨지(兵房僉知) 최한규(崔漢奎), 낭청(郎廳) 윤자응(尹滋應), 공
방(工房) 전오위장(前五衛將) 장현국(張顯國) 주부(主簿) 김시선(金始善), 낭청
이계하(李啓夏)는 모두 속내가 훌륭한 사람들이다. 임무를 맡기는 일은
모두 합당하게 처리해서 〈유수를〉 보필하였고, 항상 〈기대에〉 미치지
못할 것을 두려워했다.(최선을 다해 일했다는 의미이다) 〈이때〉 이인영
등이 일어나서, "군대의 일은 마땅히 신중하고 정밀해야 합니다. 삼가
바라건대 각하께서 직접 묵묵하게 대책과 방법을 세우셔서 의견이 난립하지
않게 하시고 바깥사람들이 〈군사계획을〉 알아차릴 수 없도록 해야 합니다."
라고 대답하였다.

留相公曰 事急矣 固不容一毫疎忽 卽以應募 與安堵之意 細細曉喩 揭榜于南
門及坊坊曲曲 旋卽傳令于中營 分付于左右別將 處赴援 器械當日內備發事

急於星火

유상공 "사세가 급하여 진실로 조금이라도 소홀히 해서는 안 된다. 즉시 〈병사를〉 모집하는 것과 주민들이 안도하라는 뜻을 자세하게 써서 남문과 방방곡곡에 방(榜)을 걸고 빨리 곧 중영에 전령을 보내야 한다. 좌우별장에게 분부하여, 구원하러 가는 곳에 기계(군수물자)를 당일 안에 갖추고 출발하는 일을 성화같이 빠르게 해야 한다."

是菊月十一日也 嗚呼 昔高句麗 偏在西北一面 而隋唐之攻遼東也 白巖安市城 皆有精兵 數萬 其後尹瓘 征女眞 姜邯贊 却契丹 安祐破紅頭 金方慶 平耽羅 皆用精兵數十萬 今我國幅三倍 有其地有其民則 其軍額之精 豈不及前代哉 惟松都忠義之方也

이는 9월 11일이다. 오호라. 옛날에 고구려는 서북의 한 귀퉁이에 치우쳐 있었는데 수·당이 요동(遼東)을 공격하였다. 백암성(白巖城)·안시성(安市城)에 모두 정예 병력이 수만 명이 있었다. 그 후에 윤관이 여진을 정벌하였고, 강감찬은 거란을 물리쳤으며, 안우는 홍건적을 깨트렸으며, 김방경은 탐라(제주)를 평정하였으니 모두 정예병력 수십만 명을 사용하였다. 지금 우리나라는 영토의 폭이 3배이고, 땅과 백성이 있는데도 그 군액(軍額)의 정예로움은 이전 시기에 미치지 못하겠는가? 생각건대 송도는 충의(忠義)의 지방이다.

[해설]

이 부분을 서술한 사람은 『개성부원록』의 저자이다. 스스로 우리 역사를 회고하면서 우리 민족이 수양제와 당태종의 침공, 거란의 침공, 여진정벌 같은 거대한 외침을 극복하며 생존해 왔음을 상기한다. 그리고 지금은 그때보다 영토가 더 넓어 더 많은 병력을 동원할 수 있다고 자신한다. 다음으로 송도(개성)가 충의의 고장임을 상기시킨다.

恭惟我宣廟 壬辰之災 有宋東萊 金淮陽 劉副元帥 三節之忠 曁我英廟戊申
靑州之變 三百原從之義 朝令夕發 及我 純祖 辛未 定州之禍 百八騎士 自備軍
械 如赴樂地 蓋其忠義之遺風 餘俗所當 愈往愈盛 而考今軍籍則 營下左右別
騎士 四百八十 步卒三千三十 各色軍校 四千五百餘 大興山城 軍額 七百二十
餘 礪峴鎭 軍額 六百八十餘 白峙鎭 軍額 四百單十餘 泰安倉 粘石屯等 軍額之
多 雖多則多矣 闕額 頗多存者 又多不精

생각해보니 우리 선조(宣祖) 임금 당시 임진년의 재난에 동래부사 송상현,
회양부사 김연광, 부원수 유극량 등 절개를 지킨 세 사람의 충신이 〈강화부
에〉 있었다. 그리고 우리 영조(英祖) 임금 때인 무신년 청주의 변란에 300명이
원종(原從)의 의로움으로 일어나 아침에 떨어진 명령으로 저녁에 출발하였
다. 또 우리 순조(純祖) 임금 때인 신미년 정주(定州)의 반란에 108명의
기사(騎士)가 자비로 무기 등을 갖추어 천국에 가는 것처럼 그곳에 갔었다.
대개 충의(忠義)의 오래된 풍속은 나머지 부분을 감당하여 날이 갈수록
왕성해지니 지금 군적(軍籍)을 조사하여 보니 군영에 소속된 것이 좌우
별기사(左右別騎士) 480명, 보졸(步卒) 3,030명, 각색군교(各色軍校) 4,500여명,
대흥산성(大興山城)의 군액(軍額)이 720여명, 여현진(礪峴鎭)의 군액 680여명,
백치진(白峙鎭) 군액 4백 단(單) 10여명, 태안창(泰安倉), 점석둔(粘石屯) 등의
군액이 많다. 비록 많기는 많아도 빠진 것이 매우 많으며, 또한 자세하지
않은 것이 많다.

[해설]

　　앞 문단에 이어 개성부가 충의의 고장임을 상기하면서 송상현, 김연광,
유극량 등 충의지사를 상기하고, 영조 때 벌어진 무신란(이인좌의
난), 순조 때 홍경래의 난이 발생했을 때도 송도에서 의용군이 자원입대
했던 일을 상기한다. 이것은 이번 변란에도 개성에서 충의지사가 자원
해서 참전할 것을 암시한다. 그런데 여기서 저자는 독특한 논지를
전개한다. 먼저 충의란 날이 갈수록 왕성해지는 것이라고 한다. 그리고

개성부의 병적에 기록된 병력을 나열한다. 병적 상으로는 1만에 가까운 병사가 있다. 하지만 이 병적에 기록된 병력을 허수이며, 엉터리가 많다고 솔직히 시인한다. 이 부분의 내용은 저자가 서두에서 고구려와 고려의 외침 극복 사례를 열거하며, 지금 조선의 국력과 병력은 그때의 3배는 된다고 호언장담한 것과 모순된다. 저자의 논지가 조금 오락가락 하는 이유는 이 부분에서 저자는 송도가 충의의 고장임을 강조하는 것뿐만 아니라, 병인양요에 자원한 개성군을 높이 평가받고 싶어 하기 때문이었다. 송도는 임진왜란과 이인좌의 난과 홍경래의 난과 같은 국가적 위기마다 의사와 의용군을 배출해 냈다. 그런데 지금 송도의 군적은 형편없어서 병적에 있는 병력을 제대로 낼 수도 없다. 그만큼 병력도 적고 군대도 약해졌다. 이런 때에 자원해서 군에 입대하는 사람은 그만큼 적은 성공확률과 패전의 위험을 감수해야 한다. 그런 손해를 감수하며 자원하는 사람은 이전의 자원자보다 더 훌륭한 자원자 이다.

이 부분의 서술에서 저자가 말하고자 하는 핵심은 우리 민족의 외침 극복의 역사와 가능성, 송도 주민의 자부심이 아니라 바로 이것이다. 병인양요에서 자원해서 참전한 의용군들이야말로 충의의 고장이라는 개성에서 편성된 역대의 어떤 충의지사의 군대보다도 더욱 위대하고 용감하며 뛰어난 행동이었다는 것이다.

是時 牌文內 皇命封王妃 而上使 魁齡 副使 希元 通官 明達阿等 越江云 左右騎士之差役 軍卒之應役 已多排定 此亦中令前出他 實多其人 且管理獨 鎭之下 豈可悉發其軍乎

이때 패문(牌文)에는 황제의 명으로 왕비를 봉하는 일로 인하여 〈청나라의〉 상사(上使) 괴령(魁齡), 부사(副使) 희원(希元),[77] 통역관 명달아(明達阿) 등이

---

[77] 청나라의 괴령은 자견시랑(妓遣侍郞), 희원은 위산질대신(委散秩大臣)이었다. 이들 이 사신으로 온 이유는 이 해에 고종과 결혼한 명성왕후 민씨의 책봉을 인정한다는 칙서를 전달하기 위한 것이었다.

강을 건널 것이라고 하여 좌우기사(左右騎士)를 동원하고 군졸은 역을 맡게 하여 이미 다 배정하였다. 이 또한 중앙의 명령 때문에 이전에 다른 일로 나갔던 사람이 매우 많았는데, 하나의 진을 관리하는 지역에서 어찌 군졸을 더 뽑아낼 수 있겠는가?

左列別將 金廷根 右列別將 李枝蕃等 當此嚴令 違急之下 盡心隨行 蒼黃之惰 不遑暇食 提起城中招募 村外抄集 武士僅五十人 牙兵一百名 而急擧之下 凋殘之氓 都無器械 軍裝之備也 牙兵段以武庫 舊來之物分給 武士則或備或 未備 而中營所軍裝諸具當加鮮明以揚武之光故

좌열별장 김정근, 우열별장 이지번 등이 이번의 엄령(嚴令)으로 황급하게 마음을 다해서 수행하려고, 밥을 먹을 겨를도 없이 황급하게 일어나서 성중에서 불러 모으고 촌락 밖에서 간단하게 뽑아서 무사(武士)는 겨우 50인, 아병(牙兵) 100명을 뽑았다. 급하게 거병을 하니 여유가 거의 없던 백성들은 무기와 군장을 준비한 것도 전혀 없었다. 그래서 아병에게는 무기고에서 예로부터 내려오는 무기를 나누어 주었지만, 무사들은 준비된 자와 아닌 자가 섞여 있게 되었다. 이에 중영(中營)의 장비와 도구를 주어 무력을 휘날리는 빛을 선명하게 더하는 것이 마땅하였다.

別將 金廷根 左借右辦擇品以呈 中軍 具然泓 座起司倉 犒饋諸軍後 進謁營門 因爲下直 而退日已暮矣 復點考隊率 左列百摠 白日繪 哨官 劉學善 執事 金錫九 加設捕校出身 李正五 出身 趙璧 璧卽 辛未 應募 應濂之孫也 書吏 金綺商 中營執事 金學枸 書吏 朴淵衡 左別武士 二十五 右列武士 二十五 牙兵 一百中 銃軍五名 雜色隨率十一名 乃號令 而出南門 夜已二更 量矣

별장 김정근은 이쪽저쪽에서 빌리고 변통하여 물자를 가려서 올렸으며, 중군 구연홍(具然泓)은 사창(司倉)을 열어서 여러 군사에게 음식을 먹였다. 그 후에 영문에 나아가 보고하고 하직하여 물러나니 날이 이미 저물었다.

다시 거느린 군대를 점고하니, 좌열백총(左列百摠) 백일회(白日繪), 초관(哨官) 유학선(劉學善), 집사 김석구(金錫九), 가설포교 출신(加設捕校出身) 이정오(李正五), 출신 조벽(趙壁)이 있었는데, 조벽은 곧 신미년에 모집에 응했던 조응렴(趙應濂)의 손자이다. 서리(書吏) 김기상(金綺商), 중영집사 김학순(金學栒), 서리 박연형(朴淵衡), 좌별무사 25명, 우열무사 25명, 아병 100명 중에 총군(銃軍) 5명, 잡색수솔(雜色隨率) 11명이 있었다. 곧 이에 호령해서 남문(개성남문)을 나갔는데 밤이 이미 2경 가량이었다.

鄉黨僚友 來相別 爺孃妻子 走相送 軍行雍容 偃旗息鼓 不聞車馬之聲 但見一枝火光 是前導之燭炬也 抵三十里仙山村店 夜已深矣 風高霜薄 星流月落 道陋而且阻 不得進前 乃止舍子路店 則上下村店 一空無餘

향촌의 친구들이 와서 서로 작별 인사를 하였고, 부모와 처자 등의 식구가 달려와 서로 전송하였다. 군대의 행진하는 모습이 조용하여 깃발을 눕히고 북을 치지 않으며 마차와 말의 울음소리도 들리지 않았다. 단지 한 줄기 불빛만 보였는데 앞을 인도하는 향도의 횃불이었다. 30리를 걸어 선산촌점(仙山村店)에 이르니 밤이 이미 깊었다. 바람이 심하고 서리가 내리며 별이 흐르고 달이 기울었다. 길이 좁고 또 장애물이 있어서 나아갈 수 없었다. 그래서 행진을 멈추고 노점(路店)에서 휴식하였다. 위와 아래의 촌점(村店)이 하나도 남김이 없이 비어 있었다.

噫 當此之日 城內人情 豈無燸動哉 迸山遜荒 東馳西走 非南則北 大而牛馬 小而擔負 或鎖家焉 或埋物焉 甚者至於埋主 而避禍者 不可勝數

아! 이날 성 안의 사람들의 마음속에서 어찌 끓어오르는 바가 없었겠는가? 산과 들판으로 흩어져 달아나 동분서주하거나 남쪽이 아니면 북쪽으로 모두 달아났다. 큰 물건은 소와 말에 싣고 작은 물건은 짊어지고, 혹은 집의 문을 잠그거나 물건을 묻기도 하였다. 심한 경우에는 신주(神主)를 묻었는데, 당시 피난을 간 사람들은 셀 수 없이 많았다.

有人於斯士人 閔致五 呈訴內 民卽前留守諱審言之后 辛未 自願從征 愈㷩之 子也 窮居讀書 素無軍務之習 而當此之時 爲其臣民 豈敢袖手乎 願屬麾下 庶倣先勳之地 千萬望良 留相公 覽畢問曰 汝所願何也 閔致五敬而前曰 惟命 是從 留相公 乃題下于將官曰 出義嘉尚 依訴施行事

사인(士人)으로 있던 민치오가 올린 상소 속에는, "저는 과거에 유수(留守)였던 민심언(閔審言)의 후손으로, 신미년에 자원하여 원정에 따라갔던 민유혁(閔愈㷩)의 아들입니다. 가난하게 살면서 주로 독서를 하였고, 원래 군대의 업무를 익힌 적이 없지만 이런 때에 신하와 백성의 위치로서 어찌 감히 수수방관만 하고 있겠습니까? (유수의) 휘하에 소속되어 조상의 공훈을 본받기를 매우 바라고 있습니다."라고 하였다.
유수공이 다 보기를 마친 후에 "그대가 원하는 것이 어떤 일인가"를 물었다. 민치오가 인사를 올리며 앞으로 나아가 명령이 있으시면 무조건 따르겠다고 하였다. 유수공이 장교들에게 명령서를 내밀면서, "그대가 의로움을 지키기 위해 나온 것이 가상하도다. 상소에 따라 시행할 것이다."라고 하였다.

[해설]

민심언은 조선 태종 때의 인물로 생몰년은 미상이다. 민치오가 민심언의 후손이라고 말한 것은 자신이 여흥 민씨라는 의미이다. 흥선대원군의 부인이 민씨이고 고종의 왕비 명성왕후가 민씨였지만 명성왕후가 고종과 결혼한 것이 병인양요가 발생하던 1866년 3월이어서 아직 민씨가의 세도 권력이 형성되지는 않았던 시기였다. 그러나 그렇다고 해도 외척인 왕비와 같은 본관의 성씨이니 개성유수가 소홀히 대할 수 없었다. 김수현은 민치오의 상소를 보고 민치오가 여흥 민씨라는 가문과 병인양요를 틈타 관직을 얻으려는 속셈이라고 생각했다. 그래서 "그대가 원하는 관직이 무엇이냐"고 단도직입적으로 물은 것이다. 하지만 민치오는 자신이 원하는 것은 관직이 아니라 종군하는 것이라고 밝혔다. 김수현은 민치오의 자세에 감동을 받았고, 그를 개성 지원군의 사령관인 중군에게로 보냈다.

致五 卽奉題之將官廳 千摠 韓貞履 未料其意 欲差哨官 閔生曰 此非所願也 韓貞履曰 然則 其意可知 此必是出陣之計也 復欲屬之右列 閔生又曰 此亦非 所願也 韓貞履 亦曰 所願何 閔生曰 旣是文人則 何必求屬於武弁色目也 左別 將 金廷根 相有雅分欽歎 而贈一大劍與之中軍所 中軍具然泓 禮畢而 問曰 今賊災如此 將何以制之 閔生謝曰 腐儒不知時變 有何制勝之權乎 但此行繼 承之心也

민치오가 곧 명령서를 받들어 장관청(將官廳)에 갔다. 천총 한정리가 그의 의도를 알지 못하여 민치오에게 초관(哨官)을 시키려고 하였다.

민치오　"이것은 제가 바라는 바가 아닙니다."

한정리　"그렇다면 당신의 뜻을 알 수 있겠는데, 틀림없이 최전방에 나가려는 것이니 다시 우측 열에 소속되길 바라는 것이지요."

민치오　"그것도 역시 바라는 바가 아닙니다."

한정리　"그렇다면 바라는 바가 무엇입니까?"

민치오　"글을 쓰는 문인(文人)이 어찌 반드시 무기를 쓰는 무변색목(武弁色目)에 소속되려 하겠습니까?"

좌별장 김정근이 민치오와 서로 아는 사이여서 좋아하고 감탄하면서, 큰 칼 한 개를 〈민치오에게〉 주고 함께 중군소로 갔다.

중군 구연홍이 인사를 마친 후에, "지금 적의 재난이 이와 같으니 장차 이를 어떻게 처리할 것인가?"라고 물었다.

민치오가 예로 답하면서, "쓸모없는 선비가 세상의 변화를 모르는데 무슨 승리를 위한 방편이 있겠습니까? 다만 (조상의 공훈을) 계승하는 마음을 행동으로 옮기려는 것뿐입니다."

中軍因進酒肴 閔生復謝曰 自祖曾有遺戒 且性不飮酒 退而告廟 回語屋中擧
家無他敢言 只望平安也 士人 金始冕 判校 張德良 其弟 幼學 德宣 鄭宗魯
別提 王彦聲 進士 張學龍 皆以文交送之曰 板蕩識誠臣 其從子在鎬 追至郊外
六七童子亦在側 閔生 遽然垂淚 童子曰 先生當此師行 何如是其悲也 閔生曰
我亡子 京鎬 早有才行 而今不及 此那堪不悲哉 因以布衣從官軍于仙山店

중군(中軍)은 곧이어 술과 안주를 민치오에게 내주었다. 민치오가 다시
사례하면서, "선조 때부터 유훈이 있었고, 또한 성격상 술을 마시지 않습니
다."라고 한 후에 물러나 사당에 보고하고 돌아와 집안에서 말하니 온
집안이 다른 말 하지 않았고 다만 평안(무사히 돌아오기)을 바랄 뿐이었다.
사인(士人) 김시면(金始冕), 판교 장덕량(張德良)과 그의 아우인 유학(幼學)
장덕선(張德宣), 정종로(鄭宗魯), 별제(別提) 왕언성(王彦聲), 진사 장학룡(張學
龍) 등이 모두 글을 보내 전송하기를, "나라가 어지러울 때에야 충성스런
신하를 알아본다."[78]라고 하였다. 조카인 민재호(閔在鎬)는 교외에까지 따라
왔으며, 6~7명의 아이들 역시 옆에 있었다.
민치오가 갑자기 눈물을 흘리자, 한 아이가 "선생님이 군에 가시는 길에
어찌하여 이처럼 슬퍼하십니까?"라고 하였다. 민치오는, "나의 죽은 아들
경호(京鎬)가 일찍이 재행(才行)이 있었는데 지금 따르지 못하니, 이 어찌
슬프지 않겠는가?" 곧이어 포의(布衣)로 선산점(仙山店)에서 관군을 따랐다.

元來軍餉兵家之一大節也 本府之各倉各庫 非無布置 而當此舊穀將盡 新穀
未糶 轉漕惟難 留相公 以前監察 薛秉周 前五衛將 朴東憲 爲運粮都監 二人
皆才能聞也 以其所在粮穀 居首出之 收粟之策 方且圖之

---

78) 이 시구는 당 태종이 소우(蕭瑀)에게 준 시 「贈蕭瑀」의 구절 "疾風知勁草, 板蕩識誠臣.
勇夫安識義, 智者必懷仁"을 따온 것이다.

원래 군량 보급은 병가(兵家)에서 매우 중요한 대목이다. 본부의 각 창고에 비축한 것이 없지는 않았다. 그러나 마침 이전에 쌓아둔 곡식은 거의 떨어져 가고, 신곡은 아직 들어오지 않은 상태였다. 조운도 〈프랑스 함대가 막고 있으니〉 곤란했다. 그래서 유상공이 전 감찰(監察) 설병주(薛秉周), 전 오위장(五衛將) 박동헌(朴東憲)에게 운량도감(運粮都監)을 맡겼는데, 두 사람이 모두 재주와 능력이 있다는 소리를 들었다. 그 곳에 있는 양곡(粮穀)은 먼저 반출하고, 바야흐로 곡식을 모을 수 있는 방법을 또 계획하여야 한다.

里任 班首 士人 李日就 會同 其府內十四里之里任于振厲館 商議曰 今營敎有軍餉之急則 吾儕當盡心奉公 而如此騷屑中 又不可以此添擾民間 當以誠意誘之 又以義理曉之 咸曰諾 府中有如干貯穀者 爭先納之 或打禾作米而納寡婦 洪勳燮妻李氏 童蒙敎官 贇曾孫女 感先舅 辛未 從征 守門將 聖涵夢眹聯納紡績 所聚百金 有馬者願其輸運

이임, 반수(班首), 사인인 이일취(李日就)가 그 부 내에 14개 마을의 이임을 진려관(振厲館)에서 같이 만나 서로 상의하기를, "지금 영교(營敎)가 군량 보급이 급하다고 하니, 우리네가 마땅히 마음을 다하여 받들어 실천해야 하지만, 이처럼 소란스러운 상황 속에서 또 이 문제를 더하여 민간을 시끄럽게 해서는 안 된다. 마땅히 성의로 이를 달래야하고 또한 의리로써 일깨워 주어야 한다."고 하였다. 모두가 동의하고, 부(府) 중에 만약 저축한 곡식이 있는 것 같으면 앞 다투어 이를 먼저 내고, 혹 벼를 타작하여 쌀을 만든 것을 내주었다. 과부인 홍훈섭(洪勳燮)의 처 이씨는 동몽교관 이지(李贇)의 증손녀로, 신미년에 수문장(守門將)으로 종군했던 시아버지 홍성함(洪聖涵)이 꿈속에 나타난 것에 감동하여 길쌈한 것을 내어 놓아 100금을 모았고, 말 있는 사람은 자원하여 수송을 맡았다.

개성의 지원부대가 조직되었고, 중앙 정부에서도 개성의 곡식으로 강화의 군량을 조달하라는 명령이 내려왔다. 그러나 개성부에도 군량은 전혀 비축된 것이 없었다. 결국 개성부는 각 마을에서 군량을 각출하는 수밖에 없었다. 이 임무는 각 마을(里)의 책임자인 이임들에게 떨어졌다. 선비인 이일휘는 그 이임 중에서도 양반이며 선임자였다. 이일휘는 현명하게도 지금 서양인의 침공으로 민심이 동요하고 있는데, 일괄적으로 세금을 거두면 더 큰 소요가 발생하거나 이를 구실로 민란이 일어날 수도 있다고 보았다. 그래서 각 마을의 이임을 설득해서 민간에서 일괄 징수하지 말고 부유층을 설득해서 군량을 기부하게 했다. 이것은 아주 현명한 판단이었고 효과도 좋았다. 부유한 사람들이 다투어 곡식을 기부했다. 국난을 당해서 개성부의 사회지도층이 솔선수범하는 자세를 보여준 좋은 사례이다.

十二日 領井浦 守防 金永熙 所告內 彼船一隻 今日 巳時量 流行江水深淺尺量次 自月串至山里浦 與堂頭浦前 回來 本浦咫尺之地 又向祖江柳川等 處是如可回去 彼大船所在處 而船 在人十五名 行船之勢 如此星火 連放大椀口 或向通津 或向本浦云 卽聞于避亂之人則 水淺之致 未能行船云 中營令監 留陣于丁串事 馳報事 題曰知悉是在果 形止別加馳報事

12일이다. 영정포 방수 김영희(金永熙)가 보고서에는, 이양선 1척이 오늘 사시(오전 9~11시) 가량에 강물의 흐름과 깊이를 측량하기 위해 월곶에서부터 산이포(山里浦)와 당두포(堂頭浦) 앞에까지 이르렀다가 돌아갔는데, 본 포구(영정포)와 아주 가까운 곳이다. 또한 이 배가 조강(祖江), 유천(柳川) 등에 머물다가 되돌아갔다. 저 큰 배가 머물고 있는 곳에 다시 작은 배에 15명이 타고 있고, 배가 가는 형세가 매우 빨랐으며, 대완구를 계속해서 발사하였다. 간혹 이 배는 통진(通津)을 향하기도 하고 혹은 본 포구를 향하였다고 한다. 즉시 피난하던 사람에게 물어보니 물이 얕은 곳에 이르러

배가 갈 수 없었다고 한다. 중영 영감(中營令監)이 정곳에 군대를 배치하여 머물게 할 것을 빠르게 보고 했다. 명령서에는 잘 알았고 저들에게 특별한 상황이 보이면 추가로 빨리 보고할 것.

[해설]

개성부에서는 각 포구에 파견한 수비대장들로부터 적의 동향에 대한 정기적인 보고를 받고 있었다. 이 보고는 영정포의 방어 책임자인 김영희가 보고한 내용이다. 그런데 정곳에서 영정포를 지나 승천포에 이르는 구간은 해안선이 꺾여 있고, 곶이 돌출하고 섬이 있는 곳이 있어서 관측이 용이하지 않다. 즉 어디서도 강화 북쪽 해안을 한눈에 감제할 수 없다. 할 수 없이 김영희는 여기저기 포구의 감시병과 피난민으로부터 상황보고를 받아 정보를 수집했다. 그런데 당시만 해도 조선에는 속도를 적절히 측정하는 단위나 방법이 없었다. 시간측정도 정확하지 않았다. 시간과 속도를 정확히 측정했다면 김영희는 강화 북쪽 해역에서 움직이는 프랑스 군함의 동선과 규모를 정확히 판단할 수 있었을 것이다. 그러나 그런 측정단위가 없으니 관찰자들의 보고는 적이 빠르게 서쪽으로 갔다는 방식의 보고밖에 될 수가 없었다. 김영희는 이 보고를 수합하자 고민에 빠졌을 것이 틀림없다. 어떤 이는 적선이 월곶에서 당두포까지 즉 서쪽으로 진행했다고 하고, 어떤 보고는 월미곶의 동쪽인 조강과 유천 쪽에서 목격했다고 하기 때문이다. 결국 김영희는 애매하게 적선이 서쪽으로도 가고 동쪽으로도 갔다. 통진으로 향해 가기도 하고 영정포로 향하기도 했다고 얼버무리며 보고할 수밖에 없었다.

관찰자들이 거리와 속도를 정확히 측정할 수 있었다면 김영희는 이날 강화와 개성부 사이의 수로에 배치한 프랑스 군함이 한 척이 아니라 두 척이라는 사실을 쉽게 계산해 낼 수 있었을 것이다.

강화읍을 함락한 프랑스군은 조선의 반격을 걱정하고 있었다. 사실 그들은 병력이 1천명 미만이었고, 함선도 7척에 불과했다. 아무리 조선군의 무기가 한 세대 전의 조악한 것들이라고 해도 병력의 열세는 두려운 것이었다. 그들은 조선의 국력과 군대에 대해 무지했다. 톈진에서 출발할 때는 조선의 군사력이 별 것 아니라고 생각했다. 그러나 강화 유수영에 비축한 만정이 넘는 소총을 보고 그들은 생각이 바뀌었다. 조선이 평화로운 민족이 아니라 아주 호전적인 민족일지도 모른다는 두려움이 생겼다.

실제로 이 무렵에 조선군이 주변 지역에서 군대를 소집해서 배치하고 있다는 첩보가 들어오고 있었다. 조선이 3만의 대군을 동원할 것이라는 공포스런 소문도 들려왔다. 프랑스군은 조선의 증원군이 온다면 갑곶을 건너거나 한강 하류 혹은 개성부 쪽에서 바다를 건너 강화 북쪽으로 침공해 올 것이라고 예상했다. 제일 유력한 포구는 산이포와 승천포였다. 프랑스 군은 강화 북쪽 수역의 경계를 위해 기존의 르 타르디프 호에 르 브르통 호를 증파했다. 프랑스 함대의 포진은 강화북쪽 수역에 2척, 갑곶 방어에 2척, 손돌목 앞에 3척을 배치했다. 한편 프랑스군은 강화 북쪽 해역을 통행금지 구역으로 선포하고 항행하는 배는 무조건 나포하겠다고 선포했다. 그리고 강화 북쪽 개풍군의 해안에 조선군이 보이기만 하면 발포했다. 양헌수의 기록에 의하면 조선군은 검은 옷을 입었고, 프랑스군은 조선군을 볼 때마다 1~2발 또는 3~4발을 쏘았다고 한다.

此時 中軍早起 仙山 將啓行時 中軍令曰 卽聞彼賊見戎服則逐之 今日 軍兵當 丁串近邊 脫去戎服 更勿喧嘩焉 行二十里 道傍皆是空舍 期至丁串則 洞裏村 落 虛無居人 望見山阿 有二座瓦家 稱柳察訪遺庄也 中軍舍處于其家 軍兵分 置于空舍 主人柳豐麟 去甲寅 與閔致五 同榜發解于本都者也 以謂日夜奔馳 之卒 不勝其苦當日則 收其軍粮 自炊而供 亦厚意也 有一眼鏡焉 蒼莽之地 毫釐分析眞奇貨也

이때 중군(구연홍)이 일찍 일어나 선산점(仙山)에서 행군을 시작하려 할 때 중군이 명령을 내렸다. "적들이 융복(전투복)을 보면 〈대포를 쏴서〉

몰아낸다고 한다. 오늘 군병들은 정곶 근처에 가서는 융복을 벗어 버리고, 또 떠들지 말라.”고 하였다. 한편 20리를 가니 길옆이 모두 빈집이다. 정곶진에 도착해 보니 동리, 촌락이 모두 비어서 사는 사람이 없었다. 멀리서 산자락을 바라보니 기와집 2채가 보이는데, 유찰방(柳察訪)이 남겨진 농막이라고 한다. 중군은 그 집에서 머물게 되었는데, 병사들을 빈 집에 나누어 배치하였다. 주인 유풍린(柳豊麟)은 지난 갑인년(1854년)에 민치오와 같이 본 도시에서 초시에 합격한 사람이다. 그는 밤낮으로 분주하게 행군한 병사들이 오늘은 그 괴로움을 이기지 못할 것이라 하면서, 군량을 거두어 스스로 밥을 해서 먹게 하니 역시 호의가 깊었다. 마침 망원경이 하나 있었는데, 먼 곳의 지형에 조그마한 물건도 찾아내니 진짜 기이한 물건임에 틀림없다.

[해설]

중군 구연홍이 지휘하는 개성부의 지원병력은 정곶으로 왔다. 정곶은 강화보다는 통진으로 건너가기에 유리한 곳이다. 강화도에서의 관측을 피할 수 있는 것도 장점이었다. 강화도에서 북동쪽의 관측지점은 월미곶에 있는 연미정인데, 이곳은 영정포를 마주 보고 있는 곳이지만, 동쪽은 유도와 해안선에 가려 정곶 쪽의 동향이 보이지 않는다. 강화도 초소와 월미곶 쪽에 정박한 적선의 관측을 피할 수 있고, 신임 강화유수와 순무영군이 통진으로 올 것으로 예상되기 때문에 이들과 합류하기 위해 목적지를 강화가 아닌 통진으로 잡았다. 이용희가 지휘하는 순무영 선발대는 9월 11일에 통진에 도착해서 관아를 버리고 민간에 숨어 있던 통진부사 이공렴과 만났다.

始到此地 中軍出使江頭 無船可渡 以執船事卽私通 領井浦守防處於江曲 千幸得一葉空艇 以探候 次使金錫九 劉學善 送至通津 學善以新差哨官 亦自願而頗有膽略者也

처음 이 땅에 도착하여 중군이 강 머리로 나가보았는데 건너갈 배가 없었다. 배를 구하는 일로 개인적으로 〈여기저기에〉 연락을 보냈다. 영정포 수방(守防)은 강곡(江曲)에 자리잡았다가 천만다행으로 한 척의 빈 배를 얻었다. 정찰을 위해 김석구(金錫九), 유학선(劉學善)을 차례로 통진으로 보냈다. 유학선은 새로 임명된 초관인데 자원한 것이며 제법 담력과 지략이 있는 자이다.

前察訪洪禹復 呈訴內矣 身早習弓馬 以取才居首 初仕守門將 履歷訓鍊院判官 猥經輸城察訪矣 當今夷賊侵犯之時 臣民之道 肆志晏然 不可大者 而賤齒雖過六十 尙能彎弓故 玆敢仰訴爲去乎 叅商敎是 後特爲赴征之地 千萬祝手爲只爲

전 찰방 홍우복(洪禹復)이 올린 상소에는, "저는 젊어서 활쏘기와 말타기를 익혀 무과시험 선발에서 1등으로 뽑혀 처음 벼슬로 수문장을 하고, 이후 훈련원 판관(訓鍊院判官)과 수성찰방(輸城察訪)을 지냈습니다. 지금 오랑캐가 침범한 때에 신민(臣民)된 도리로 그냥 편안하게 있을 수는 없습니다. (제가) 비록 나이가 60이 넘었지만 오히려 활을 쏘는 일을 할 수 있기에 이렇게 감히 (참여하겠다고) 우러러 호소하니 살피어 참작하시고, 뒤에 다만 전쟁터로 원정 가게 될 수 있도록 천만번 축수드릴 따름입니다."라고 했다.

題曰 如是出義 不勝嘉尙 猶當赴征之不暇 而營軍昨已啓行 從他處分向事 幼學馬豫來等 數十義氣所在 不勝奮擊眷眷爲國之心 亦願赴征 留相公 復以洪題敎之 至人定時中軍兼守城將 具然泓 文報內 昨夜率兵等 抵三十里 仙山路店 夜已深矣 路狹且險 不得進前仍爲止歇 至天明行到丁串浦則 留陣朝飯 而沁營留守 行次所留處 詳探然後 可以進兵計料是乎旀 下送軍二石 纔爲今一日之粮矣 如當明朝 無以變通 特爲叅商敎是後 同粮米亟賜輸送無至窘乏之地事

명령서에서는 "이와 같이 의로움을 내세우니 매우 훌륭하다. 곧바로 전쟁터로 나가라. 유수영의 군대가 어제 이미 출발했으니 그에 따라 처리할 것."이라고 하였다. 유학(幼學) 마예래(馬豫來) 등 수십 명이 의로운 기운이 있어 이 의기가 있는 곳에 나라를 위하는 절박한 마음을 이기지 못하고 또한 전쟁터에 나가기를 원하였다. 유상공이 다시 명령서를 내렸다. 인정(밤 10시경)에 이르러 중군 겸 수성장(中軍兼守城將) 구연홍(具然泓)의 보고서에는, "어제 밤에 병사들을 거느리고 30리 정도 떨어진 선산노점에 도착하였는데, 밤이 이미 깊었습니다. 길이 좁고 또 험해서 전진할 수가 없어 휴식하였습니다. 하늘이 밝아올 무렵에 정곶포에 도착하여 행렬을 멈추고 아침밥을 먹었습니다. 〈신임〉 강화도의 유수가 와서 머무르고 있는 곳이 어디인지를 상세하게 탐문한 뒤에 병사들을 진격시키는 계획을 세우는 것이 어떠합니까. 〈개성에서〉 군량미 두 가마를 내려 보냈는데 겨우 오늘 하루의 식량입니다. 내일 아침이 되면 군량미를 마련한 방법이 없으니 특별하게 참작해주신 후에 군량미를 빨리 운반하여 내려주어 궁핍한 지경에 이르지 않도록 해주십시오."라고 하였다.

題曰 新沁留之所住處 雖曰不知要之 必在通津之境內 丁串越邊 凡通津之境 何不急越 此津必欲先探後援 是豈將兵之道乎 將兵者 已留不進 即師律所戒 即行陣是旀 軍粮段 今方治發向事

〈유수의〉 명령서이다. "새 강화유수가 주둔하고 있는 곳을 비록 정확히 모른다고 해도 반드시 통진의 경계 안에 있을 것이다. 정곶에서 건너면 바로 통진이다. 통진의 경내로 즉시 들어가지 않고, 먼저 탐문을 하고 그 다음에 구원(진격)하는 것이 어찌 군대를 지휘하는 도리인가? 군대를 거느린 자가 머물러서 전진하지 않으면 군율로 징계할 것이다. 즉시 행군하라! 군량은 지금 마련해 보낼 것이다."

[해설]

정곶에 도착한 개성군은 통진으로 건너가지 않고 머뭇거렸다. 이유는 배가 없고, 군량이 부족하다는 것이었다. 개성부에서는 이미 새로운 강화유수가 임명되었다는 사실을 알고 있었다. 강화도가 함락되자 정부는 즉시 문책성 인사조치를 했다. 9일에 강화유수 이인기를 해임하고 우포도대장으로 임명했던 이장렴을 강화유수로 발령했다. 강화도의 중군도 해임하고 강화에 거주하고 있는 박희경을 현지에서 신임 중군으로 임명했다. 10일에는 보고서 한통 없다는 이유로 통진부사 이공렴을 해임하고 부호군 신재지를 신임 통진부사로 발령했다. 신임 강화유수는 10일에, 이용희가 지휘하는 순무영 선발대는 11일에 모두 통진에 도착했다. 그런데 개성부의 군대가 정곶에서 머뭇거리고 나가지 않자 유수 김수현은 분노했다. "이 진을 반드시 정탐한 후에 도우려고 하느냐?"라는 말은 통진은 아군의 영역인데, 꼭 정찰하고 난 뒤에 구원부대가 진군하려고 하느냐는 의미이다. 따라서 김수현은 먼저 건너가서 군량을 수단껏 변통할 것이며, 당장 진군하지 않으면 군법으로 다스리겠다는 명령을 내렸다.

中軍 具然泓 旣送探候於通津 又修文報于營門 且使軍粮都監 頒饋夕飯後 明燭而坐 克念王事之艱 飜到慈闈之思 飮茶一椀 讀兵不寐 至三更量 主人柳豊麟之家叔從外入來 瞠然而坐曰 今汐賊船二隻 竝到領井浦 侵掠浦落 傷人甚多 則浦民盡爲散亡 而其近村 所知者 三家內外 老少避來於丁串之內洞 此將奈何 一座聞之 莫不驚駭 中軍招諸僚議之 皆曰 此當急報營門矣

중군 구연홍은 이미 통진에 정찰을 파견하였고 또 영문(營門)에 공문서를 보내었다. 다시 군량도감에게 명령하여 저녁밥을 나누어서 먹게 한 후에 촛불을 밝히고 앉으니 나라의 어려움을 극복할 생각과 어머니 생각이 나서 차 한 잔을 마셨다. 병법을 읽느라 잠들지 못하였는데 3경(밤 11~새벽 1시)즈음 되는 때에 이르러서 주인 유풍린 집안의 숙질이 밖에서 들어오면서 당황하여 앉으며, "오늘 조수에 적선 2척이 영정포에 도착하여 포구의 마을을 침략하여 다친 사람이 많이 생겼고, 포구의 백성들은 모두 흩어져서 도망갔습니다. 그 근처의 마을에서 이를 알고 있는 사람이 세 집안 내외로 늙은이와 어린아이들이 정곳의 내동으로 피난을 왔는데, 이 상황이 앞으로 어떻게 될까요?"라고 하니, 온 좌석이 이 사실을 듣고 놀라지 않을 수 없었다. 중군 구연홍이 여러 동료를 불러 이를 의논하니, 모든 사람들이 "이 사실은 급히 영문에 보고해야 합니다."라고 하였다.

書吏 金綺商 以伶俐之資 所領事頗多 跪告曰 傳言不可取信 卽送人於領井 守防所詳探後 報營 尙未晩也 中軍曰 然 亟擇人以送 百摠 白日繪 對曰 騎士金 某可也 中軍曰 急急送之 白日繪 奉令至軍中具道其故 一軍皆驚曰 賊勢如此 可謂死地 況深夜三十餘里 險峻狹路 賊謀難測 騎士某稱病 不行外他 諸騎士 含默不言 惟士人閔致五 勵聲曰 我等 本欲滅賊 而來今聞賊 而何喢耶 復自願 而行

서리 김기상(金綺商)은 영리한 자질을 가지고 맡은 일이 매우 많았다. 그가 무릎을 꿇고, "전하여 들은 말은 신용할 수가 없으니 곧바로 영정포에 사람을 보내어 수방이 자세히 탐문한 후에 영문에 보고해도 아직 늦지 않습니다."라고 하였다.

중군 구연홍 "그렇다. 빨리 사람을 택하여 보내어라."

백총 백일회 "기사(騎士) 김모가 좋습니다."

중군 구연홍 "서둘러 그를 보내어라."

백총 백일회가 명령을 받들어 군인들에게 그 까닭을 자세히 말하니, 온 군대가 모두 놀랐다. "적의 기세가 이와 같으니 사지(死地)라고 말할 만합니다. 하물며 깊은 밤에 30여리의 험준하고 좁을 길인데, 적(賊)의 꾀를 헤아리기 어렵습니다." 기사 모는 병이 있다고 핑계대고 다른 곳으로 나아가지 않고, 여러 기사들도 모두 침묵하여 말하지 않았다. 오직 사인(士人) 민치오가

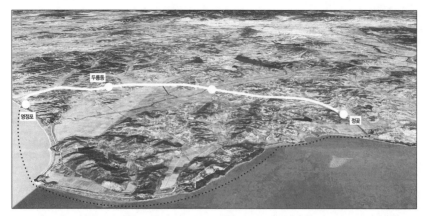

민치오의 여정 정곶에서 두릉동까지는 약 7km, 두릉동에서 영정포까지는 약 3km이다. 두릉동은 험한 산곡이 아니라 영정포 가는 길목이다. 현재도 개성에서 나온 도로가 두릉동을 지나 영정포로 이어진다. 지도에서 보는 것처럼 정곶에서 두릉동으로 가는 길에 절반 정도가 산길이다. 두릉동에서 영정포까지도 산곡 사이로 가야하므로 매복이 있을까 봐 두려워한 것이지 길 자체가 험준한 것은 아니다.

성난 목소리로, "우리들이 원래 적을 섬멸하고자 왔는데 이제 와서 적의 소식을 듣고 왜 두려워하는가? 내가 다시 자원하여 가겠다."라고 하였다.

中軍喜曰 此非布衣從事之任 而眞男子也 善去詳探 善來詳言 閔致五曰諾 卽與指路軍一名 把一條艾炬而去 險道風冷 俱不可耐 當岐路而炬盡前程迷 不可辨 詣一柴扉而叩之不應 又叩一扉有老姑 良久而對曰 病不能出 又顧一 便 火光出門 是牧牛而煮豆箕也 回向之際 火光旋滅 乃呵凍手而排門有蓬鬢 大漢 倚柱立矣 提出嚴責後 因作指路軍而 問曰 此甚地名 對曰杜陵洞也

중군 구연홍 "이것은 선비가 맡을 임무가 아닌데 진짜 남아대장부이다. 잘 가서 자세히 정탐하고 잘 와서 상세하게 말하라."라고 하면서 기뻐하였다.

민치오 "알겠습니다."

곧 안내할 군인 1명과 횃불을 들고 갔는데, 길은 험하고 바람이 차서 이를 함께 견디기 힘들었다. 갈림길에서 횃불이 꺼져 앞으로 갈 길을 분명하게 알 수 없었다. 그래서 한 사립문에 다가가 이를 두드렸지만 응답이 없었다.

또 다른 문을 두드리니 할머니가 있었는데 꽤 오랫동안 있다가 병이 있어 나올 수 없다고 대답하였다. 또 다른 한편에 돌아보니 불빛이 문에서 새어나왔는데 소를 먹이려고 콩깍지를 끓이는 것이었다. 그 쪽으로 향하려 할 때에 불빛이 꺼져 버렸다. 이에 언 손에 입김을 불고 문을 밀치니 봉두난발(형클어진 머리를 한)을 한 큰 사내가 기둥에 기대어 서있었다. 그를 잡아내어 엄하게 꾸짖은 뒤에 길 안내 군인에게 이곳 지명을 물어보게 하였다. 그가 두릉동(杜陵洞)이라고 하였다.

閔生笑曰 杜陵之 關山月 草木風 句正合 此行也 天明到領井 柳翁之言 果妄語也 守防官 金永熙 已執四船待潮 乃領船而還泊丁串 通津探候適回報 方來白日繪之父應絢 是文中之達觀長者 來見其子 戒以古戰場事 閔致五之兄 致璇友愛絶倫 策匹驢來慰其弟 具滋德 與中軍 有宗誼以壺酒一宿而去 噫 蚩蚩愚氓 自驚於風聲 鶴唳之騷訛者 晝飛夜漏 禁不可得 市穀零星而價高 商夫廢房而錢荒予受之路 於是乎 塞焉假貸之情以之而絶矣

민치오가 웃으면서, 두보의 시에 "관산의 달, 초목에 부는 바람[79]과 구절에 딱 맞는 것이 바로 이 길이네."라고 하였다. 하늘이 밝아질 무렵에 영정포에 도착하였는데, 유옹(柳翁)의 말은 과연 거짓말이었다. 수방관(守防官) 김영희(金永熙)가 이미 배 4척을 잡아 두고 조수를 기다리고 있었다. 곧 배를 거느리고 돌아와 정곶에 정박했다. 통진으로 보낸 척후가 와서 보고했다. 바야흐로 백일회의 아버지 백응현(白應絢)이 왔다. 그는 글 솜씨로는 달관한 장자(長者)였는데, 그 아들을 보러 와서, 과거 전장(戰場)의 역사로 훈계해 주었다. 민치오의 형인 민치선(閔致璇)은 우애가 뛰어나서 노새를 타고 와서 동생을 위로하였다. 구자덕(具滋德)과 중군은 일가친척으로 친한 정의가 있어서 술병을 가지고 하룻밤을 묵고 갔다. 오호라! 아무것도 모르는

---

79) 두보(杜甫, 杜陵)의 시 중에서 「洗兵馬」의 "三年笛里關山月 萬國兵前草木風"에서 따옴. 이 구절은 명나라 때 전겸익(錢謙益, 1562~1664)도 차용하여 「後秋興之十二」의 "關山月暗三年笛 草木風腥四面筇" 시구에 넣었던 경우도 있다.

어리석은 백성들이라 바람 소리에도 스스로 놀라고, 학의 울음소리를 잘못 전하는 것 같이 밤낮을 가리지 않고 돌아다녀도 이를 금지할 수 없다. 시장에서는 곡식 파는 것도 거의 없고 가격도 높으며, 장사꾼은 가게 방을 닫아 버렸고, 주고받는 거래에 돈이 말라버려서 이에 임시로 빌리는 정리조차 끊어져 버렸다.

此時 留相公 憂國之忱 自切於中 安民之念 不見於外 而食不甘寢不穩 心籌默運 內幕 李仁永等 或左或右 多所輔翼 外幕 千摠 韓貞履

이 때 유상공이 나라를 걱정하는 정성이 마음속에 간절했다. 백성들을 편안하게 살도록 하려는 생각은 밖에 드러내지 않았지만, 밥을 먹어도 달지 않고 잠을 자도 편안하지 않아 고민하며 묵묵히 나아가는 마음을 숨길 수 없었다. 안의 막료로는 이인영(李仁永) 등이 좌우에서 같이 보필하였고, 밖의 막료로는 천총 한정리가 있었다.

稟呈內云云 若何答曰 吾亦欲云云矣 乃以商賈之人 勿侵軍丁 其私卜馬 勿侵戰馬 賣買 予受之路 如常通行之意 揭榜于南門 且曰 曾聞松人 無論平時離松則敗 今避禍者 必不越境 只接松境則 在固吾民 去固吾民 而禁避之設 反有害也

올린 내용으로 말하자면, '어떠한가'에 대한 답으로, "나 역시 원한다고 했다. 이내 장사하는 사람은 군정(軍丁)으로 쓰지 못하게 하고, 개인의 화물 싣는 말은 전마(戰馬)로 쓸 수 없게 해야 한다. 매매하거나 주고받는 거래는 평상시처럼 통행시키려는 뜻으로 남문에 방을 걸겠다." 또 말하기를, "일찍이 듣기에 개성 사람들은 평상시는 물론이고 개성을 떠나면 패한다고 한다. 지금 화를 피한 사람은 반드시 경계를 넘지 않고 다만 개성의 경계지역에 있는데, 그대로 있는 것도 우리 백성이요 나간 것도 우리의 백성이다. 피난하여 가는 것을 금지하면 오히려 해가 있을 것이다."라고 하였다.

개성 남대문

別牌校卒 只察其異服異言之類 與夫城村 間乘釁作奸之徒 諸將校 各勵所率
勿移直所 以堅內守 每夜深後 從俠門而出 徧察府內 至曉乃還 只有廳直數人
隨後 而探知奸究悖類 不踰時而捕治姦黨 不敢發 百姓爲之語曰 曰留守夜繡
衣 經歷權公 亦有夜行未幾日 府中晏然 市上如前避亂者 稍稍還 巢曰 我公之
撫我 如是其篤 我公之捍禦 如彼其備 我何去乎

별패교졸(別牌校卒)은 의복이 다르고 말이 다른 무리〈외국인〉가 성과 마을
의 주민들과 함께 틈을 타서 간사한 짓을 하는 것을 전담해서 살피게
했다. 여러 장교(將校)는 각각 인솔하는 군인들을 독려하여 근무처를 옮기지
말고, 단단히 안에서 지키도록 하였다. 또한 〈유수는〉 매번 밤이 깊은
후에는 협문을 따라 나가서 부내(府內)를 여기저기 살피다가 새벽에 이르러
서 돌아왔다. 단지 청지기(廳直) 몇 명이 〈유수의〉 뒤를 따랐을 뿐이었다.
간악하고 패악한 무리들을 탐지하고, 시간을 넘기지 않고 이 무리들을
잡아 다스려서 감히 나타나지 못하게 하였다. 백성들이 말을 만들어내길,

"낮에는 유수이고, 밤에는 암행어사구나"라고 했다. 경력(經歷) 권공도 역시 밤에 몰래 다니니 며칠도 되지 않아 부중(府中)이 편안해졌다. 시장에는 피난 간 사람들이 점점 돌아와 예전처럼 되었다. 무리지어 말하기를, "우리 공께서 저희를 살펴주시어 이처럼 독실하게 하시고 우리 공이 이를 막아 저와 같이 대비하니 우리가 어디로 가겠습니까?"라고 하였다.

此時 安撫使 前兵使 蔡東權 奉命下來 無所復問 只班命曉喩而去 時延安府使 韓應弼 平山府使 洪愼圭 亦有異聞 領井浦 守防 金益鎔 私通內 江華留守 李章濂 巡撫中軍 李龍熙 永宗僉使 白樂莘 幸州巡撫中軍 白樂顯

이때 안무사(安撫使)인 전 병사(兵使) 채동권(蔡東權)이 명령을 받들고 내려 왔다. 〈개성의 상황은〉 묻지도 않고, 단지 조정의 명령만 밝히고 다시 돌아갔다. 이 때 연안부사 한응필(韓應弼), 평산부사 홍신규(洪愼圭) 역시 다른 소식이 있었다. 영정포 수방 김익용(金益鎔)이 개인적으로 연락한 내용에는 강화유수 이장렴(李章濂), 순무중군(巡撫中軍) 이용희(李龍熙), 영종 첨사(永宗僉使) 백낙신(白樂莘), 행주순무중군(幸州巡撫中軍) 백낙현(白樂顯) 〈이하 내용 탈락됨〉

十三日 丁串 執事 金錫九 私通內 昨日 午後 奉令 至通津 探知則 江華舊留 不知何處云 新留
初十日 以單騎 只率裨將幾人 廳直幾名 到在通津 梅樹里 尚未交龜 巡撫中軍 率馬兵二百五十人 步兵二百五十名 與通津府使 俱留屯 通津軍粮則 自京移 來 日前以騎士一人 送檄書則 彼人所答 不欲爭戰 意在通貨財 昨夕 見謁江華 新使則 問其事實 故軍無器械 實對之則 又問軍粮區處 故對以此乃江華府抾 援則 渡江後 軍粮待江華新使道處分擧行 則答以我無食粮則 更何區處乎

13일이다. 정곶 집사(執事) 김석구(金錫九)가 개인적으로 연락한 내용에는, 어제 오후 명령을 받들고 통진에 도착하여 정탐하였는데 강화의 옛 유수(이인기)는 어디에 있는지 모른다고 했다. 신임 강화유수(이장렴)는 초 10일에 홀로 말을 타고 다만 비장(裨將) 몇 사람, 청지기 몇 명을 거느리고 와서 통진(通津) 매수리(梅樹里)에 머무르고 있다. 아직 관인 교대식을 하지 않았다. 순무중군이 기마병 250명, 보병 250명을 거느리고 통진부사와 같이 머무르고 있었다. 통진의 군량은 서울에서부터 옮겨왔다. 며칠 전에 기사(騎士) 1명(지흥관)이 〈프랑스군에게〉 격서(檄書)를 보냈는데, 이양인의 회신에는 (그들은) 전쟁을 하려는 것이 아니라 그 의도가 재화를 교역하는데 있다는 것이었다. 어제 저녁에 강화의 새 유수를 알현하였는데 우리 부대의 실상을 물으니 군(軍)에 기계(전투장비)가 없다는 점을 사실대로 대답하였다. 또 군량을 조달할 방법을 묻기에 강화부를 구원하기 위해 왔으니 도강한 후에 군량은 신임 강화유수의 처분을 기다려서 거행하려고 한다고 대답했다. 그러자 강화유수가 "나는 군량을 가지고 있지 않은데, 어떻게 구처하겠는가."라고 하였다.

又曰 此乃救援兵則 何不去華府 對以此孤軍 無相敵之勢故不能 卽至江華則 新留以來不來 不自的指是遣

또한, "이 구원병은 어찌하여 강화부에 가지 못하는가?"라고 묻기에, "우리는 외따로 떨어진 단독 부대로 함께 도와 적을 상대할 세력이 없으면 〈단독으로는〉 싸울 수 없다. 강화도에 이르러 보니 신임 유수가 왔는지 안 왔는지도 확실하지 않아서 우리 혼자 나갈 수가 없어서 머물러 있다."고 하였다.

傳聞則 彼船一隻 尙在江華 其下渡 有四隻 又其下有二隻云 昨日 彼小船一隻 自江華浮 至山里浦潮 又到柳川尺水以去矣 今朝小船一隻 亦自江華浮 出喬桐 其意難知緣由馳報事

소문에 따르면 이양선 1척이 아직도 강화도에 있는데 그 아래 건너에 4척이 있고, 다시 그 아래쪽에 2척이 있다고 한다. 어제 작은 배 1척은 강화로부터 출발하여 산이포에 조수를 타고 도착하였고, 다시 유천에서 물깊이를 재고 갔다. 오늘 아침에 작은 배 1척이 또한 강화로부터 출발하여 교동으로 나왔는데, 그 의도를 알기 어려운 까닭에 말을 달려 보고하였다.

題曰知悉事 此時丁串 軍蓐食登高 北望本營之回敎 南指通津之探候 西待領井之探知 午鷄一唱 三報俱到 中軍 具然泓 奉讀營敎之 卽速行陣 惶怵無地 招招舟子 以涉大川 舟子報曰 潮已減矣 且待明日 閔致五在傍曰 大將所分付 至嚴 何待明日 左右目笑曰 誰謂子有知識乎 坳堂之水 芥爲之舟 置杯則膠 今子罔水行舟耶

명령서에는 잘 알았다고 하였다. 이때 정곶에서 군대의 아침식사를 한 후에 높은 곳에 올라 북쪽으로는 본영(本營)의 지시를 기다리고, 남쪽으로는 통진에 정탐을 지시하였고, 서쪽으로는 영정포의 정탐 정보를 기다렸다. 정오에 닭이 한 번 울었을 무렵에 3군데의 소식이 한꺼번에 도착하였다. 중군 구연홍이 영교(營敎)를 받들어 읽어보니 속히 행군하라는 것이었다. 황급함에 어쩔 줄 몰라 하며 뱃사람을 불러 큰 강을 건너려 하였다. 뱃사람들이, "밀물이 이미 줄었습니다. 또 내일을 기다려야 합니다."라고 보고하였다. 민치오가 내 옆에 있다가, "대장이 분부한 바가 지엄한데 무엇 때문에 내일을 기다립니까?" 좌우에서 조용히 웃으며, "누가 당신에게 (군대를 운용할) 지식이 있다고 하는가? 움푹 파인 마루 위에 얕은 물에는 지푸라기야 배처럼 뜨겠지만 잔을 놓으면 달라붙을 것이네. 지금 자네는 물이 없는 곳에서 배를 띄우자고 말하는 것이네."라고 하였다.

[해설]

구연홍의 지지부진한 진격에 화가 난 김수현의 명령서가 도착하자 구연홍 등은 놀랐고 즉시 통진으로 건너갈 준비를 시작했다. 썰물이어서 건너갈 수 없다는 말은 핑계였다. 이쪽은 시야가 많이 가리는 곳인데도 불구하고, 그들은 북쪽 수역에 배치한 프랑스군 포함을 두려워하고 있었다.

閔致五 亦笑而不答 及至明潮 軍中皆曰 白日綠水 賊船相望之地 孤軍弱卒 恐被賊察之淊 不如汐渡 中軍曰 然 閔致五 復笑語軍人曰 昨無汐水乎 軍人亦 所答矣 當此之時 諸軍有死之心 無生之計

민치오 또한 웃었지만 대답하지 않았다. 다음 밀물이 들어올 때가 되어서 군인들이 모두 "한낮의 푸른 물 위에 적선이 서로 보이는 곳인데 단독 부대이며 약한 병졸들이라서 적들에게 정찰 당할까봐 두려우니 썰물에 건너는 것이 낫겠습니다."라고 하였다. 중군 구연홍 역시 그렇다고 동의하였다. 민치오가 다시 웃으면서 군인들에게, "어제는 썰물이 아니었는가?"라고 하니, 군인 역시 답하였다.[80] 이런 때를 당하면 제군들은 죽을 것이라는 마음만 있고 살려는 계책이 없어야 한다.

日之夕矣 山無牛羊之下來 招隊長卒 傳餐曰 朝明當破賊 善食 大抵人間衆人 之會 豈無多恫者 卒有許恫丁聽 其善食之言 尋常千萬第餘事曰 死者能食乎 以吾孤軍 遇彼强賊 如以肉投餓虎 豈望生乎 有家難歸 有友難投 欲逃則 只怕 於關 欲止則 無他緣故 去之猶難不去 亦難陟彼岵屺 悵望鄕山一聲嗚咽 淚水 滂滂

"날이 저물면 산에 있던 소나 양도 모두 집으로 돌아온다."[81] 군대의 장졸들

을 불러 음식을 주고, "아침이 밝으면 적을 격파해야하니 잘 먹어야 한다." 대개 세상에 무리들이 모인 경우에는 어찌하여 겁먹은 자가 많지 않겠는가? 병졸 중에 허겁정(許㤼丁)이 있었는데 잘 먹었다고 말하는 것을 듣고 심상하게 천만가지 쓸데없는 이야기들을 차례로 말했다. "죽을 자가 먹을 수 있겠습니까? 우리는 고립된 군대로 강한 적을 만나면 굶주린 호랑이에게 고기를 던지는 것과 같은데 어찌 살기를 바라겠습니까? 집이 있어도 돌아가기 어렵고 친구가 있어도 의지하기 어려운데, 달아나고자 하여도 단지 관문에서 두려워할 뿐이고, 머물려 해도 다른 연고가 없으니, 가는 것이 안 가는 것보다 어렵고 또한 저 민둥산조차 오르기 어렵습니다."라고 하였다. (허겁정은) 고향 산을 슬프게 바라보며, 오열하며 우는 소리를 하는데, 눈물이 비처럼 흘렀다.

[해설]

여기서부터는 지은이가 비유로 적은 우화이다. 첫 구절은 『시경』 국풍편 군자우역(君子于役)의 한 구절을 인용한 것이다. 이곳도 발췌를 잘못해서 앞부분이 생략되는 바람에 이 시구를 인용한 의미를 정확히 알 수 없다

이날 밤 통진으로 건너가는 문제를 두고, 개성군의 진영에서는 병사들 사이에서 격론이 있었던 모양이다. 이 글의 저자는 민치오가 분명한 것 같은데, 이날 있었던 토론을 허겁정과 태평춘이라는 가상 인물을 내세워 정리하고 있다. 아마도 여러 사람이 중구난방으로 이야기를 했고, 실명을 거론하면 인신공격이 될 수도 있기 때문일 것이다. 여기에 등장하는 용감한 병사 태평춘은 민치오 자신인 것이 거의 분명하다.

迺大呼曰 父兮 母兮 畢竟 是誰門乞而 誰手葬乎 妻也子也 終末爲何家偏而何人奴耶 自顧自家 明年明日 是余之周年 復有一卒 號曰 太平春 踏聲而來問曰 何哭爲

이에 크게 부르짖기를, "아버지, 어머니 마침내 누가 우리 집안을 구하고, 누가 손수 장례를 지내겠습니까? 처입니까 아들입니까? 끝내 어느 집에 편입되어 어느 사람의 노비가 되겠는가? 자고로 우리 집에서 내년 내일은 나의 장례 1주기가 되겠구나."라고 하였다. 또 병졸 하나가 있어서 이름이 태평춘(太平春)이다. 소리를 듣고 따라와서 "어째서 우는 겁니까?"라고 물었다.

許惏丁曰 古來征戰 幾人回 太平春曰 一生一死人皆有之 與其死於草席 寧裹於馬革 百年假使 人人壽 憂樂 中分 未百年 苟能一日死 於死 死後生名 無限年 且汝何言 孤不敵强乎 昔江東八千 未聞終成其功 鄴下十萬 必見沒敗其衆

허겁정　"옛날부터 출정한 후에 몇 사람이나 돌아왔는가?"

태평춘　"사람은 한번 태어나고 한번 죽는 것인데, 초석(草席)에서 죽기보다는 차라리 말안장 위에서 죽는 것이 낫다. 100년에 가령 사람들의 목숨이 근심과 즐거움이 반으로 나뉘는데, 100년이 안 되어서 다만 하루만에도 죽을 수 있다. 비록 죽어도 그 후에 살아 있는 이름이 무한년인데, 또 그대는 어찌 약한 군대가 강한 적군을 상대하지 못한다고 말하는가? 옛날 강동의 8,000명(항우의 군대)이 끝내 대업을 이루지는 못했지만 업(鄴)의 10만명을 패배시켰다."

許惏丁曰 然則避亂何也 太平春曰 去辛未之變 篲星孛天 此時兩西 不論忠淸之人避入俗離 及內外四郡之中 全羅之人避入智異德裕之間 慶尙之人 避入大小白之內 江原之人避入五臺大關之東 咸鏡之人 避入金剛鐵嶺之南 避亂者多士族矣. 愚民隨而煽動 反受自害 所謂景來君則賊徒 梟首滅種 幸今天無篲字則 此我東一時之厄運 明天不篲之亂類也

허겁정　"그러면 피난하는 것은 어떠한가?"

태평춘　"지난 신미년의 변란(홍경래의 난임)에 혜성(篲星)이 하늘에서 환하게 빛났다. 이때 양서(兩西)지역은 물론이고 충청도의 사람들은 속리산으로 피난하러 들어갔고, 그리고 내외 4군(郡) 중에서 전라도 사람은 지리산, 덕유산 사이로 피난하였고, 경상도 사람들은 태백과 소백산 안으로 피난하고, 강원도 사람들은 오대산, 대관령 동쪽으로 피난하였고, 함경도 사람은 금강산과 철령의 남쪽으로 피난하였다. 당시 피난한 사람으로는 사족(士族)이 많았다. 그런데 어리석은 백성은 선동에 따라 오히려 스스로 해를 입었다. 이른바 홍경래(洪景來)의 적도들은 목을 베어 씨가 없어졌고 다행히 지금 하늘에 혜성이 빛나지 않으니, 이는 우리 동방에 한 때의 액운으로, 밝은 하늘에 혜성의 변란이 없는 그런 부류이다."

[해설]

이 부분에서 허겁정과 태평춘의 논쟁은 갑자기 포인트를 잃는다. 전투를 무서워하는 허겁정은 이런저런 이유를 대다가 피난하는 것은 어떠냐고 묻는다. 그러면 태평춘은 전투를 피해 피난하는 것은 군인으로서 불명예라거나 두려움이 없어야 이길 수 있다는 식으로 대답해야 정상이다. 그런데 태평춘의 대답은 엉뚱하다. 홍경래의 난 때 사족들은 혜성의 출현을 보고 피난을 갔다. 천문을 볼 줄 모르는 어리석은 백성들은 피난을 가지 않고 오히려 홍경래 일당의 선동에 넘어 갔다가 많은 피해를 입었다. 즉 혜성이 나타나면 피난을 해야 한다. 지금은 하늘에 혜성이 없다. 그러니 이번의 재난은 피난을 하지 않고, 우리의 노력으로 물리칠 수 있는 재앙이라는 것이다. 태평춘의 해석은 천인감응설의 오남용에 해당한다. 또한 이 글의 저자가 어리석은 백성은 사족의 인도를 따라야 한다는 선명한 신분의식을 지니고 있음을 보여준다. 다음 문단에서 태평춘이 허겁정을 "무식한 상놈"이라고 비난하는 데서도 드러나지만 저자는 허겁정과 태평춘의 논쟁은 겁쟁이와 용사의 논쟁이면서 동시에 평민과 사족의 논쟁으로 동일시하고 있다. 이 부분은 한말 지식인의 사고구조와 신분관을 보여주는 재미난 기록이다.

許怐丁曰 汝能知天文乎 太平春曰 何以文爲 夫篲星如竹帚 人皆見之 汝獨不見乎 昨夜今夜 何星如帚乎 許怐丁曰 如我卒徒 何功之賞及 太平春曰 汝是天生無識的常漢

허겁정　"그대는 천문을 볼 줄 아는가?"

태평춘　"어찌 이런 것이 천문이겠는가? 대개 혜성은 대빗자루와 같아서 모든 사람들이 그것을 볼 수 있는데, 그대만이 혼자 보지 못하는가? 어제와 오늘 밤에 언제 별이 대빗자루처럼 보였는가?"

허겁정　"나와 같은 병졸이 무슨 공으로 상을 타겠는가?"

태평춘　"그대는 태어날 때부터 무식한 상놈이다."

前日 義兵將 金見臣 許沆 諸景彧 金大宅 統制使之賞 固不敢望 而梁仝(=同) 本以 寧邊 束伍軍 常冒刃前驅 爲賊所擒欲降之 梁仝叱曰 汝以蟲鼠之微 懷梟獍之惡 締結牛羊之群 效獡狗之吠主 我爲聖朝四百年 化育之身 豈敢背君父 入於禽獸之類哉 言訖 延頸曰 速殺之 賊愛其心 以劍輕斫 示其威風

전날에 의병장 김견신(金見臣), 허항(許沆), 제경욱(諸景彧),[82] 김대택(金大宅)[83]은 통제사라는 포상을 감히 바라지 않았다. 양동(梁仝)은 본래 영변(寧邊)의 속오군(束伍軍)으로 칼날을 무릅쓰고 앞서 있다가 적들이 그를 사로잡아

---

82) 제경욱(諸景彧) : 본관은 칠원(漆原), 자는 경식(敬植)으로 성주목사 제말(諸沫)의 6세손이다. 무과에 급제하여 선전관으로 운총만호(雲寵萬戶)가 되어 군기(軍器)를 수리하는 등 군비에 만전을 기하였으며, 해서우후(海西虞候)가 되어 군비를 쇄신할 때 군민(軍民)의 폐를 끼치지 않았다. 1811년(순조 11) 홍경래(洪景來)의 난이 일어나자 관서절도영(關西節度營)의 청북소모장(淸北召募將)이 되어 절도사 이해우(李海愚)의 휘하병 200명을 인솔, 청천강을 건너가 많은 군병을 모집하였다. 그는 정주성 전투에서 적의 포격에 관군이 달아나는 것을 보고 이를 개탄하였다가, 신도진수군 첨절제사 겸 방어장(薪島鎭水軍僉節制使兼防禦將)에 임명되어 앞장서 돌격하다가 전사하였다. 삼도수군통제사에 추증되고, 칠의사사(七義士祠)에 배향되었다. 시호는 충양(忠襄)이다.

83) 김대택(金大宅) : 그는 정시·백경한·임지환·허항·제경욱과 함께 임신칠의사 중에 한 사람이다.

항복시키려고 하였다. 그러자 양동이 소리치기를, "너희는 벌레나 쥐새끼같이 미미한 존재로서 효경(梟獍)[84]의 악독함을 품었으며, 소와 양의 무리로 묶여서, 주인을 물어뜯는 개를 본받았다. 우리 조정이 400년이 되어서 화육(化育)의 몸으로 어찌 감히 임금과 아버지를 배신하고 금수의 무리에 들어가겠는가?" 말을 마치고 목을 길게 빼고, "속히 죽여라."라고 하니, 적이 그 마음을 아깝게 생각하면서 검으로 베어 그들의 위풍(威風)을 보였다.

梁仝笑曰 何辱之如此 叱聲不絶於口. 賊再斫之 亦不屈至於三斫 流血狼藉 賊謂其死 而去値 官軍之赴捄而得生 其時朝廷嘉之 特除東林別將於軍中 顧不壯哉 今大將所 若聞汝之所爲 渡江之前 汝之首級 爲劍頸 魂魄急急 依律令發行

양동이 웃으며, "무슨 욕을 보이는 것이 이와 같은가?" 하고, 지르는 소리가 입에서 끊어지지 않았다. 적들이 다시 그를 베었는데 또한 굴복하지 않아 3번을 베는데 이르렀고 유혈이 낭자하였다. 적이 그가 죽었다고 말하고 버리고 갔는데, 관군이 달려가 구원하여 목숨을 건졌다. 그 때 조정이 그를 가상하게 여겨 특별히 군대의 동림별장(東林別將)으로 제수하였다. 돌이켜보니 어찌 장하지 아니한가? 지금 대장소(大將所)에서 만약 그대가 한 바를 들으면 강을 건너기 전에 너의 목을 베어 혼백이 급할 것이니, 율령에 따라 출발하라.

許㤼丁還 㤼曰 只當只當 卽與之歸陣 方將點考 而行陣矣 此非記實 乃軍卒中有此夢事 故因記之 覽者恕之

허겁정이 돌아와 겁을 내며, "지당한 말이다. 지당한 말이다."라고 하면서, 즉시 군진에 돌아가서 바로 점고하고 행군하였다. 이는 사실을 기록한

---

84) 효경(梟獍) : 효(梟)는 어미를 잡아먹는다는 올빼미 종류의 새이고, 경(獍)은 파경(破獍)이라는 호랑이 종류의 맹수로서 아비를 잡아먹는다고 한다.

것이 아니라 곧 군졸 중에 꿈속에 일이 있었던 까닭에 이를 기록하였으니
열람하는 자는 이를 용서하시라.

此時 中軍令 百摠詳細點伍 一無遺落 踰西麓 至柳川邊 閔致五之領來四船
泊於江滸 領軍登船 白露橫江 水光接天 白日繪 素以儒子 詠古詩一句曰〈朔
風千里〉驚 漢月五更明[85]

이 때 중군이 백총(百摠)[86]에게 명령하여 상세하게 병력을 점검하였는데
한 사람도 누락된 경우가 없었다. 서쪽 기슭을 넘어서 유천 주변에 이르렀다.
민치오가 배 4척을 가지고 와 강변에 정박하였다. 부대를 이끌고 배에
올랐다. '하얀 백로가 강을 가로지르고 물빛이 하늘에 닿았다.' 백일회가
본래 유학자이기에 고시 1구를 읊었다. '〈차가운 북풍이 천리나 불어〉
놀라고, 새벽녘 한나라 땅(고향 땅)에 뜬 달은 밝기만 하구나'

書吏 金綺商 應曰 城上風威冷 江中水氣寒. 騎士中能詩者 績曰 移舟泊烟渚
日暮客愁新 及到通津之租江 明府權公 以軍事 船載長腰米三十石 先來舍處
于江閣 而浦落掃如 十室九空 京來軍兵等 已爲防守於此矣 中軍令曰 吾軍卒
擇定 空舍處所 俾該浦民 點火溫宿 卽以單騎馳二十里 梅樹里 沁留所在處

---

85) 이 시는 당나라의 시인 영호초(令狐楚)의 대표작인 유명한 「종군행(從軍行)」이라는
   시이다. 변방에서 수자리를 사는 군인이 자신의 심정을 노래한 것이다. 본문에는
   시구 앞부분의 글자가 빠졌다. 원문은 "朔風千里驚 漢月五更淸 縱有還家夢 猶聞出塞
   聲"이다.(차가운 북풍이 천리나 불어 놀라고, 새벽녘 한나라 땅(고향)에 뜬 달은
   밝기만 하구나. 비록 고향으로 갈 꿈을 꾸어보지만, 요새에서 나는 소리만 들리네.)
86) 백총(百摠) : 조선시대 개성(開城)의 군무(軍務)를 주관하던 관리영(管理營)에 둔
   종삼품(從三品) 서반 무관직으로 정원은 4원이다. 관리영은 1680년(숙종 6) 개성에
   축성된 대흥산성(大興山城)의 관리와 개성지역의 군무를 주관하기 위해 설치되었
   다. 처음에는 대흥산성에 파견된 당상무관(堂上武官)을 관리사로 승격시켜 이를
   관장하게 하였으나, 1691년 관리사를 개성유수(開城留守 : 從二品)가 겸하게 하였
   다. 위로 관리사, 중군(中軍 : 正三品) 1원, 종사관 1원, 별장 2원, 천총(千摠) 3원이
   있고, 아래로 파총(把摠 : 從四品) 6원, 초관(哨官 : 從九品) 32원, 교련관 8명, 기패관
   (旗牌官) 36명, 당상군관 50명, 군관 250명과 그에 따른 군졸 등이 있었다.

開城赴援錄 上 | 145

沁留素與中軍善矣

서리 김기상(金綺商)이 응답하기를, '성 위엔 바람의 위세가 차가운데, 강 가운데엔 물 기운이 써늘하다'[87]라고 하였다. 기사(騎士) 가운데에 시에 능숙한 사람이 여기에 이어서, '배를 옮겨 안개 낀 물가에 정박하고, 날 저무니 나그네 수심이 새롭네'라고 하였다. 마침 통진의 조강(祖江, 개풍군과 남한의 김포반도 사이를 흐르는 조강)에 도착했다. 명부 권공이 군대의 일로 배에 장요미(長腰米)[88] 30석을 실었는데 앞서 강각(江閣)의 숙소에서 온 것이다. 갯가 마을이 모두 쓸어낸 듯이 10집 가운데 9집이 비어 있었다. 서울에서 온 군병들[89]이 이미 이곳을 지키고 있었다. 중군이 명령하기를, "우리 군졸이 선정한 텅 빈 숙소에 바닷가 백성들을 시켜 불을 지펴 따뜻하게 잠자도록 하라."고 하였다. 그리고 곧 혼자 말을 타고 20리를 달려가니 그곳은 매수리(梅樹里)인데, 강화도 유수가 있는 곳이다. 강화도 유수는 평소에 중군과 잘 알던 사이였다.

[해설]

개성군은 영정포로 정찰을 나갔던 민치오가 영정포에서 얼어 돌아올 때 타고 온 배 4척으로 통진으로 건너갔다. 그런데 경력 권현은 개성에서 마련한 군량미 30석을 싣고 먼저 통진에 건너와 있었다. 병력보다 군량이 먼저 통진에 도착한 것이다. 이 사실을 보아도 개성군이 얼마나 겁을 먹고 도하를 주저하고 있었는지를 알 수 있다.

---

87) 『전당시』 권79.

88) 장요미(長腰米) : 몸통이 좁으면서 긴 쌀로, 질이 좋은 쌀을 가리킨다.

89) 이들은 순무영군(순무영은 오군영을 합친 통합사령부)으로 대장은 이경하, 중군은 이용희, 순무천총은 프랑스군을 격퇴하는데 결정적인 공을 세운 양헌수였다. 이때 통진에 온 군대는 이용희와 양헌수가 지휘하는 부대로 9월 10일에 김포에 도착했다.

喜曰 聞留令監遣兵救我 感賀無至 又曰軍額幾何 中軍對曰 只一哨 復曰 軍械
何如 中軍對曰 急時發行故 不得精銳 又曰 兵皆組鍊耶 對曰 來也 未免驅市人
而來

강화유수 (기뻐하며) “듣기에 개성유수 영감이 병사를 보내어서 나를 구원한
다고 하니 고마움이 끝이 없습니다. 그런데 군액(軍額)이 얼마나 되나요?”

중군 “다만 1초(100명)입니다.”

강화유수 “군의 장비와 상태는 어떠합니까?”

중군 “시간이 급하여 빨리 출발하였기에 정예로운 군사를 얻지 못했습
니다.”

강화유수 “병사들은 모두 훈련이 되었습니까?”

중군 “왔지만⁹⁰⁾ 시장사람들을 동원한 수준을 면치 못합니다.”

沁留曰 再昨夕 執事 金錫九 來告如此 而曾聞松軍有名故 方在疑信中 果如其
言 此將奈何 今朝廷念玆以應募者 不次調用事揭榜于四門 巡撫大將 李景夏
統督五營兵 招集八路軍 領在禁營 巡撫中軍 李龍熙 率兵馬五百來屯通津
而巡撫大將 變化如龍內籌 制勝之權 巡撫中軍 雄豪如虎 外備措處之方則
必損國家之肝憂 然我旣爲沁留 賊方在沁城 我當先討滅 以爲克復 而子子單
騎 勢無奈何故 俟此援兵 如邯鄲之戰平原君待信陵也 今援兵之勢無異於我
單騎則 惠以好我 携手同去 訓鍊兵事 以圖克復 亦宣中軍 直夜還陣 明星有爛
觸寒甚矣 飮一溫茶杯

강화유수 “그제 밤에도 집사 김석구가 와서 똑같은 보고를 했습니다. 이전에
듣기로는 개성의 군사는 유명하다고 하기에, 약간 반신반의하고 있었는데,
지금 그 말과 같으면 앞으로 어찌 해야 하겠습니까? 지금 조정에서는
응모자를 모집하면서 〈공을 세우면〉 순서를 지키지 않고 발탁하여 쓰겠다

---

90) “왔다(來也)”는 말은 의미가 통하지 않아 앞에 문자가 빠진 것 같다. “자원해서
온 사람들이기는 하지만”이라는 의미인 듯하다.

고 서울 도성안의 4대문에 방을 붙였습니다. 순무대장(巡撫大將) 이경하(李景夏)가 5군영의 병사를 통괄하여 감독하여 팔로군(八路軍)을 불러 모아 금영(禁營)에서 이끌고 있습니다. 그리고 순무중군(巡撫中軍) 이용희(李龍熙)가 500명의 병사와 말을 이끌고 와서 통진에 주둔하였습니다. 순무대장은 변화가 용과 같아서 안으로 승리를 위한 방책을 계획하고, 순무중군은 용맹스러움이 호랑이와 같아서 밖에서 일을 조치하는 방법을 대비하고 있으니 반드시 국가의 근심을 덜어줄 것입니다. 그러나 내가 이미 강화유수가 되었는데 외적들이 현재 강화성에 들어가 있으니 내가 마땅히 그들보다 먼저 토벌하여 원래대로 회복시켜야 합니다. 그렇지만 혈혈단기로 형세가 어찌 할 수 없기에, 구원병을 기다리니 마치 한단(邯鄲)의 전투에서 평원군(平原君)이 신릉군(信陵君)을 기다린 것과 같습니다.[91] 〈그런데〉 지금 구원병의 형편이 저의 단기(單騎)와 다르지 않으니, 〈지금은 싸울 수가 없습니다.〉 나와 손잡고 함께 가서 병사를 훈련시켜 이를 극복하기를 도모하도록 합시다." 이렇게 또한 중군에게 말하여 곧바로 밤중에 진(陣)으로 돌아갔는데, 샛별이 반짝이고 추위가 심하였다. 따뜻한 차 한 잔을 마셨다.

閔致五 問曰 今日之事何爲 曰如此如此 乃於昧爽 令軍中還陣于丁串 軍情之喜 話休絮煩 中軍待沁留至 而同船渡來 明府權公 亦領粮船下陸于柳川 而還府焉 軍卒旣到丁串 却望柳庄 怳是故鄕 中軍與沁留 因爲舍處於柳家 軍卒等 亦依前安接 而胥告曰 此陣本以赴援沁留而來矣 今陪沁留而平安到此 我等 雖曰弱卒 可謂成功也 他日之賞 豈勝言哉 一軍皆曰 幸矣

민치오가 "오늘의 일은 어떻게 됩니까?"라고 묻기에, 이러이러하다고 답하

---

91) 사마천의 『사기』에 나오는 이야기이다. 평원군과 신릉군은 전국시대 4공자의 한 명으로 평원군은 조나라, 신릉군은 초나라 사람이다. 한단은 조나라의 수도인데, 진나라 군대가 한단을 포위했다. 조나라의 재상이었던 평원군은 초나라에 구원을 요청했다. 초나라는 구원을 꺼려했지만 평원군의 무명의 식객이던 모수라는 인물의 활약으로 구원병을 얻었다. 이 고사에서 모수자천과 주머니 속의 송곳(낭중지추)이라는 고사성어가 나왔다.

고 새벽에 군사들에게 명령하여 정곳에 있는 진(陣)으로 돌아왔다. 군사들이 기쁜 심정이 되어 말들이 많아졌다. 중군이 강화유수가 오기를 기다렸다가 같은 배로 건너 왔다. 명부 권공이 또한 군량미를 실은 배를 거느리고 유천의 뭍에 내려 개성부로 돌아갔다. 군대가 정곳에 도착하자 유장(柳庄)이 보이니 이곳이 고향이었다. 중군과 강화유수가 이로 인하여 같이 유씨네 집을 숙소로 삼았고, 군졸들은 또한 이전에 거주했던 곳에 편안하게 묵었다. 서로가 말하기를 "이 진(陣 : 개성군)은 원래 강화유수를 구원하러 온 것이다. 지금 강화유수를 보좌하여 이러한 평안함에 이르렀다. 우리들 비록 약한 병졸이라고 말하지만 성공할 수 있다. 나중에 포상을 받는 것은 어떻게 다 말할 수 있겠는가?"라고 하니, 모든 군인들이 다행이라고 하였다.

[해설]

신임 강화유수 이장렴은 개성의 지원부대가 병력도 적고, 장비와 훈련도 형편없이 부족한 것을 보고 크게 실망했다. 그는 이 부대로는 싸울 수 없고 당장 훈련이 급선무라는 이유를 들어 강화진공을 포기하고 정곳으로 철수한다. 이 조치에 개성군은 모두 기뻐했다. "이 진(陣)은 원래 강화유수를 구원하러 온 것이다. 지금 강화유수를 보좌하여 이러한 평안함에 이르렀다"라는 말은 개성군이 강화군에 파견된 부대이므로 강화유수의 지휘를 받아 전투를 포기하고 정곳에 돌아온 것이 합법적이라는 의미이다. 앞서 개성유수 김수현은 진격하지 않으면 군법으로 처단하겠다고 엄포를 놓았는데, 강화유수는 철수를 결정했다. 일단 강화유수와 합류하면 강화유수의 지휘를 받는 것이 당연하므로 개성군은 개성유수의 진격명령에서 해방될 수 있었다. 그래서 모두 좋은 강화유수를 만나 평안함을 얻었다고 기뻐했다는 것이다. 그리고 이렇게 전선에서 떨어져서 훈련을 받고 있다 보면 기회를 만나 공을 세우고 포상을 얻을 수도 있다고 자위했다.

十五日 中軍書目內 今日 陪沁營使 道還陣于丁串 而餉米三十石 饌條錢七十

一兩 九錢 依受是乎事 題曰 知悉是在果 嗣後粮錢段 當有繼送事 巡撫中軍爲

相考事 見今大陣臨敵 凡百軍務 不可不急急準備 而最爲緊急者 船隻也 故玆

以文移爲去乎 關到卽時貴府境內 各浦所在船隻 毋論大中小 遣將吏執待于

康寧浦爲旀 近日 自租江發去 各處之船 亦爲多發將羅 星火曳待于康寧浦

俾無臨機費遺之弊事 當是之時 蠢民之騷訛 遠者愈甚矣 列邑應募之士 召募

之軍 不絶於道 與夫步蹙蹙馬星馳之報絡繹 而兩西軍兵之所過 道坊炭幕 不

無其弊

15일이다. 중군 서목(書目)에, "오늘 강화영사(江華營使)를 보좌하여 정곳의
군진(軍陣)으로 돌아왔다. 군량미 30가마, 찬조전(饌條錢) 71냥 9전을 받아서
온 일"이라 되어 있다. 명령서에는 "잘 알겠거니와 이 뒤에 양식과 돈은
계속해서 있으면 보낼 것. 순무중군은 이를 살펴보아야 할 것. 현재 큰
진(陣)이 적과의 싸움을 앞두고 온갖 군대 업무를 급하게 준비하여야 한다.[92]
가장 긴급한 것은 선박이다. 이 때문에 공문서를 보내니, 관(關)에 도달하는
즉시 귀부(貴府)의 경내에서 각 포구에 있는 선박은 크기를 막론하고, 군대행
정을 맡은 서리를 보내 강녕포(康寧浦)[93]에서 기다리게 대기하다가 가까운
시일에 조강에서부터 출발하여 가도록 한다. 여러 곳의 배는 또한 장수와
나졸[將羅]을 많이 파견하여 빠르게 강녕포로 끌고 가게 하여 대기하다가,
기회를 맞이하여 용도에 쓰지 못하는 폐단이 없도록 할 것."이라고 하였다.
이때 당시에 미련한 백성들의 유언비어로 멀리 도망가는 것이 더욱 심하여
졌다. 여러 고을에서 응모하는 군사, 소집에 응하는 군인들이 길에서 끊어지
지 않았으며, 또한 걷거나 말을 이용한 급한 보고가 계속되었다. 양서(兩西 :
평안도와 황해도)[94]의 병사들이 지나는 길과 마을의 주막[炭幕]에는 그

---

92) 본문에서는 명확하지 않지만 이하 내용은 순문중군 이용희가 보낸 공문인 듯하다.

93) 현재의 김포군 용강리. 김포반도 북쪽에 위치한 포구로 류천, 정곳 등과 마주하고
있다.

94) 양서는 해서와 관서 즉 평안도와 황해도를 말한다.

폐해가 없지 않았다.

留相金公 特念細弊以禁斷之意 揭榜于境內坊曲 使不得作梗 若自願等人則
使校卒慰送于界外 闔境寧息 還不知有亂 且天旱日久 茅堂草幕 種種失火
每每救火之方 打鍾焉 吹角焉 騷動移散之物 奔走馳突之人 一以汲水 一以濟
火 蒼黃危急 這便是 一家亂中之亂 而里任爲之周旋 校卒爲之禁察 輒送內幕
之往觀 又有貳衙之躬臨 拯民於炭火之中者 那便是 一陣援外之援也 其慰恤
撫摩之 澤根於民心者 何如是其深也 主人牛酒之酬勞 亶其然乎

유수 김공이 특히 자질구레한 폐단을 염두에 두고 이를 금지하는 뜻을
경내의 여러 구석구석까지 방을 걸어서 못된 행실을 부리는 것을 막으려
하였다. 만약 군대에 자원한 무리의 사람들이라면 교졸(校卒)들을 시켜
위로한 후에 개성의 경계 밖으로 보냈다. 온 경내가 편안하게 쉴 수 있기에
돌아와도 어지러움이 있었는지 알지 못했다. 또 가뭄이 오래되어 모당(茅堂)
과 초막(草幕)이 가끔 실수로 불이 났는데 매번 화재를 끄기 위한 방법으로
종을 치거나 뿔피리를 불었다. 화재로 흩어진 물건으로 소동이 일어나고
분주하게 달려 들어오는 사람들이 있어 한편으로 물을 긷고 한편으로는
불을 끄는데, 어찌할 겨를 없이 위급하게 되니 이것이 한 집안의 난리
중에 난리가 된다. 이임(里任)이 주선하도록 하고 교졸(校卒)이 금지하고
살피는 일을 맡아, 빨리 초막 안을 가서 보도록 하였다. 또 유수가 직접
가서 타는 불 속에서 백성을 건져내었으니, 이것은 하나의 진(陣)이 외부에서
구원하러 온 것을 도리어 구해주는 것이다. 민심의 근원에게 베풀어 위로하
고 어루만져 주는 것이 어찌 이와 같이 깊으랴. 주인이 소고기와 술을
권하여 보답하니 진실로 그러했다.

[해설]

　강화도에 전쟁이 터졌다고 하자 전국 각지에서 지원병이 몰려들었다.

황해도 이북 지역에서 응모하는 사람들은 거의가 개성부를 경유해서 순무영군이 주둔하고 있는 통진이나 강화로 가려고 했을 것이다. 이들을 접수하고 이동시키는 공적인 체제가 없다보니 혼란이 일어났다. 지원병들은 거의가 자비로 통진이나 강화까지 와야 했다. 숙박시설이나 식당이 충분치 않던 시기였으므로 대규모로 몰려든 사람들을 감당할수 없다. 전쟁터로 가는 사람들은 무료 숙박이나 숙식을 요청했을수도 있고, 과도한 대접을 요구하며 행패를 부리거나 이런 틈을 타서이익을 노리는 불량배도 있었을 것이다. 이런 현상은 굳이 조선만이아니라 전근대 시대에는 어느 나라에서나 발생하던 일이다. 개성유수김수현은 개성 시민의 피해를 줄이기 위해 부내의 순찰과 치안을 강화했다. 개성부 경계에 병력을 파견해 지원병은 개성부 병사들이받아 시내로의 개별이동을 금지했다. 어느 정도 병사가 모이면 개성부경계 밖까지 단체로 이송했다. 이런 방식으로 이들이 시내로 들어와행패를 부리는 것을 방지할 수 있었다.

개성 시민을 상대로는 비상연락망을 조직하고 비상훈련을 통해 조직화했다. 가뭄이 들어 화재가 잦다는 것은 구실에 불과하다. 이런 비상시국에는 강도들이 민심교란이나 도둑질을 위해 고의로 화재를 내는 경우가잦았다. 김수현은 시민들을 조직해 비상시국에 주민들이 체계적으로대응하게 함으로써 불법행위나 소요사태를 사전에 차단하고 주민들에게 가시적인 자신감을 부여한 것이다. 강화유수가 솔선수범을 보이기위해 직접 화재현장에 가서 구호활동까지 했다. 『개성부원록』의 저자는 김수현의 이런 노력이 개성부를 안정시키는 데 크게 기여했다고칭찬하고 있다.

十六日 丁串還陣之軍 稍有休息之計矣 朝飯後 沁營執事 着靑周衣 來告賊機
且言賊自越城之後 搜索知府上官所在 而或見軍服人則 必害之 恐外探之則
知其軍兵之屯 此則孤軍弱卒 患將及矣 沁留得聞此說 卽謂中軍曰 苟如此
不如避入城中 更備軍務而來也 促治軍裝 軍兵等 擔負而走矣

16일이다. 정곶의 진으로 돌아온 군인들이 잠시 휴식을 취할 계획이다. 아침 식사 후에 강화영(江華營) 집사가 푸른 두루마기[周衣]를 입고 와서 적의 동정을 보고하였다. 또한 "적들이 강화성을 넘은 뒤로부터 부를 다스리는 상관(知府上官 : 강화유수)이 있는 곳을 수색하고, 혹 군복 입은 사람을 보면 반드시 그를 해칩니다. 그래서 밤을 탐지하는 것이 두려운데, (만약 저들이) 주둔하고 있는 군대가 고립된 군대이고 약한 병사인 것을 알게 되면, 재난이 미칠 것이 두렵습니다."라고 하였다. 강화유수가 이 말을 듣고 곧 중군에게 "정말 그와 같으면 성 안에 들어가 피한 뒤에 다시 군무를 준비해서 나오는 것만 못하다. 빨리 군장을 갖춰 군병들에게 짊어지고 〈개성으로〉 달려가게 하라."고 하였다.

[해설]

신임 강화유수 이장렴은 종친이며 무과 출신으로 포도대장과 금위대장 등을 지냈다. 이력으로 보면 조선에서 최고위의 무신이다. 그는 강화군과 개성군을 합쳐 중앙군의 힘을 빌지 않고 경기도 지방군의 자력으로 강화를 탈환해야 한다는 등 말로는 기개가 넘치는 척 했지만, 막상 프랑스군이 강화부의 수장을 찾고 있다는 말을 듣자 바로 개성부 읍성 안으로 철수하려고 한다. 프랑스군이 개성군의 병력이 얼마 되지 않고 정곶에 있다는 사실을 알아내고 공격해 오면 이곳에서는 방어시설조차 없어서 방어할 수가 없다는 이유였다. 이런 이장렴의 행동은 침착한 김수현의 행동과 완벽하게 대비되는데, 『개성부원록』의 저자가 사계 김장생의 가문에 존경심을 표시하는 것을 보면 다소 편향적인 서술일 수도 있다.

閔致五 時在軍幕爲騎士 代書家書 投筆而來 沁留與中軍 已上馬啓行矣 請問從者曰 是有營敎而入耶 對曰 軍中但聞將軍令也 營敎之有無 未得聞也 軍兵中先站入城者 詭言爲賊所逐 城中復煽動 如火始燃 留相公 安撫之下 莫不驚

怪曰 旣爲率下焉 有不待將令 有如是之道乎

민치오가 이때 군의 막사에서 기사(騎士)가 집에 보내는 편지를 대신 써주고 있다가 〈철군 소식을 듣고〉 붓을 던지고 달려왔다. 강화유수와 중군은 이미 출발하려고 말에 올라 있었다. 종자에게 면담을 청하면서 말하기를 "유수영의 명령서(營敎)가 있어야 〈개성부로〉 들어갈 수 있습니다."라고 했더니, 〈강화유수가〉 "군대 안에서는 다만 장군의 명령만을 들을 뿐이다. 영교의 있고 없고는 들어본 바가 없다"라고 대답하였다. 군인들 중에서 먼저 성에 들어간 자가 유언비어로 "적의 추격을 받았다"고 했다. 성 안에서 다시 선동이 일어나 마치 불이 처음 타들어가는 것 같았다. 유수공이 백성을 진정시키면서 너무 놀라고 괴이하게 생각하여, "이미 통솔을 받게 되었는데 장수의 명령 기다리지 않으니 어찌 이런 도리가 있는가?"라고 하였다.

中軍 具然泓 拿問後 中軍還出城外 次於捕廳 沁留 次於魚果廛都家 (결락)

중군 구연홍이 〈유언비어를 떠드는 자를〉 체포하여 신문한 뒤에 중군(中軍)이 도로 성 밖으로 나갔다. 그 다음에 포청(捕廳)의 강화유수가, 다음으로 어과전(魚果廛)의 도가(都家)에서 (결락) 나갔다.

[해설]

개성군이 강화유수 이장렴의 명령에 따라 개성부내로 철수했다. 본대보다 앞서서 개성에 들어간 군인들이 적의 추격을 받아 성안으로 후퇴했다고 변명을 하자 소문이 부풀려지면서 소동이 벌어졌다. 이상의 사실은 이장렴뿐만 아니라 중군 구연홍의 지휘능력과 통솔력에도 문제가 있었음을 말해준다. 개성유수 김수현은 중군 구연홍이 강화유수의 지휘를 핑계삼아 자신의 명령을 무시한 것에 분노했다. 김수현이 놀라고 괴이하게 생각했다는 것은 개성군의 개성읍내로의 철수를 용인하지 않는 동시에 개성군에 대한 지휘 통제권이 자신에게 있음을 확인한 것이다. 아마도 이 과정에서 김수현과 이장렴 간에 갈등이 벌어졌을 것이다. 자기 병력이 전무하고, 타군의 관할지역에 와 있는 강화유수로서는 개성군의 지휘권이 자기에게 있다고 주장할 수 없었다. 결국 개성군은 다시 개성을 떠났다. 중군이 선두에 서고 포청이 다음에 선 것은 또 다시 제멋대로 후퇴하거나 유언비어를 퍼트리는 등, 군기 위반자는 바로 체포하겠다는 위협이었다. 그 다음에 강화유수와 어과전의 도가가 따랐다는 내용은 조선시대 군사관계 자료에서는 볼 수 없는 특이한 기사이다. 병사들의 보급을 위해 도가를 함께 보낸 것 같다. 원 사료에는 그 다음에도 기록이 있었을 것으로 여겨지는데 『개성부원록』에서는 생략되었다.

此時 沁都舊留 印信聞在寅火鎭云 寅火鎭與本浦 禮成江潮水 相通之捷路也

이때에 강화도 옛 유수의 인신(印信)이 인화진(寅火鎭)에 있다는 것을 들었다. 인화진은 본 포구와 함께 예성강의 조수와 서로 통하는 빠른 길이다.

明十七日 復出陣于禮成江 未至二十里 修隅里 朴監使 墓幕止舍. 禮成江是三南西漢江水 三合 要衝之大津也 以閔致五 出防守于此江 以左騎士 姜快學 出守防于黃江 是時沁舊留 侍衛兩殿御眞 到禮成江

날이 밝고 17일이 되었다. 다시 예성강으로 출진하여 20리를 못미쳐 수우리(修隅里) 박감사(朴監使)의 묘막(墓幕)에서 행군을 멈추었다. 예성강은 이 세 개의 남쪽과 서쪽의 한강물 세 줄기가 합쳐지는 요충지로 커다란 진(津)이다. 민치오에게 이 강으로 나가서 방어하게 하고 좌기사(左騎士) 강쾌학(姜快學)에게는 황강(黃江)을 지키고 방비하게 하였다. 이때에 강화도 옛 유수가 두 전하의 어진(御眞)을 모시고 호위하여 예성강에 도착하였다.

[해설]

개성부로 철수했다가 다시 출진한 개성군은 바로 정곶으로 가지 않고 서쪽의 예성강으로 나갔다. 전임 강화유수가 강화부의 인장과 숙종과 영조의 어진을 가지고 인화보로 도주했는데, 개성군의 임무는 강화부의 인장을 인수하고, 어진을 개성부 경계까지 호송하는 것이었다. 9월 14일 프랑스군은 인화보에 상륙해서 주변의 마을들을 돌아다니고 주민들과 접촉했다고 기록했다. 주민들은 프랑스군에게 별로 적의를 드러내지 않았다. 프랑스군은 이곳에 강화유수가 있다는 정보를 얻지 못했던 것 같다. 인화보에서 전투는 벌어지지 않았지만 이인기는 두려움을 느꼈고, 빨리 어진과 인장을 인수해야 하겠다는 생각을 했던 것 같다.

프랑스군은 인화보를 지나 산이포에도 상륙했다. 그들이 겁 없이 해안마을을 답사하고 돌아다녔으므로 개성부에서 병력을 파견했을 것이다. 그러나 전 병력이 서쪽으로 갈 수 없으므로 좌기사 강쾌학에게 일부 병력을 인솔하고 남쪽의 황강으로 가서 해안을 방어하게 했다. 정곶으로 가지 않고 황강으로 보낸 것은 본대가 서쪽으로 가므로 본대의 남쪽 측면을 감시하게 한 것이다.

留相公 卽令官吏先送導駕 以朝冠出郊祗迎 權奉于館 精治木函 護衛于京 閔致五及出禮湖 先以安堵之意 曉喻浦民 登高瞭望 江華 文殊山城 火氣衝天. 海西列邑 援兵船十二隻 浮至禮成江邊 見此火氣 各自分散而歸矣 又望見山 里浦前 賊船一隻 泛在中流 閔致五 以此私通于中營所 其弟 致璜 致璉來見

유상공이 곧 관리에게 먼저 가마를 이끌어 전송하길 명령하였고, 자신은 조복과 관을 쓰고 교외에 나가서 이를 맞이하여 임시로 관(館)에 받들어 모셨다. 그리고 깨끗하게 정돈된 나무상자에 모셔 서울까지 호위하였다. 민치오가 예호(禮湖 : 예성강)에 나와서 먼저 안도의 뜻으로 포구의 백성들을 타일렀다. 높은 곳에 올라 멀리 바라보니 강화의 문수산성(文殊山城)에서

156

불기둥이 충천하였다. 황해도의 여러 고을에서 구원하기 위한 병선 12척이 예성강변에 도착하여 떠있었는데, 이 불기둥을 보고 각자 흩어져서 돌아왔다. 또 산이포(山里浦)를 바라보니 앞에 적선 1척이 중간 즈음에 떠있었다. 민치오가 중영소(中營所)에 개인적으로 연락하자 그의 동생인 민치황(閔致璜), 민치연(閔致璉)이 와서 이를 보았다.

[해설]

민치오가 본 문수산성의 불기둥은 문수산성에서 벌어진 프랑스군과의 전초전이었다. 프랑스군 기록에는 이 전투가 9월 15일에 있었던 것으로 되어 있다. 조선측 기록은 날짜가 애매하다. 조선왕조실록에는 18일 순무영에서 받은 공문을 기록하고 있는데, 이 공문으로 보면 18일에 있었던 전투처럼 이해된다. 하지만 『개성부원록』의 기록을 보면 이 전투는 최소한 17일 이전이다. 하권에 이 전투에 대한 내용이 다시 수록되어 있다.

十八日 私通內 朝江口望 水路十里之南 山里浦前 一隻賊船 宛在中央 莫生莫來 所謂大碗口連放三砲 破其來往私船等 又從小船二隻 尺水於上流 是如傾之 江華官人 奉沁留印信 自寅火津渡來 卽與指路軍眼同 封納于修隅里. 是日沁留 始爲交龜焉 初昏時 沁新留從事前 察訪 李景淵 自京過丁串 訪沁留而來 又江華經歷 船載家眷而來. 夜久江華新中軍 朴熙景 以見謁 新留 次步來 待朝明 俱入于修隅里 水賊 魯斯 自稱大英國大都督 以安據之計 付書于甲串鎭門 羅爲凱 自稱大法國大都督 付書于山里浦鎭門 竝招流散之人執船出使

18일이다. 개인적으로 연락한 내용에는 아침에 강 입구에서 보이는 바, 수로로 10리 남쪽 산이포 앞에 1척의 적선이 중앙에 정박하고 움직이지 않으면서 이른바 대완구(대포) 3발을 연속해서 발사하여, 왕래하는 민간 어선들을 격파하였다. 또 이를 뒤따르는 작은 배 2척이 상류에서 물의 깊이를 측정하고 있는 것이 마치 기울어져 있는 것처럼 보인다. 강화의 관리가 강화유수의 인신을 받들고 인화진(寅火津)으로부터 건너오자 곧바로 길안내 군인과 같이 이를 보고 수우리(修隅里)에서 봉납하였다. 이 날에 강화유수가 비로소 교대행사를 하였다. 해가 져서 어두워질 때에 강화부의 신임 유수가 일을 맡기 전에 찰방 이경연(李景淵)이 서울로부터 정곳을 지나 유수가 머물고 있는 곳을 방문하였다. 또 강화경력(江華經歷)이 집안 식구들을 배에 싣고 왔다. 밤이 깊어서 강화도 신임 중군 박희경(朴熙景)이 신임 유수를 알현한 다음에 걸어와 아침까지 기다려서 함께 수우리에 들어갔다. 해적 노사(魯斯 : 로즈 제독)가 자칭 대영국(大英國)의 대도독(大都督)이라고 하면서 편하게 있을 계획으로 갑곳 진문(鎭門)에 편지를 부쳤다. 또한 나위개(羅爲凱)는 자칭 대법국(大法國)의 대도독이라 하면서 산이포 진문에 편지를 부쳤다. 아울러 흩어진 사람들을 불러 모으고 배를 잡아서 출사하였다.

[해설]

프랑스군은 9월 15일 경 강화 수로로 항해하는 배는 무조건 나포하거나 파괴하겠다는 포고문을 작성해서 뿌렸다. 브르통 호와 타르디프 호는 갑곳에서 산이포까지 왕래하면서 수로를 감시했다. 프랑스군은 민간 어선에 포격을 한 사실은 자신들의 일기에 기록하지 않았다. 그러나 『개성부원록』에는 이들이 민간 어선들에게 발포하고 파괴했음을 말해 준다.[95] 포고문의 내용은 '자신들은 프랑스 선교사를 살해한 것에 대해 학살자를 처벌하러 온 것이다. 그러나 조선국민들은 재산과 생명을 보호하고 친구로 대할 것이라고 회유하는' 것이다. 로즈는 프랑스 제독인데, 『개성부원록』에서는 그를 영국의 대도독으로, 나위개는 프랑스 대도독으로 이해하고 있다.

---

95) 이 포고문의 전문은 박병선의 책, 136쪽에 소개되어 있다.

金鍾源 告目內 大小船十六隻 執捉都聚于柳川浦 而船人數爻成件記上送是
旀 各人等粮資 何以爲之爲乎喻 待處分擧行 計料是乎事 題曰 粮資則 行舟時
旀上下是遣 移文成送 竝爲領付後 途授以來向事

김종원(金鍾源)이 올린 보고서 안에는, 크고 작은 배 16척을 유천포에 붙잡아
모아 놓고, 선원의 숫자를 건기(件記)에 정리하여 올려 보내며, 각 사람들이
식량 자원을 어떻게 해야 할지 처분을 기다려 거행하는 것을 헤아려 볼
것이라고 되어 있었다. 이에 대한 명령서에는 식량 자원은 배를 운항할
때만 치러주고, 문서로 만들어 발송하며 또한 영솔하여 붙인 후에 길에서
주고 올 것이라고 했다.

柳川 丁串 出使 哨官 洪鎭九 告目內 今日酉時量 彼人小船一隻 上到豐德
租江口 通津租江 往還南北兩次 而水勢深淺量尺是乎事 題曰 隨所見馳告向
事 巡撫營 開坼 開城府 留守兼營使 爲相考事

유천의 정곶에 사신으로 보낸 초관 홍진구(洪鎭九)가 올린 보고서 내에는,
오늘 유시(酉時) 가량(오후 5~7시)에 이양선 중에 작은 배 1척이 위로 와서
풍덕(豐德) 조강 입구에 도착하여, 통진과 조강을 남북으로 두 차례 왕래하고
수로의 깊고 얕음의 깊이를 측정하였다고 한다. 명령서에는 본 것들을
빨리 달려와 보고할 것, 순무영을 열고 개성부 유수 겸 영사가 자세하게
살펴볼 것이라고 지시했다.

[해설]

개성군은 간신히 유천과 정곶에 배 16척과 선원들을 모았다. 이곳은
유도에 가려 갑곶에서 산이포 사이를 왕래하는 적선의 감시에서 비교적
안전한 곳이었다. 그런데 이날 소형선 한척이 조강(정곶과 통진 사이의
지역)에 2번이나 진입했다. 수심 측정을 위한 정찰활동이었지만, 조강
을 통해 도하하려던 개성군에게는 아주 불길한 소식이었다.

今此船隻 艱辛鳩聚十六隻 今日定將校 領送爲去乎 到則考還成送 以爲道信
之地 廣川里 里任 牒報內 運粮牛十匹 赴役事 題曰 大見民情之極 爲嘉尙不勝
喜悅 而第於運粮之時 當指揮向事

지금 이 선박들로 간신히 모인 것이 16척이고, 오늘 장교를 정하여 이끌고
가게 하였는데, 도착해서 고환(考還)[96]을 작성하여 보내면 믿음으로 이끄는
곳이 될 것이다. 광천리(廣川里) 이임의 첩보 속에는, 양식을 옮기는 소
10필이 부역(赴役)한 일이 적혀 있었다. 이에 대한 명령서에는 "크게 백성의
뜻이 대단한 것을 보니 기쁘기 그지없다. 다만 양식을 옮기는 때에 이를
반드시 지휘할 것"이라고 되어 있다.

嗚呼 沁都 是水府重鎭 古多殉節之賢矣 原任吏曹判書 沙磯李相公 早年寓居
玆土後還歸于江都 沙谷 癸巳 以繡衣到此 庚戌 又留守于此 前後 淸白愛恤之
蹟 銘在金石 當此異類陸突之日與 其弟 同殉節有遺疏

오호라. 강화부는 수부(水府) 중에서 중요한 진으로 옛날에 순절한 어진
사람이 많았다. 원임 이조판서 사기(沙磯) 이상공(李相公)[97]이 젊어서 우거하
였는데, 벼슬 후에 강화도 사곡으로 돌아왔다. 계사년(1833)에는 암행어사로
여기에 이르렀고, 경술년(1850)에는 또 이곳(개성부)의 유수였다. 앞뒤로
청백 애휼의 업적이 금석에 새겨 있다. 이렇게 이류(異類)가 난입한 날에
그의 동생과 더불어 같이 순절하여 유소(遺疏)가 있다.

---

96) 조선시대 세초(歲抄)에서 군사의 결원을 채우고 6년마다 이 명단을 모아서 장부에
　　반영하던 일.

97) 사기(沙磯) 이상공(李相公) : 이시원(李是遠)으로 자는 자직(子直), 호는 사기(沙磯),
　　시호는 충정(忠貞)이다. 본관은 전주(全州)인데 영의정 이수현(李壽賢)의 5대손으로
　　1815년(순조 15) 문과에 장원 급제, 성균관 전적(典籍)·사간원 정언(正言)·태천현감
　　(泰川縣監)을 지냈다. 1865년(고종 2) 이조판서에 올랐으나 나이가 많아 사퇴했다.
　　이듬해 병인양요 당시 강화성이 함락되자 약을 먹고 자결하였으며, 뒤에 영의정으
　　로 추증되었다.

이건창 생가 강화군 화도면 사기리. 이시원 형제는 이 집에서 자결했다. 집 뒤에 이시원의 묘가 있다.

[해설]

급조한 개성의 군대는 약하고, 적함의 봉쇄로 강화진입은 고사하고 통진으로의 도강도 지지부진한 상황에서 강화 사기리에 거주하던 전 이조판서 이시원이 9월 19일 둘째 아우 이지원과 함께 약을 먹고 순절했다는 소식이 전해졌다. 이시원은 유명한 강화학파 이건창 (1852~1898)의 할아버지이다. 이건창은 이때 18살이었다. 이하 기사는 모두가 이시원의 순절에 관한 기록이다. 이 기록을 끝으로 상권이 종료된다.

정부에 이시원 형제의 순절 소식이 전해진 것은 21일이었다. 고종은 교지를 내려 이들의 죽음을 애도했다. 이시원은 영의정으로 추증하고, 이지원에게는 이조참판을 추증했다. 정려문을 세우고 종친부에 명령해서 장례비용과 물품을 넉넉하게 지급하게 했다. 후손은 장례가 끝나면 바로 등용하게 했다. 병인양요가 종료된 후 강화와 개성의 수고를 포상하기 위해 강화와 개성에서 과거를 열었는데, 강화의 과거에서 이건창이 급제했다. 종친부는 부조금 외에 장례비용으로 이시원에게는 500냥과 포목 1동, 이지원에게는 200냥과 포목 10필을 보냈다.[98]

其辭曰 將死臣 宗正卿 李是遠 伏以 天塹失險 惟我肅廟 英廟兩聖御眞 蒙塵播越 未詳權奉於何處 臣民哀痛 號天罔極 臣世居此土 厚蒙國恩 今當妖氛晦塞 異類隳突之日 宜其肝臚塗地 血肉糜爛於鋒刃矢石之間 而臣今七十八歲矣 所居涯僻 病又沈綿 無路蠢動 今舁未哈之尸 與兩弟同就先父墳墓前 擧家老少 北望一慟 以眷屬付季弟與子姪 臣與仲弟前郡守止遠 歲六十六者 同爲飮藥自盡之計 以此報 國是何分義 但願身爲厲鬼 使醜類自殲於光天化日之下 臣今此且死 萬念都斷. 但願傾陽之葵 物性難奪 將死之鳥 其鳴自哀 臣聞古人有言曰 多難興邦 殷憂啓聖 又曰 無敵國外患者國恒亡 安知今日匪茹之藩舶 不爲東國匡恢之機會乎 宰相多讀書 朝廷足武臣 禦侮折衝 必有其策 以殿下英明特達之聖姿 得人委任 何患於撥亂反正廓淸腥穢乎 臣又聞 丹書曰 敬勝怠者吉 怠勝敬者滅 魯語曰 節用而愛民. 爲治之道 不在多言 顧力行如何耳 臣雖不敏自比於史魚之尸諫 豈無芹曝之愚忠乎 伏願殿下 一念一慮 一政一令 必也叅倚於敬怠之分 以節用愛民 爲成治之本 鑑先王之成憲 熙聖學而行仁政 則環東土億萬蒼生 心悅誠服 人懷敵愾之忠 直節正氣 撑宇宙 則外國之邪穢 何敢蠕蝀於太淸哉 皇恐 聖明 淵然澄省焉 臣無任泣血擾心憂慘崩迫之地

그 글의 내용은 다음과 같다. 죽음을 앞둔 신(臣) 지종정경(知宗正卿) 이시원(李是遠)이 엎드려 보건대 천험의 요새가 무너져 우리 숙종, 영조의 두 어진(御眞)을 피난시키다가 어느 곳에 임시로 봉안하였는지 모르니, 신하들과 백성들이 하늘을 우러러 울부짖으며 끝없이 슬퍼하고 있습니다.

신은 대대로 이 땅에 살면서 나라의 은혜를 두텁게 입었습니다. 이제 요기(妖氣)가 어둡게 드리우고 외국의 무리들이 제멋대로 침입하여 설치는 때이니, 마땅히 머리가 부서지고 살이 찢어져 선혈이 물들도록 칼날과 화살 속에서

---

98) 『고종실록』 권3, 고종 3년 9월 22일 무인.

적들과 싸워야 합니다.

그러나 신은 나이 78살인데다 사는 곳이 궁벽하고 병도 점점 심해져 조금도 움직이지 못하고 있습니다. 그래서 죽기 전에 형제들과 함께 돌아간 아버지의 분묘에 가서 온 가족 노소(老少)가 대궐이 있는 북쪽을 바라보며 한바탕 통곡하고 집안 식구들을 막내 아우와 자질(子姪)들에게 부탁하였습니다. 신은 전 군수(前郡守)로 66살 된 둘째 아우와 함께 약을 마시고 자진할 계획을 세웠습니다. 이렇게 나라의 은혜에 보답하려 하는 것이 무슨 분의(分義)가 되겠습니까? 다만 바라는 것은 이 몸이 사나운 귀신이 되어 이 밝고 밝은 세상에서 저 추악한 무리들로 하여금 스스로 섬멸되게 하려는 것뿐입니다. 신이 이제 죽으려 하니 만 가지 상념이 모두 끊어집니다. 그러나 태양을 향하는 해바라기의 마음을 어떤 것으로도 빼앗을 수 없으며, 죽음을 앞둔 새는 울음소리가 절로 슬프기 마련입니다.

신이 듣건대 옛 사람은 '어려운 일을 많이 겪으면 나라가 흥하고 큰 재난을 겪고 나면 임금이 분발한다.'라고 하였고, 또한 '적국의 외환(外患)이 없는 나라는 항상 망한다.' 하였으니, 오늘 오랑캐 선박의 침략이 우리나라가 흥성할 기회가 아님을 어찌 알겠습니까? 재상들은 글을 많이 읽었고, 조정에는 무관들이 충분하니 적의 침략을 막기 위한 방책이 틀림없이 있을 것입니다. 전하께서는 영명하고 뛰어난 성인의 자질을 갖추었으니, 적임자를 얻어 맡긴다면 어지러운 세상을 다스려 태평스러운 세상으로 회복시키고 추악한 무리들을 깨끗이 제거해 버리는 것에서 무슨 걱정이 있겠습니까? 신은 또 듣건대 『단서(丹書)』에, '공경이 게으름을 이기면 길(吉)하고, 게으름이 공경을 이기면 멸망한다.' 하였고, 『노론(魯論)』에, '비용을 절약해서 백성들을 사랑해야 한다.' 하였습니다. 나라를 다스리는 도(道)는 말을 많이 하는 데 달려있는 것이 아니라 어떻게 힘써 행하는가에 달려 있을 뿐입니다. 신은 비록 사어(史魚)가 죽음으로 간한 것과 스스로 비교할 수 없으나 어찌 하찮은 충성심을 발휘할 것이 없겠습니까?

엎드려 바라건대, 전하께서는 한 번의 생각, 하나의 계책, 하나의 정사,

하나의 명령에 있어서도 반드시 경(敬)과 태(怠)의 구분을 참작하시고, 비용을 절약하고 백성들을 사랑하는 것을 정사의 근본으로 삼으소서. 선왕(先王)의 법을 거울로 삼고, 성학(聖學)에 비추어 인정(仁政)을 행하소서. 그렇게 되면 온 나라 수많은 백성들이 마음으로 기뻐하여 성심으로 복종하며 사람마다 적개심을 품고 충성스러운 마음을 가질 것입니다. 곧은 절개와 바른 기풍으로 우주(宇宙)를 지탱한다면, 외부에서 들어온 사악하고 더러운 무리들이 어찌 감히 맑은 하늘에 무지개 일어나듯이 할 수 있겠습니까? 밝으신 전하께서는 깊이 살펴보소서. 신은 칼로 도려내는 듯한 슬픔과 가슴이 무너지는 듯한 울분을 이길 수 없습니다."라고 하였다.

又 遺詩四絶曰
長江失險內城空 宮殿腥塵穢氣中 忍認御眞播越路 吞聲野老淚沾胸
南門殉節有金公 忠義扶持我大東 是夜淸明天有意 昭森星月照丹衷
一死重於百萬兵 萊城倭惱宋公名 身爲厲鬼能殲敵 莫道鴻毛七尺輕
禮樂河間積德公 後孫敢墜故家風 綱常二字扶而去 兄弟從容携手同

또 유시(遺詩 : 죽는 사람이 남긴 시) 네 절구(絶句)99)에서 말하기를,100)
장강(長江)의 험난함을 잃었더니 내성(內城)이 텅 비었다.
궁전(宮殿)이 더러운 먼지 뒤집어쓰고 역겨운 기운에 휩싸였네.
차마 어진(御眞)이 난을 피해 길 떠났음을 인정하랴
소리 삼켜 흐느끼는 시골 늙은이, 눈물이 가슴을 적시네.
남문(南門)에서 순절한 김공(金公)은

---

99) 한시체의 하나. 절구는 오언절구와 칠언절구로 구분된다. 오언·칠언 다같이 기(起)·승(承)·전(轉)·결(結) 4수로 이루어진다.
100) 이 시는 프랑스 함대가 강화도성(江華都城)을 포격하고 관군들이 도망친 뒤 사당(祠堂)에 하직하고 동생인 이지원(李止遠)과 김포 우거에서 간수를 마시고 자결했던 이시원(李是遠, 1790~1866)이 남긴 「강도성이 함락된 후 짓다[江都城陷後作]」이다. (『沙磯集』冊二, 城陷後作 丙寅 九月) 그는 조정 대신을 각성시키고 백성들을 독려하고자 스스로 목숨을 끊었다.

그 충성과 의로움이 우리나라 보살피니

이 밤의 청명한 하늘에 뜻이 있어

총총히 반짝이는 별빛과 달빛 그 붉은 마음을 비추고 있네.

한 번 죽음은 백만의 병사보다 무거운데

동래성[萊城] 왜놈들은 송공(宋公, 宋象賢을 가리킨다) 이름 두려워하였네.

몸은 귀신이 되어 능히 적을 섬멸하리니

일곱 자 몸이 새 털처럼 가볍다하지 마라.

악을 숭상한 하간헌왕(河間獻王, 중국 한나라의 종실), 적덕공(積德公, 문의 시조인 덕천군의 시호)이여

후손이 감히 옛 가풍을 추락시키리오.

강상(綱常) 두 글자를 붙잡고 가리니

형제가 조용히 손을 맞잡았네.

惟我聖朝特贈 領議政 諡曰 (결락) 當時文士 奉和原韻者多矣 按李相公 季弟 遠記云

우리 성조에서 특별히 영의정에 추증하고 시호는 (결락) 당시 문사들이 시에 화답한 자가 많았다. 이상공을 생각하면서 막내동생 이희원(李喜遠)이 쓰다.

丙寅 九月初八日 洋賊陷沁都城 而外村不知

병인 9월 초 8일이다. 서양의 적들이 강화성을 함락하였는데 바깥 촌락은 이를 알지 못하였다.

初九日 聞留守出城御眞移奉於山寺 或云向喬桐 或云向松都 而皆未詳痛哭

초 9일이다. 유수가 강화성을 나가 어진을 산 속의 절로 옮겨 봉안하였다고

들었는데, 어떤 사람은 교동(喬桐)을 향했다고 하고, 어떤 사람은 개성으로 향하였다고 한다. 모두 자세하지 않지만 아주 슬프다.

初十日 伯兄自沙谷來 乾坪 仲季家 以毒藥自隨

초 10일이다. 큰 형이 사곡(沙谷)에서 독약을 마시고 자결하는 일을 의논하기 위해 건평 둘째 형의 집으로 왔다.

十一日 伯兄 拜訣 乾坪 先墓

11일이다. 큰 형이 건평에 있는 조상들의 묘에 절하고 이별하였다.

十二日 遺命治喪勿備禮草遺疏

12일이다. 상례를 치르는 것을 예의까지 갖추지 말라는 유언을 남기고 유소(遺疏) 초고를 쓰다.

十三日 仲兄白伯兄曰 欲爲厲鬼以殺賊 弟亦受恩典郡縣矣 願從兄主云則 伯兄莞爾而許之 遂定同殉之計

13일이다. 둘째 형이 큰 형에게 진솔하게, "귀신이 되어서 적을 죽이고 동생 또한 군현(郡縣)의 은전을 받고자 합니다. 원컨대 형을 따르겠습니다." 라고 하니, 큰 형이 빙그레 웃으면서 그것을 허락하였다. 드디어 같이 순절할 계획을 정하였다.

十四日 命三家老少內外眷屬 以木道盡 會沙谷使之發行

14일이다. 세 집의 늙고 젊은 내외의 식구들에게 명령하여 도리를 설명하고 사곡(沙谷)에서 모여서 떠날 수 있게 하였다.

十五日 書遺疏

15일이다. 유소(遺疏)를 쓰다.

十六日 裁親戚書遺訣 還送數家墓文未成本草者

16일이다. 글을 지어 친척에게 편지를 남기고 이별하다. 여러 집에 돌려보냈다. 묘지문(墓誌文)을 아직 완성하지 못하다.

十七日 還次沙谷

17일이다. 사곡으로 돌아왔다.

十八日 仲兄自乾坪 會沙谷 夜潮三家內外眷屬來會沙谷

18일이다. 둘째 형이 건평에서부터 사곡으로 모였다. 밤에 조수를 타고 세 집의 내외 식구들이 사곡에 모였다.

十九日 哭家廟 和藥不驗 午後更進 戌時伯兄皐復 亥時仲兄皐復

19일이다. 가묘(家廟)에서 곡을 하고 약을 나누어 먹었는데 효과가 없었다. 오후에 다시 나가서 술시(저녁 7시~9시)에 큰 형을 고복(皐復)하고,[101] 해시(밤 9~11시)에는 작은 형을 고복(皐復)했다.

次韻中 直長 意齋 王錫疇詩曰

---

101) 죽은 사람의 혼을 부르는 의식으로서 초혼(招魂)이라고도 함.

穢氣腥塵自此空　長江得險內城中　吞聲大老沾襟淚　播越御眞尙痛胸
忠義扶持孰似公　南門殉節昔聞東　昭森星月淸明夜　天意丁寧此感衷
萊城倭慴宋公兵　一死重於敵萬名　莫道鴻毛七尺小　不爲厲鬼能殲輕
後孫不墜先賢公　禮樂河間有古風　兄弟從容攜手處　綱常二字去扶同

차운(次韻)한 것 중에 직장(直長) 의재(意齋) 왕석주(王錫疇)의 시에는,
역겨운 기운과 더러운 먼지 풍겨 이로부터 텅비게 되었고
장강은 내성 안에서 험한 꼴을 얻었구나.
소리 삼켜 흐느끼는 대로(大老)의 눈물로 가슴 적시니
어진이 난을 피해 길 떠나서 더욱 가슴 쓰리네.
충의를 붙드는 것을 그 누가 공이라 했나
남문(南門)에서 순절한 것을 옛날 동쪽에서 들었소.
반짝이는 별과 달로 청명한 이 밤에
요절하는 뜻을 정녕코 여기서 느끼기에 충분하네.
동래성[萊城]에서는 왜놈들은 송공(宋公) 이름 두려워하였네.
한 번의 죽음이 백만 병사보다 무거운데
일곱 자 몸이 새 털처럼 가볍다하지 마라.
귀신 되어 능히 가볍게 섬멸하지 못하랴
후손은 선현공(先賢公)의 위상 추락시키지 않으니
예악 숭상한 하간헌왕(河間獻王, 중국 한나라의 종실)이 고풍(古風)을 지닌
것 같다.
형제가 조용히 손 맞잡은 곳에서
강상(綱常) 두 글자를 같이 붙잡고 가겠다.

丁山 朴元友詩曰
萬事沁都一劫空　江聲嗚咽亂雲中　分將數掬忠臣淚　灑盡東方烈士胸
憶昔宋金兩節公　南門之上東萊東　極憐憤鬱蒼黃際　易地同然各盡衷

忠膽義肝壓萬兵 淸高剛直素聞名 平生操守原如此 身後何須較重輕
蒼蒼無語有天公 山岳應摧立節風 夜夜沙岡松柏月 鶺鴒悲哭往來同

정산(丁山) 박원우(朴元友)의 시에는,

만가지 일의 심도(沁都 : 강화도)에 한 번의 재앙으로 텅 비었고
강물소리는 어지러운 구름 속에 오열한다.
장수 나누고 자주 가리니 충신의 눈물이여
동방 열사의 흉중에 남김없이 뿌려지리라.
옛날을 회고하니 순절하신 두 분 송(宋)공과 김(金)공
남문(南門)의 위와 동래(東萊)의 동쪽이라
극도로 애달프고 분하며 황망할 때
장소는 다르지만 같은 마음 각각 충정 다했네.
충성스러운 마음 의로운 간담으로 만 명 병사 진압하니
맑고 높은 강직함은 평소의 들었던 이름이다.
평생 지조 지킴이 원래 이와 같으니
돌아가신 후라도 어찌 그 경중을 비교할 수 있으랴.
창창하게 말없으나 하늘이 알 것이니
산악이라도 응당 꺾일 것이나 절개의 풍모 우뚝 솟을 것이다.
밤마다 사강(沙岡)의 소나무 잣나무에 달뜨는데
할미새들 슬피 울며 오가고 있네.

靑下 閔致五詩曰
書燈耿耿曉窓空 追拜先生一夢中 孝悌謙恭忠義字 分明記得印心胸
晩生私淑慕吾公 掩卷三嘆悵望東 旋整衣冠兀然坐 心香一瓣訴愚衷
昇平日久未防兵 所寶江都何等名 一陣黑風誠可愕 忽來忽去任他輕
泉谷仙源仰數公 沙礦伯仲故家風 煌煌史筆應書直 千百年來節義同

청하(靑下) 민치오(閔致五)가 시 짓기를,

책상 등불 가물거리고 새벽 창은 깜깜한데
추배(追拜)했던 선생을 꿈속에서 뵙는다.
효제(孝悌), 겸공(謙恭), 충의(忠義) 글자가
마음 속 깊은 곳에 아로 새겨 기억되리니.
후배가 사숙(私淑)하여 우리 공(公)을 사모하니
책 덮고 여러 번 감탄하며 한스럽게 동쪽을 바라보네.
갑자기 의관(衣冠)을 정제하고 올연히 앉았으니
한 조각 마음 향기 가슴 속에 하소연하네.
평화스런 날 계속되어 미처 방비 갖추지 못했더니
보배로 여기던 강도(江都)가 어떻게 되었는가.
일진(一陣)의 흑풍(黑風)이 진실로 두렵구나.
홀연히 왔다 감이 오직 그들 뜻에 달렸네.
천곡공(泉谷公)102)과 선원공(仙源公)103) 우러러 사모하니
사기공(沙磯公)104) 형제에게 옛적 가풍(家風) 느껴지네.
밝은 사필(史筆)로 올곧게 서술하리니
천 백년 내려온 절의(節義) 항상 같으리라.

老樵 姜載璜詩曰
穢氣腥塵一掃空　忠臣大節立天中　鵑原落日雙行淚　絶勝英雄萬甲胸
先天丙運有金公　殉節聲名冠吾東　三百年間如一日　大江星月照誠衷
倭賊聞風自却兵　只稱姓宋敢稱名　分明萬古睢陽節　山海爲秤較重輕
崧嶽降靈誕幾公　堂堂忠義古來風　寒鄕末學叅謀者　携手當時恨未同

노초(老樵) 강재황(姜載璜)이 시 짓기를,

---

102) 천곡공(泉谷公) : 송상현(宋象賢)의 호이다.
103) 선원공(仙源公) : 김상용(金尙容)의 호이다.
104) 사기공(沙磯公) : 병인양요 때 강화도의 함락을 울분을 느끼어 자살한 이시원(李是遠)의 호이다. 이때 동생인 이지원(李止遠)도 함께 자결하였다.

역겨운 기운과 더러운 먼지 말끔히 씻어내고
충신 대절(大節)을 하늘 가운데 세운다.
해 저무는 할미새 언덕에서 두 줄기 눈물 흐르니
절승(絶勝)한 영웅의 가슴, 단단한 각오 새겨있네.
선천(先天) 병운(丙運)에는 김공(金公)105)이 있어서
순절(殉節)의 명성이 우리나라의 으뜸이라.
3백년 간 세월이 하루와 같고
큰 강에 별빛 달빛, 성충(誠衷)을 비추네.
왜적(倭賊)이 풍문 듣고 스스로 병력 퇴각하니
송씨(宋氏) 성(姓)만 칭할 뿐 감히 이름을 부르랴
만고(萬古)에 분명한 수양성(睢陽城)106)의 절개이니
산과 바다를 저울삼아 그 경중을 견주랴.
송악(崧嶽)에 강령(降靈)하여 탄생시킨 공(公)이 얼마인가
당당한 충의(忠義)는 옛부터의 풍모인데
쓸쓸한 시골 말학(末學)으로 참모(參謀)하는 자
손잡고서 당시의 한(恨)을 함께 하지 못했네.

進士 壽園 崔大顯詩曰
舊聞殉節夢魂空 幾許誠臣板蕩中 最是我公見今事 令人感泣撫心胸
勤職平常好奉公 搢紳楷範冠吾東 臨終尸諫知多少 星月分明照悃衷
仁干義櫓不須兵 詔後故遺身後名 一死誰云容易事 鴻毛重處泰山輕
河間禮樂有先公 克繼淸聲百世風 嗚咽江流流不盡 鶺鴒飛哭一般同

---

105) 김공(金公) : 병자호란 때 묘사(廟社)의 신주를 받들고 빈궁·원손을 수행해 강화도
에 피난했다가 이듬해 성이 함락되자 성의 남문루(南門樓)에 있던 화약에 불을
지르고 순절하였던 김상용(金尙容)을 가리킨다.
106) 수양성(睢陽城) : 장순(張巡)과 허원(許遠) 등은 당나라 현종(玄宗) 때의 명신(名臣)으
로, 안녹산(安祿山)의 난에 수양성(睢陽城)을 굳게 지키다 순국하였다.

진사(進士) 수원(壽園) 최대현(崔大顯)이 시 짓기를,

옛날에 순절한 분은 꿈속 혼으로 허공 떠돈다고 들었고

충성스런 신하가 정사의 어려움 속에 얼마나 있음을 알겠는가.

이것이 지금 우리 공(公)의 사세(事勢)이니

눈물 자아내게 하며 마음 속 깊은 곳까지 어루만지네.

평소 직무를 부지런히 하며 공사(公事) 받드는 것을 좋아하니

조정 백관 아름다운 모범으로 우리 동방 으뜸이 되며

죽음에 임하여 시체가 되어서도 임금에게 바른 말 하는 것이 얼마인지
모르고

별빛과 달빛은 분명 충심(衷心)을 비추네.

인의로 방패를 삼으면 꼭 군대가 필요한 건 아니니

즉은 뒤의 명성이나 후세에 알리려네.

한 번 죽는 것이 누가 쉽다 했나

기러기 날개털보다 무겁기도 하고 태산(泰山)보다도 가볍기도 한 것을.

예악 숭상한 하간헌왕(河間獻王)이 공(公)보다 앞서 있었고

청성(淸聲)을 이어서 백세(百世) 풍모로 삼고자 하니[107]

흐느끼는 강물 소리 흘러도 다함없으며

저 할미새 날고 우는 것이 일반(一般)과 같다네.

玉圃 金相鼎詩曰

水國秋天澹若空 何來穢氣滿江中 但令今日干城在 方略恢恢萬甲胸

緬思昔日保釐公 淸白治聲冠海東 政値國家無事際 先生原自秉丹衷

壬丙年間摠用兵 堂堂忠義孰留名 南門之上東城裏 金宋兩公較重輕

---

107) 청풍계(淸風溪)를 가리킨다. 청풍계는 인왕산 아래 현재 서울시 종로구 청운동
일부 계곡을 포함한 지명이었다. 푸른 단풍나무가 많아서 청풍계라고 했는데
병자호란 때 강화도에서 순절한 김상용(金尙容)의 집터를 의미하는 것으로 뜻이
바뀌었다.

泰岳貞忠又見公 鶺鴒飛處動高風 從來崇節朝家制 俎豆千秋禮享同

옥포(玉圃) 김상정(金相鼎)이 시 짓기를,

수국(水國)의 가을 하늘 맑기가 텅 빈 것 같고

어디서 온 더러운 기운 강 속에 가득하네.

다만 오늘 믿음직한 인재 있으니

거대한 방략(方略)이 마음속에 새겨져 있네.

옛날에 보전하고 다스리던 공(公)을 아득히 회고하니

청백(淸白)하게 잘 다스렸다, 명성이 해동(海東) 으뜸이라.

나라 다스리는 도리는 무사(無事)한 때라도

선생은 원래부터 충심(衷心)이 가득했다.

임진년과 병자년간 용병(用兵) 총괄하였으니

당당한 충의(忠義)는 누가 명성 남겼는가.

남문(南門 : 강화성의 남문)의 위와 동성(東城 : 동래성)의 안쪽이라

김(金)과 송(宋)의 두 공의 경중을 비교하랴.

태악(泰岳)의 정충보국(貞忠報國), 공(公)에게서 또 뵈오니

할미새 나는 곳에 높은 바람 불어온다.

종래 절개 숭상은 조가(朝家)의 제도이니

제사로써 천추(千秋) 동안 예향(禮享)하는 것 같다네.

開城赴援錄 下

丙寅 九月十九日 領井浦守防哨官 韓德敎 所告內 傳聞則 昨日 甲串鎭前
所在賊船中小艇兩隻泛過于通津 文殊山城 西門外 江邊故 廣州砲手等 結陣
是如可 放殺其船漢四五十名 則賊漢 幾十名 登陸逐來故 砲手等 散入城內則
賊漢 燒其西門 與門外村家 而村民死者三人云

병인년 9월 19일이다. 영정포 수방초관(守防哨官) 한덕교(韓德敎)의 보고서
내용에는 전하여 듣기에 어제 갑곶진 앞에 있는 적선 중간과 소형 크기의
배 두 척이 통진을 지나 문수산성 서문 밖 강변으로 이동하였기에 경기도
광주(廣州)의 포수 등이 진(陣)을 짜서 대비하였다가, 그 뱃놈 40~50명을
쫓아내어 죽였다. 당시 적놈 수십 명이 육지에 올라 쫓아오기에 포수들이
흩어져서 성안에 들어가니, 적놈이 서문과 그 문 밖의 촌가에 불을 질러서
촌에 사망자가 3명이라고 한다.

[해설]

9월 17일 문수산성에서 벌어진 전투를 영정포 방어책임자인 한덕교가
듣고 개성부로 보고한 내용이다. 프랑스군과 내통하는 천주교도들의
정보로 프랑스군은 조선의 지원군이 편성되고 파견된 것이 사실이라는
것을 확인했다. 프랑스군이 유력한 상륙지점으로 예상한 곳은 산이포
와 승천포였다. 2척의 전함이 이 일대를 왕래하며 포격을 해 조선군의
사기를 제압하려고 했다. 그러나 동쪽인 갑곶나루도 무시할 수 없었다.
갑곶나루는 군함으로 강을 차단하는 것만으로는 미덥지 못해서 갑곶나
루를 감제할 수 있는 문수산성을 선점하려고 했다. 강화도 쪽은 고지가
낮아서 조선군이 문수산성에 포진하고 포격을 하면 강화도 쪽에서는
갑곶을 방어하기가 어려워지기 때문이다.

프랑스측 기록은 날짜에 오류가 있다. 이들은 15일에 문수산성에 상륙
했으나 전투를 벌이지 않고, 문수산성 입구의 마을 2곳을 방문했다고
한다. 그리고 전투가 벌어진 날은 9월 21일이며 아침 7시 반에 상륙했다
고 한다. 조선 측 기록인 순무영의 보고와 양헌수의 회고에 의하면

문수산성 전투 장면 쥐베르 그림

15일 프랑스군의 상륙에 대해서 언급이 없다. 날짜는 조선 측 기록이
정확하다고 보여진다. 프랑스군 기록은 보고서의 날짜를 전투날짜로
착각했을 수 있다. 단 시간은 프랑스군 기록이 정확할 것이다. 조선은
17일 오전 9시에서 11시라고 했는데, 프랑스군은 정확한 상륙시간이
오전 7시 반이었다고 한다. 보트 3척(조선군 기록은 4척이라고 했지만
3척이 맞다)에 분승한 프랑스군이 갑곶나루를 마주보고 있는 산성
선착장으로 상륙해서 산성 남문으로 접근했다. 이를 발견한 문수산성
의 별장이 즉시 문수산성에 파견되어 있던 순무영군에게 연락을 했다.
순무영 측에서는 초관 한성근과 집사인 별무사 지홍관이 별파진 병사
50명을 거느리고 문수산성에 지원 나와 있었다. 별무사 지홍관은 양헌
수가 신뢰하는 무관이었던 것 같다. 양헌수가 통진에 도착해서 프랑스
군에게 철수를 요구하는 격문을 지어 보냈는데, 이 문서의 전달을
맡은 사람이 지홍관이었다. 그는 갑곶에서 프랑스군에게 손짓을 해서
적과 접촉한 뒤에 적함에 가서 술대접까지 받고 돌아왔다. 그는 프랑스
군함에서도 아주 소탈하게 행동했을 정도로 대담한 무관이었다.[1]

한성근은 봉상시 봉사(7품관)였다. 그는 양헌수 부대와는 별도로 흥선대원군의 명령을 받고 경기도 광주의 별파진 50명을 데리고 와서 순무영군에 합류했다. 그는 16일에 도착했는데 바로 문수산성으로 배치 받은 상태였다.[2]

이들은 급히 남문 쪽으로 달려갔는데 성안으로 미처 들어가기 전에 막 선착장으로 상륙하려고 하는 프랑스군과 조우했다. 지홍관과 한성근 부대는 앞에 있는 보트 2척을 향해 일제사격을 가했다. 조선군은 프랑스군이 100여명이 넘고, 이 사격으로 적군 50~60명이 쓰러졌다고 했다. 이는 프랑스군이 사격을 받고 즉시 엎드린 것을 총을 맞은 것으로 잘못 판단한 것 같다. 프랑스군 병력은 70명 정도였다. 프랑스 측에서는 갑작스런 폭발음이 들리면서 소총수 부대 중사 1명이 즉사했다고 기록한 것을 보면 순무영군의 접근을 미처 보지 못했던 것 같다. 양측의 사격전이 벌어졌다. 화승총의 발사속도는 1분에 1~2발 정도이므로 일제 사격 후 조선군이 다시 장전하는데는 시간이 걸렸다. 그 틈에 프랑스군이 반격했다. 프랑스군의 사격에 조선군 병사 3명이 전사하고 2명이 부상했다. 프랑스군 소총은 남북전쟁 직전에 개발된 강선이 들어간 전장식 소총이었다. 조선의 화승총에 비해 발사속도도 빠르고, 정확도와 사거리가 획기적으로 향상되었다. 유효 사거리가 5배 이상 길어졌다. 조선군이 사용하는 화승총은 유효사거리가 25~50m였지만, 프랑스군 소총의 사거리는 150m가 넘었다. 양헌수는 양국 소총의 차이를 백보와 오백보(최대 사거리인 듯함)라고 5배의 차이로 지적했다. 기세에 눌린 조선군은 후퇴했고, 프랑스군은 성문으로 진격했다. 이날 전투에서 프랑스군은 2명이 전사하고, 1명이 부상했다.

양헌수의 기록에는 프랑스군이 포수 한 명을 잡아갔다고 하는데 『조선왕조실록』에는 이 기록이 없다. 사망자의 이름은 최장근, 김달성, 오준성이다. 순무영군이 성 안으로 후퇴하자 프랑스군은 불을 질러 남문과 부속건물, 민가 29채를 태우고 후퇴했다. 현재 문수산성에는 서문과

---

1) 쥐베르, 『프랑스 군인 쥐베르가 기록한 병인양요』, 72쪽.
2) 양헌수, 『국역하거집』 권1, 출전일기 9월 16일, 52쪽.

동문은 복원되어 있지만 남문은 터로 추정되는 빈터만 남아 있다. 정부는 한성근과 지홍관을 나중에 포상하게 하고 전사자에 대해서는 장례를 후하게 치르고 유가족을 돌보아 주라고 지시했다.[3] 그러나 조선정부의 보상액은 충분치 못했다. 유가족에게 지급된 것은 10냥과 목면 3필이었다.[4]

한덕교는 이 전투를 사람을 통해 전해들은 것 같다. 내용에 약간의 오류가 있다. 전투가 벌어진 날이 18일로 기록되어 있다. 이는 순무영의 기록과 같지만, 전투가 벌어진 장소가 남문이 아닌 서문으로 기록되어 있다. 적군 수십명을 죽였다는 오보도 그대로 전해지고 있고, 군인이 아닌 촌민 3명이 죽었다고 했다. 민간인 사망은 정부기록에서는 21일에 확인된다. 문수산성 안 갑곶나루의 바로 위쪽에 있던 문수진의 백성 4명이 사망하고 2명이 행방불명되었다.

留相公題曰 另加詳探聞速馳報事

유상공의 명령서 : 특별히 잘 살피고 탐문한 후에 빨리 달려와 보고할 것

同日 禮成江留 閔致五 登高瞭望則 山里浦前泊一大賊船 放砲一聲向入舊豊德 興天浦口 而其浦嶺前遮故 泛泛其影 因忽不見矣 又聞砲響隱隱 閔致五 卽以此形止 私通于修隅里

같은 날 예성강에 머물러 있던 민치오가 높은 곳에 올라가 먼 곳을 관찰하니, 산이포[5] 앞에 정박한 커다란 적의 배가 대포를 한 방 쏘아 그 소리가 옛 풍덕(豊德)에까지 들렸다. 흥천포구(興天浦口)의 고개 앞 쪽이 가려져 있기 때문에, 배가 떠 있는 그림자가 갑자기 보이지 않게 되었다. 또 대포를

---

3) 『고종실록』 권3, 고종 3년 9월 19일 을해.

4) 『고종실록』 권3, 고종 3년 9월 21일 정축.

5) 산이포는 한자로 山里浦, 山伊浦 등으로 표기했다.

문수산성 서문 남문은 현재 복원되어 있지 않다.

쏠 때 들리는 음향이 멀었다. 민치오는 곧바로 정탐한 내용을 수우리[6]에 개인적으로 알렸다.

[해설]

어진을 맞이하기 위해 예성강으로 나갔던 민치오가 문수산성의 불기둥을 관측한 이야기는 상권에도 나온다. 민치오의 목격담이 표현을 달리해서 반복되고 있다. 이것은 『개성부원록』의 저자가 주요한 사건이 있을 때마다 민치오의 이야기를 의도적으로 집어넣고 있음을 보여준다. 『개성부원록』은 여러 사람이 편찬에 참여했을 가능성이 있는데, 이런 중복게재와 인칭의 미변환과 같은 사소한 실수들이 조금씩 발견되는 것을 보면 최종적인 교열작업을 마치지 못한 것 같다.

---

6) 개성군 남면 수우리. 물가에 있는 마을이라는 의미로 커다란 저수지인 옥련지의 서쪽이다.

留陣所回通內 卽到通辭 轉達于營門計料 此後沿邊各浦探知 彼賊猖獗之所
爲隨 卽通及如何事 至半晌 賊船還泊于山里浦前 閔致五 復以此意 連通于留
陣所 已而中軍 具然泓 出陣于禮成江 私處 於前守門將劉漢奎家 軍兵分置於
閣舍

유진소(留陣所)에서 되돌아온 보고서에는 〈정부에서〉 통보한 내용이 도착
한 뒤 영문(營門)에 전달해서 따져보라고 했다. 이후에 바닷가 각 포구를
정찰하여 이양선이 창궐한 곳을 따라 곧바로 상황을 알렸다. 한참 있다가
적의 배가 다시 산이포 앞에 정박하였다. 민치오는 다시 이 상황을 유진소에
연락하였다. 이미 중군 구연홍이 예성강에 나가 진을 쳤는데, 머무는 곳은
전 수문장 유한규의 집이며, 〈이곳에서〉 병력을 나누어 각사(閣舍)에 머물게
하였다.

沁留 李章濂 尙在修隅里 此時海霧夜夜漲空 坤申風 作火攻之機 正値其會
閔致五 言於中軍曰 此軍本爲赴援沁留 而前日 沁留未現故 嘗未發論 今則可
以言矣 令監度內若何 中軍曰 其如弱卒何 閔致五曰 此卒一不遷動 此浦有大
同格軍三百名 皆慣水而善行舟者 而今多闕額云 抄其所存足以當事也 中軍
旣聞顚末曰 眞賢士也 至於明朝則曰 此擧浩浩蒼蒼 閔致五 項項不勝噬臍
有頃官文輒至 中軍見罷 一軍還歸本營之下 長湍府使 申檲兼 中軍矣

강화유수 이장렴은 아직 수우리에 있었다. 이때 바다 안개가 밤마다 하늘에
가득차고, 남서풍이 불어 화공(火攻)할 기회가 생겼다. 마침 회의를 하게
되었을 때에 민치오가 중군에게, "우리 부대는 원래 강화유수를 돕기 위해
온 것인데, 전날에 강화유수가 나타나지 않아 아직 〈작전을〉 논의하지
않았지만 지금은 가능하겠습니다. 영감(令監)께서 내부를 살피시니 어떠신
것 같습니까?"

중군　　"허약한 군인들 같으니 어찌해야 하겠습니까?"

민치오　"이 군졸들은 일체 움직이지 않습니다. 이 포구에는 대동격군(大同

格軍) 300명이 있는데, 모두 물에 익숙하고 배를 잘 모는 사람들입니다. 지금 빠진 인원이 많다고는 합니다만, 지금 있는 인원에서 가려 뽑아도 현 사태를 담당하는데 문제가 없겠습니다.

중군이 이미 일의 전말을 듣고, "참으로 현명한 선비이십니다. 내일 아침 날이 밝으면 이번 병력 동원이 하늘처럼 넓고 훌륭하게 이루어질 것입니다." 민치오는 멍하게 후회스런 표정을 떨치지 못했다.[頃頃不勝噬臍]7) 얼마 있다가 관문(官文)이 갑자기 도착하였다. 중군이 파직되고, 한 부대는 본영의 아래로 돌아가 복귀하였다. 장단부사(長湍府使) 신숙(申橚)8)이 중군을 겸하였다.

[해설]

민치오는 중군 구연홍과 개성군의 작전을 논의했다. 민치오는 개성군의 전투력이 약하니 이들은 이곳에 그대로 둬서 움직이지 말고, 대신 예성강의 대동격군(대동미를 나르는 일을 전문으로 하는 선원) 300명을 동원해서 사용하자는 건의를 했다. 중군은 민치오의 의견에 감탄하고, 내일 날이 밝으면 민치오의 계획이 잘 실행될 것이라고 대답했다. 그런데 민치오는 이 말을 듣고 후회했다고 한다. 이 민치오가 후회했다는 문장은 앞뒤 문맥으로 보면 어색하다. 구연홍과 민치오의 대화는 잘 이루어져 민치오가 후회할 일이 없다. 그런데 구연홍이 구체적인 방안을 얘기하지 않고 "호호창창(浩浩蒼蒼)"이라는 식의 추상적인 대답을 한 것으로 봐서 구연홍이 구체적인 실천의지가 없이 그냥 좋은 의견이라고 칭찬했던 것이 아닌가 싶다. 민치오는 구연홍의 본의를 파악하고 실망했던 것 같다. 아니면 민치오의 계책을 구연홍이 자신의

---

7) 서제(噬臍) : 배꼽을 물어뜯으려 하여도 입이 닿지 아니한다는 뜻으로 후회하여도 이미 때가 늦음을 이르는 말.

8) 신숙(申橚) : 한말의 무신. 1825년(순조 25)생. 무과에 급제하고 철종 4년 대흥중군을 지낸 적이 있다. 선전관, 천총을 지냈다. 1866년 6월 장단부사가 되었다. 10월에는 무신으로서 승지가 되었다.

아이디어로 전용하려는 태도를 보여서 실망했던 것일 수도 있다. 아마 민치오 자신이나 이 글의 편집자가 구연홍을 비난하게 되는 것을 피하려고 애매하게 표현하다 보니 문맥이 이상해진 것 같다.

그런데 다음 날 아침 갑자기 공문이 내려와 구연홍이 파면되었다. 이날은 20일이라고 여겨지는데, 조정에서 구연홍의 파면 결정이 내려진 것은 9월 19일이었다.[9] 공문이 하루 만에 전달되었던 것을 알 수 있다.

二十一日 留相公 迎上使魁齡 副使希元之行中 安頓于太平館 翌朝發行兼中軍 申橚 以護行將從去而軍兵段 休息其家 惟左別武士多有村人故 給粮資留置於拱辰亭 以備待令焉

21일이다. 유상공이 〈청나라의 칙사인〉 상사 괴령(魁齡), 부사 희원(希元)의 행렬을 맞이하여 태평관(太平館)[10]에 편안하게 휴식하도록 하였다. 다음날 아침에 출발하였는데 〈장단부사〉 겸〈대흥〉중군(兼中軍) 신숙이 호행장(護行將)으로 따라가고 군인들은 그 집에서 휴식하였다. 오직 좌별무사가 촌사람이 많았기에 양식을 지급하고 공진정(拱辰亭)[11]에 남겨 두어서 정부의 명령에 대비하도록 하였다.

[해설]

괴령과 희원은 24일에 서울에 도착했다. 고종은 모화관에서 칙사를 영접하고, 병인양요의 상황을 전달했다. 그러나 칙사는 놀라운 일이다. 돌아가서 상세히 보고하겠다는 식의 형식적인 대답을 할 뿐이었다.[12] 이미 청나라는 서양의 강대국에 대해 자신들의 힘의 차이를 자각하고

---

9) 『고종실록』 권3, 고종 3년 9월 19일 을해.

10) 개성부의 객사. 개성부의 서쪽에 있었다.

11) 개성에 있던 정자. 활터로 유명했다.

12) 『승정원일기』 고종 3년 9월 24일 경진.

그들에 대해 영향력을 발휘하는 것을 포기한 상태였다. 그러나 조선은 청나라의 힘을 과신하고 있었고, 이후 청나라의 소극적 태도에 대해 충격을 받고 크게 실망한다.

장단부사로서 구연홍을 대신해서 대흥(개성)중군으로 임명된 신숙은 청나라 칙사를 호위하기 위해 이들과 함께 서울로 떠났다. 프랑스군이 강화읍을 벗어나 개성부와 통진 연안 고을을 습격하기 시작한 시점에 개성부의 군사령관이 청나라 사신을 호위하기 위해 서울로 출발했다는 것은 상식적으로 이해할 수 없는 일이다. 정부도 이 사실을 뒤늦게 깨닫고 27일에야 새로 중군을 임명하는데, 고종 시대의 한심한 위기관리 능력을 드러내는 장면이다.

領井哨官 韓德敎 告所 昨日未時量 月串鎭門與沃浦赤島 升天浦 江華水邊 火藥庫 衝火是加尼 今卯時量 自甲串鎭 從船一隻 即往於興天浦 彼漢十餘名 下來陸地 大小船等 燒火是遣 于今留在是乎旀 松亭彼船中 小船二隻 又出過 去本浦是加尼 至於通津 租江 與康寧浦 留在大中小船燒火後 還去甲串鎭是 乎乃 本浦民男女老少 各散是乎遣 但有本浦里任 與牙兵統軍是乎 緣由馳報 事

영정초관 한덕교의 보고 내용 : 어제 미시(오후1~3시)즈음에 월곶진문(月 串鎭門)과 적도(赤島)의 옥포(沃浦), 강화도 물가의 승천포(升天浦)에 있는 화약고에 불길이 솟더니, 오늘 묘시(오전 5~7시)가량에 갑곶진에서부터 보트 1척이 곧바로 흥천포(興天浦)에 왔다. 저놈들 10여명이 육지로 내려와서 크고 작은 배에 불 지른 지르고는 지금까지 남아 있었다. 송정(松亭)의 이양선 중에 작은 배 2척이 또 나와서 본 포구를 지나가더니, 통진, 조강과 강녕포(康寧浦)에 이르러 그 곳에 머물고 있던 모든 배들을 불사른 후에 갑곶진으로 돌아갔다. 본 포구의 백성인 남녀노소가 모두 흩어졌고 다만 본 포구의 이임(里任)과 아병(牙兵), 통군(統軍)만 있으므로 그에 대한 연유로 급히 달려와서 보고한 일.

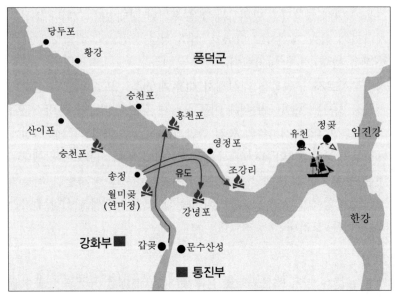

9월 21일 프랑스군의 작전도

題曰 告甚摸糊 復爲馳蹴 而嗣後形止詳探事

명령서 : 보고내용이 매우 모호하니 다시 빨리 보고하고 그 뒤의 형세를 상세하게 탐지하도록 할 것.

同日又告內 今方賊船一隻 卽向柳川 丁串 通津 租江 上來而放砲連三 煙焰漲滿 而彼船則 回還下去緣由馳報事

같은 날 또 보고내용 : 지금 막 적의 배가 1척이 유천, 정곶, 통진, 조강을 향하여 올라와서 계속해서 세 차례 포를 쏘니 연기와 불꽃이 가득하였다. 그리고 이양선이 되돌아 내려간 연유로 급히 보고함.

[해설]

프랑스군이 공세로 나와 조선군의 예상 상륙 지점과 예상 집결 지점을 공격하기 시작했다. 강화도 북쪽의 승천포, 홍천포, 동쪽의 조강과 유천, 정곶, 김포반도의 강녕포, 통진 등 세 방향으로 공격해서 포구의 배들을 모두 파괴했다. 영정포는 직접 공격하지 않았지만 홍천포가 바로 옆이므로 영정포의 주민들이 모두 피난했다. 개성부는 이런 보고에 대해 어떤 구체적인 조치도 취할 수 없었으므로 상황을 더 자세하게 탐지해서 보고하라는 말만 되풀이 하고 있다.

題曰 連加探告事

명령서 : 연속해서 더 탐지하여 보고할 것.

[해설]

9월 21일 프랑스군이 강화도 주변에 대해 선제공격을 감행했다. 이 무렵 프랑스군은 조선을 너무 쉽게 보았다는 후회를 하기 시작했다. 조선군의 열악한 무기, 비어 있는 요새들, 선발함대가 한강을 통해 서울까지 도착하는 동안 군대조차 보지 못하고 아무런 반격도 받지 않은 것에 너무나 큰 자신감을 얻었던 것 같다. 그러나 강화읍을 점령했어도 조선은 전혀 굴하지 않았고, 들려오는 소식은 모두 조선이 병력을 보아 대반격을 준비하고 있다는 첩보 뿐이었다. 당시 3만이 넘는 병력이 강화를 향해 다가오고 있다는 소문이 돌았다. 귀국 후에 올린 보고서라 약간의 변명성 의도가 들어갔다고 볼 수도 있지만, 프랑스군은 당시의 불안감을 이렇게 묘사했다.

"소문의 진위는 분간할 수 없었지만, 조선군은 진정으로 호전적인 본능을 갖고 있으며, 여러 곳에서 모은 무기를 상당수 보유하고 있다는 것은 사실이었다. 수도를 향한 진군은 어려운 계획이었다. 나라 전체가 프랑스군에 대항해 봉기를 드는 것 같았고, 우리의 무기나 징벌부대보다도 우세한 경우도 있었다. 우리의 징벌부대는 적의 숫자를 가늠할 수가 없었다. 그러나 우리 주변에서는 모든 것이 고요했다. 로즈 제독은 결과를 기다려 보자는 신중한 결심을 했다. 프랑스군은 진군길에 마주

친 모든 배들과 무기고를 파괴하기 시작했다"[13]

21일의 작전에 대해 프랑스군은 문수산성에 상륙해서 전투를 벌였고, 통진 계곡과 서울강 입구를 공격했다고 간단하게 기록했다. 조선왕조실록에서는 문수산성 전투를 중심으로 간략한 기록이 있다. 따라서 이날의 전투 전모와 의도를 알려면 『개성부원록』의 기록을 반드시 참조해야 한다. 『개성부원록』과 여타 기록을 토대로 이날의 전투를 정리하면 프랑스군의 의도는 수로 차단에서 한걸음 더 나가 조선군이 집결할 수 있는 포구를 공격해 배와 시설을 파괴하는 것이었다. 먼저 70여명이 문수산성에 상륙해 성을 공격했다. 프랑스군 2명이 전사하고 한 명이 부상했다. 다른 한 부대는 광성진에 상륙해 성문을 불태웠다. 옥포, 승천포의 강변과 용진의 화약고도 태웠다. 송정에 정박하고 있던 포함 한 척과 종선 한 척이 조강과 정곶 일대로 와서 강녕포와 영정포에 있는 배들을 포격으로 모두 파괴했다. 육전대 10여명이 흥천포에 상륙해서 포구의 배를 불질렀다.

지금까지 프랑스군이 개성 쪽 해안과 포구에 상륙하거나 직접 공격한 적이 없었다. 개성부 연안의 주민들은 크게 동요할 수밖에 없었다.

二十三日 禮成江里 里任告內 江華甲串鎭 留在 水賊 昨日 乘二隻小船 自喬桐境來 泛于本浦前 樣以探水之淺深 彷徨數時是如可 還去江華是乎則 本浦人民 尤爲騷動 昨今兩日 婦女率其稚子避去者 不知其數 緣由馳報事

23일이다. 예성강의 마을 이임(里任) 보고서 : 강화 갑곶진에 머물고 있는 해적들이 어제 2척의 작은 배를 타고 교동 경계로부터 와서 본 포구 앞에서 떠 있었는데, 수로의 측량을 하고 있는 모양으로 수시로 오가다가 강화로 돌아가니 본 포구 백성들이 더욱 소동을 일으키고 있습니다. 어제 오늘 이틀에 부녀자가 어린아이를 데리고 피난한 자가 부지기수인 연유로 인해 보고함.

---

13) 박병선, 『1866년 병인년 프랑스가 조선을 침노하다』, 137쪽.

題曰 知悉是在果 嗣後形止連探馳告爲旀 安堵里民 無至復散事

명령서 : 잘 알겠거니와 이후의 형세를 연달아 탐지하여 달려와서 알려야 하며 마을 사람들을 진정시키고 다시 흩어지는데 이르지 않게 할 것.

禮成江 哨官 白命纘 告內 昨日良中 江華入來 水賊乘二艇 去喬桐放大丸砲四次是如尼 卽來本浦前洋 以繩索探水深淺是多可 江華則本浦民等 無論男女 惶怵奔走是乎 緣由馳報事

예성강 초관 백명찬(白命纘)의 보고서 : 어제 강화에 들어와서 적들이 2척의 배를 타고 교동으로 가서 대환포(大丸砲)를 네 차례 쏘더니, 곧 본 포구 앞바다에 와서 노끈으로 물의 깊이를 재었다. 강화의 본 포구의 백성들은 남녀를 막론하고 겁을 먹고 달아나 버려서 이 연유로 급히 보고함.

[해설]

프랑스군의 선박 파괴작전은 상당한 효과를 거두었다. 경강에서 내려온 16척의 선박은 포격에 놀라 도주해 버렸다. 통진에 주둔하고 있던 양헌수의 군대는 도저히 강화로 건너갈 배를 마련할 수가 없어서 애를 먹었다. 그래도 개성부 군대는 사실상 전투를 포기하고 방관자가 되어 있었던 데 반해서 정예군인 양헌수의 순무영 부대는 민간에 숨겨놓은 배를 수색하고, 배를 숨겨둘 지점과 도하지점을 지속적으로 탐색하면서 반격의 방법을 모색하고 있었다. 강화의 프랑스군도 개성의 군대는 별로 걱정하지 않고, 통진 쪽의 동향에 시선이 집중되었던 것 같다.

題曰 連探馳告之意申飭 里任乘夜伺隙 卽往于楊花津 受公文以來向事

명령서 : 계속해서 탐지하여 달려와 알리라는 뜻으로 명령하니, 이임(里任)이 밤을 틈타 기회를 엿보아 곧 양화진(楊花津)으로 가서 공문을 받아 올 것.

二十五日 禮湖里任告內 今伏聞 守防監官 口傳分付是乎則 以火具次積柴等
待 亦敎是乎乃 本里近處元無柴場 每以金川柴草賣得炊飮是乎加尼 今當騷
擾之時 柴草船一無來賣者故 本浦民人亦難炊飯是乎尼 柴草每束二分五里式
價錢 出送于本浦則 卽去金川柴場處貿來事 牒呈

25일이다. 예호(禮湖) 이임(里任) 보고 내용 : 지금 삼가 들어 보니, 수방감관
(守防監官)이 구전(口傳)으로 분부한 것으로, 그 내용은 불을 피울 도구로
차례로 쌓아놓은 장작더미 등을 갖추어 놓고 기다리라고 하시지만, 우리
마을 근처는 원래 땔나무를 파는 곳이 없고 매번 금천(金川)에서 땔감을
사들여 연료로 쓰고 있습니다. 지금 소요가 일어나고 있는 때에 땔감
실은 배가 한 척도 와서 파는 것이 없고, 본 포구의 백성이 또한 밥을
지어 먹기도 어려우니, 땔감 한 묶음에 2푼 5리의 값으로 본 포구에서
내어 보내어 곧바로 금천의 땔나무 시장에 가서 사와야 할 일로 보고서를
올립니다.

[해설]

19세기 말이 되면 조선사회가 완연한 상품화폐경제의 시대로 들어섰음
을 보여주는 기록이다. 그러나 전쟁준비는 참담하다. 적의 기선에
대항할 수단이 없어서 조선은 계속 화공에만 의지하고 있다. 수방감관
이 불을 피울 도구와 장작을 쌓아 놓으라는 것은 적선이 포구로 다가오
면 나무로 뗏목을 만들고 여기에 불을 질러 접근과 상륙을 저지하려는
의도인 것 같다. 그러나 화공으로 적선의 접근을 막으려면 엄청난
병력과 자재가 필요한 일이었다. 밥을 할 장작도 부족한 곳에서는
불가능한 것이었다.

題曰 柴價三十兩出送 卽速貿來 斯速著意擧行 無至遲滯生梗是矣 明日內期
於豫待向事

명령서 : 땔감 가격으로 30냥을 내어보내니 곧바로 사들이며 빨리 하라는

뜻을 보이도록 거행하라. 지체하여 마르지 않는 가시나무를 대는 일이 없도록 하여, 내일 안으로 기약해서 미리 대기하여 시행할 것.

柳川 洪鎭九 告內 方今瞭望通津便則 砲聲數百次連聞矣 烟焰漲天故 未知曲折緣由馳報事

유천 홍진구(洪鎭九) 보고 : 방금 통진(通津)을 다시 관측하여 보니 대포 소리가 수백 차례 연속해서 들렸다. 연기와 불꽃이 하늘을 뒤덮었기에 그 까닭을 아직 알지 못하는 연유로 달려와 보고함.

題曰 知在果 嗣後形止 斯速馳報事 彼賊從船二隻 連日尺水於喬桐前 放大椀口 四次 焚碎待變門石柱 巡營移文內 軍餉米斯速移給故 明府權公 船載粮米二百石 赴喬桐而還

명령서 : 알겠거니와 이 후에 정세는 빨리 달려와 보고하도록 할 것. 그 이양인들의 작은 배 2척이 연일 교동(喬桐) 앞에서 수심을 측량하고 대완구를 네 차례나 쏘아서 대변문(교동성문)의 돌기둥을 불태워 부숴버렸다. 순영이 보낸 이문(移文)에는 군량미를 빨리 옮겨 지급해야하기 때문에 명부(明府) 권공이 군량미 200석을 배에 실어서 교동에 갔다가 돌아왔다.

二十七日 議政府 草記內 大興兼中軍 申㯮 以長湍府使 職務相妨改差代前府使 尹湋 差出 給馬罔夜下送事 傳曰允

27일이다. 의정부의 초기 기록 : 대흥 겸중군(大興兼中軍) 신숙(申㯮)이 장단 부사로 직무가 서로 방해되어 바꾸어 보내는데, 그 대신에 전 부사 윤위(尹湋) 를 뽑아서 말을 주어 밤낮을 가리지 않고 내려 보내는 일에 대해 윤허하였다.

교동읍성 많이 파괴되어 극히 일부분만 남아 있다. 프랑스군의 포격으로 파괴된 그날의 모습을 보는 듯하다.

[해설]

대흥 중군은 개성 중군을 말한다. 개성군을 호위하는 대표적인 산성인 대흥산성의 지명을 따서 개성부 중군을 대흥 중군이라고 불렀던 것 같다. 구연흥이 파직되고 장단부사 신숙을 중군으로 임명했지만 신숙은 장단부사와 겸임이고 청국 사신 호송임무를 띠고 개성을 떠난 터라 결정적 시기에 제대로 활동할 수가 없었다. 이에 전임 중군으로 윤위를 다시 임명했다. 윤위는 1850년(철종 원년) 훈련주부를 시작으로 1854년 철산부사, 우포청의 종사관을 지냈다. 그 뒤로 별다른 직책을 맡지 못하다가 9월 26일에 중군으로 임명되었다. 사태가 급하므로 발령장과 의식을 생략하고 병조에서 구두로 임명했다. 병인양요 후에 윤위는 1867년까지 계속 개성 중군으로 복무하다가 1868년에 영종첨사, 1869년에 내금위장이 되었다. 그 후 훈련도감 천총을 거쳐 경상좌도 수군병마사까지 승진했다. 병인양요에서의 활약이 그에게 관운이 되었다.

二十八日 新中軍 尹湋 即到本營 討捕廳 鷄旣鳴矣 是夜上使 魁齡 還宿太平館
題詩云
夕陽影裏覓崇墉 開府荒城入亂峯 桐葉不聞傳子氏 泥丸[14]猶自重箕封
三千歲月懷陳蹟 百二關河感舊蹤 昭代遺民誰似此 敦龐孚化樂熙雍 而去

28일이다. 새 중군인 윤위가 곧바로 본영에 도착하였는데 토포청(討捕廳)의 닭이 이미 울었다. 이 밤에 청으로 귀국하는 상사(上使) 괴령(魁齡)이 태평관에서 숙박하고 시를 지었다.

저녁노을 안에서 높은 성벽[崇墉]을 찾는다.
개성부의 황량한 성 안에는 산봉우리가 울퉁불퉁 솟아 있다.
오동나무 잎사귀는 공자의 도를 듣지 못했고
불교가 오히려 자중해서 기자의 땅이 되었다.
삼천년 세월의 회포가 유적이 되어 있고
일당 백의 요새지는 옛 발자취로다.
소대(昭代)[15]의 유민이 누가 이와 같을까
두터운 은총과 교화에 태평성대[熙雍] 즐긴다.

라고 하고 돌아갔다.

二十九日 早朝 中軍 延命于太平館 因進營門 現謁于留相公 明朝乃

29일이다. 새벽에 중군이 태평관에서 교대식을 하고 이후 영문(개성유수영)으로 가서 유상공을 만나 인사하였는데, 아침이 밝았다.

---

14) "泥丸"은 '泥洹'을 다르게 쓴 것. 니원(泥洹)은 불교의 열반(涅槃)과 동의어임.
15) 소대(昭代)는 태평한 시대, 태평성대를 말한다.

十月一日也 舍處於司倉 召集軍卒 勞問後 自費貫錢 乾資犒饋

10월 1일이다. 〈신임 중군이〉 사창(司倉)에 머물고 있는 군졸들을 불러 모아 노고를 위로한 후에 자비(自費)로 마련한 돈 꾸러미를 음식 대신 이들에게 주었다.

[해설]

이 글의 주어는 신임 중군인 윤위이다. 이 뒤의 활약을 보면 윤위는 구연홍보다 리더십이 있어서 자비로 음식을 사서 제공하고 병사들과 자주 어울리며 사기를 진작시켰다. 『개성부원록』에서는 윤위의 이런 행동을 자주 기록하는데, 그에 대한 개성의 관리와 주민들의 평이 좋았던 것 같다.

初二日 以慰撫之意 兼文帶武揭榜于南門 曉喩之

초 2일이다. 위로하는 뜻으로 '겸문대무(兼文帶武)'를 써서 남문에 방을 걸고 널리 알렸다.

[해설]

이 내용도 다른 곳에서 보기 드문 기록이다. 윤위가 새로 사령관으로 부임하면서 군사들과 주민들의 사기를 드높이기 위해 "문무를 겸비했다"라는 방문을 써서 붙였다는 것이다. 전시상황에서도 "뛰어난 장군이 새 사령관으로 부임했다"라고 소개하지 않고 "문무를 겸비한 장군이 왔다"라고 홍보하는 것은 조선의 문치주의 이념과 영향이 일반 민중에게까지 얼마나 뿌리 깊게 자리 잡고 있었는가를 보여준다.

初三日 天明 巡撫營 請援移文來到 爰發啓行 左別將 金廷根 百摠 金鍾源 把摠 姜錫龍 哨官 韓德教 執事 許櫶 捕校 朴光益 朴佑炯 銃手 四十名 騎士左別

二十五名 右別 二十五名 牙兵 五十八名 捕卒 六名 巡牢兩色 吹鼓手 各色軍卒
等 都合 二百二十餘名 列名修簿後 留相以餠羹酒肉犒饋後 軍容整齊 畫角稱
節 雨日已昏矣 上馬砲三聲 擧火而行軍 行軍之鼓聲動地而去. 道路觀者 皆曰
此眞將軍也 矍鑠哉 翁 昔日之馬援 不當之勇 當時之黃忠 至三十里 舊豊德邑
內. 夜已分矣 晦月藏 弓朔風製旗

초 3일이다. 하늘이 밝을 무렵 순무영에서 구원을 청하는 문서가 도착하였
다. 이에 〈개성군이〉 출발하여 가게 되었는데 좌별장 김정근, 백총 김종원,
파총 강석룡, 초관 한덕교, 집사 허헌, 포교 박광익·박우형, 총수(銃手) 40명,
기사(騎士) 좌별(左別) 25명, 우별(右別) 25명, 아병(牙兵) 58명, 포졸(捕卒) 6명,
순뢰양색(巡牢兩色), 취고수(吹鼓手), 각색군졸(各色軍卒) 등 도합 220여명이
다. 이들의 이름을 나열하여 장부를 정리한 후에 유상공이 떡국, 술과
고기를 먹인 뒤에 부대를 정돈하고 뿔피리 소리가 절도 있게 울렸는데,
비오는 날이라 이미 어두워졌다. 말에 올라타고 총소리를 세 번 울리자
횃불을 들고 행군하기 시작하니 행군의 북소리가 땅을 울렸다. 도로에서
이를 보는 사람들 모두가, "이는 진짜 장군이다. 이 노인께서 참으로 씩씩하
구나.[矍鑠]16) 옛날의 마원(馬援)17)도 당하지 못할 용맹스러움이여. 당시의
황충(黃忠)18)이구려."라고 하였다. 30리를 행군하니 옛 풍덕 읍내이다. 시간
은 이미 자정을 넘겼고 그믐달도 숨었는데, 삭풍이 깃발을 흔들었다.

---

16) 확삭(矍鑠) : 나이 든 사람이 여전히 강건하여 젊은이처럼 씩씩하게 행동하는
  것을 말한다. 동한(東漢)의 복파장군(伏波將軍) 마원(馬援)이 62세의 나이에도 불구
  하고 말에 뛰어 올라 용맹을 보이자, 광무제(光武帝)가 "이 노인네가 참으로 씩씩하
  기도 하다.[矍鑠是翁也]"라고 찬탄한 고사가 전한다.[『후한서(後漢書)』 권24, 마원
  열전(馬援列傳)]

17) 마원(馬援) : 중국 후한(後漢)의 장군으로 태중대부(太中大夫), 농서태수(隴西太守)
  를 지내며 외민족을 토벌하였다. 후에 복파장군(伏波將軍)에 임명되어 교지(交趾 :
  북베트남) 지방의 반란을 평정하여 신식후(新息侯)가 되었다.

18) 황충(黃忠) : 유비 휘하의 관우, 장비(張飛), 마초(馬超), 조운(趙雲)과 함께 오호대장
  군으로 불렸다. 유비가 익주를 얻을 때 공적을 세웠으며 한중 쟁탈전에서는 적장
  하후연(夏侯淵)을 죽이며 맹활약하였고 후장군에 올랐다. 사망 후 강후(剛侯)라는
  시호를 받았다. 중국에서 '노익장(老益壯)'의 대명사로 불린다.

[해설]

강화유수의 지휘로 개성군이 개성부내로 들어오자 김수현은 분노했지만, 예성강으로 나가 어진을 호송한 이후 개성군은 결국은 개성부로 들어와 머물렀던 것 같다. 구연홍이 파직되고, 윤위가 새로 임명된 직후에 순무영에서 개성군의 출동을 요청했다. 이때 순무영군은 양헌수의 지휘로 반격작전을 모색하고 있었다. 그래서 개성군에게 출동요청을 했던 것 같다. 개성군은 윤위의 통제 아래 지휘부를 다시 조직해서 220명의 병력을 다시 출동시켰다. 그러나 인명을 점검하고 행사를 하고, 출발을 하는 데만 거의 하루가 걸렸다.

윤위가 지휘를 하면서 개성군의 겉모습이 많이 달라졌다. 연도의 주민들이 윤위를 향해 진짜 장군이나 마원의 용맹한 기상이 있다고 칭찬한 이유는 개성군이 뿔피리와 북소리를 울리며 보무당당하게 행진했기 때문이다. 전날 구연홍의 지휘 하에 첫 출전을 할 때는 마치 패잔병처럼 소리 없이 조용히 개성을 떠났다. 군대의 씩씩한 모습에서 주민들이 용기와 자신감을 얻는 것을 보여준다.

순무영에서 구원을 청하는 문서는 양헌수의 작전이 아니라 순무영에서 구상한 계획에 따른 것이었다. 9월 말 양헌수는 정족산성과 전등사가 요새라는 정보를 듣고, 덕포진에서 기습적으로 강화로 들어가 정족산성에 거점을 마련하려는 계획을 세웠다. 그러나 순무영에서는 양헌수의 계획이 위험하다고 만류했다. 대신 교동과 개성부의 병력을 동원해 강화도 서쪽에서 도하시키고, 순무영군은 동쪽에서 도하해 양쪽에서 협공하는 작전을 구상했다. 순무영의 공문은 이 계획에 의한 것이었다. 그러나 이 계획은 이미 바뀌어 있었다. 10월 1일 순무영은 계획을 철회하거나 변경해서 양헌수의 계획을 승인했다. 양헌수는 10월 1일에 강화의 덕진에 상륙해서 전등사로 들어갔다.

金廷根 告曰 一陣軍伍 未遑暇食 而出來則 不得進前 忽至浦村則 散餘愚民 不無騷說 行中困卒似有飢色也 乃留陣餉軍 招居民問 齊陵厚陵之護 居民對

196

曰 墻垣登登 松柏佳氣 鬱鬱葱葱 凡百盛於昔年也 中軍喜曰 何爲其然耶 居民
對曰 豊德自移屬本府之後 由來陵官多是本府兩班故 守護另別 且使道主 非
但春秋奉審 以其大營門 至近之所故 隨事修飭 大異於前時也 正當

김정근이 "한 진의 대오가 밥을 먹을 겨를도 없이 나왔기에 전진할 수
없습니다."라고 보고하였다. 갑자기 〈부대가〉 포구 마을에 도착하자 촌락에
잔류해 있던 어리석은 백성들 사이에 소동과 유언비어가 없지 않았다.
행군 중에 피곤한 병졸들에게 굶주린 기색이 나타나기 시작했다. 이에
진(陣)을 머물게 하고 밥을 지어 먹이면서, 주민들을 불러 제릉(齊陵 : 조선
태조의 왕비 신의왕후의 능)과 후릉(厚陵 : 조선 정종과 왕비 정안왕후의
능)의 보호에 관련된 사항을 물었다. 주민들은, "〈능을 둘러싼〉 담장은
높고, 주변 소나무와 잣나무의 아름다운 기운을 갖고 울창하여, 과거부터
무성합니다."라고 대답하였다. 중군(中軍)이 기뻐하며, "어떻게 해서 그렇게
〈관리가〉 잘 되었는가?"라고 물었다. 주민들은, "풍덕(豊德)이 본부에 옮겨
서 배속된 이후에 능을 맡은 관리가 본부의 양반에서 많이 배출되었기에
능의 수호가 각별하게 되었고, 또한 관찰사가 봄과 가을로 봉심(奉審 : 관리
를 보내 능의 상태를 검찰하는 것)하는 것만이 아니라, 대영문(大營門 : 개성
유수부)과 가까운 곳에 있기에 일에 따라 수리하고 꾸미서, 〈능의 모습이〉
이전과는 크게 다르게 되었으니, 바로 이 때문입니다."라고 하였다.

[해설]

　지역에 소재한 왕릉을 관리하는 것은 관찰사의 임무였다. 『경국대전』
에는 "침묘(寢廟) 산릉(山陵) 단(壇) 묘(墓)는 매년 예조에서 봉상시 제조와
함께 왕명을 받들어 살핀 후에 임금에게 보고한다. 지방이면 관찰사가
임금·왕비·왕세자의 태실과 종묘의 각 실에 모신 왕후의 부모 묘
등을 함께 살핀다."고 규정했다(예전 봉심조). 그러나 신임 중군 윤위는
행군하는 길에 주민에게 개성 교외에 있는 왕릉의 관리 상태를 묻고
있다. 이것은 월권이라고도 할 수 있지만 그만큼 조선의 관리들에게

제릉   후릉

국왕과 왕실에 대한 관심이 각별했음을 보여주는 것이다. 그리고 이처럼 지나가는 관리와 사대부의 높은 관심 덕분에 조선의 왕릉은 오늘날 세계문화유산으로 지정될 수 있을 정도로 관리가 철저하지 않을 수가 없었다.

昧爽 別將 金廷根 問寢曰 夜來問安何如 中軍曰 一昧也 金廷根 復曰 得無憊乎 中軍笑曰 坐從容之地 可以閒語 余初聞賊船之無難泊棹 當如終軍之請纓 以係匈賊之頭獻於闕下 釋我君父之憂 自是臣子之職 然 時在無任 齒衰身老故 第觀其機 而爲之計矣及去

이른 새벽에 별장 김정근이 자는 곳에 와서, "밤사이에 안녕하셨습니까?"라고 물었다.

중군　"괜찮네."

김정근　"고단하지 않으십니까?"

중군　"조용한 땅에 앉게 되니 한가하게 말할 수 있겠네. 나는 처음 적선이 어려움 없이 노를 저어 배를 정박했다는 말을 듣고 마땅히 옛날 한나라 때 종군(終軍)[19])이란 사람이 가죽 끈을 요청한 것과 같이, 흉적(匈賊)의

---

19) 종군(終軍): 전한(前漢) 제남(濟南) 출신으로 젊어서 학문을 좋아해 박학하였고, 문장을 잘 지었다. 18살 때 박사제자(博士弟子)로 선발되었다. 장안(長安)에 와 국사에 대해 글을 올리니 무제(武帝)가 알자급사중(謁者給事中)에 임명했다. 원정(元鼎) 4년(기원전 113) 20여 살의 나이로 남월(南越)에 사신으로 가서 남월왕이 나라를

머리를 묶어 대궐 아래에 바쳐서 우리 임금과 아버지의 근심을 푸는 것이
신하와 자식 된 사람의 임무라고 생각하였다. 그러나 소임이 주어지지
않은 때이고, 쇠약하고 몸이 늙어 다만 그 기회를 보고 계획을 세워 가게
될 것이라.”라며 웃었다.

二十七日 奉命之朝 感祝無地 卽往雲峴宮 拜謁則 院位分付 內閣以外 將軍制
之意 屢屢敎之 而催促發行故 仍爲下直 歷路下直於 趙心菴 金荷屋 時左閣
晦洞 李輔國 禁衛使 道後還家則 徐兵使 兄弟 洪郭山 具水使 李軍職 諸益
來到作別 因以發行 自然日已暮矣 到弘濟院則 先達從後 吉伊次之 夜已昏黑
擧火前進 四更量 到高陽作廳 暫爲接目焉

27일이다. 〈윤위가〉 조정의 명령을 받드는 아침에 감축(感祝)하여 마지않았
다. 곧 운현궁(雲峴宮)으로 가서 절하고 인사를 올리니, 대원군께서 나에게
분부하여 왕후를 제외하고 장군을 통제하는 뜻을 누누이 가르쳤다. 출발하
여 갈 것을 재촉하였기에 곧바로 하직하였다. 지나는 길에 조두순(趙心菴),[20]
김좌근(金荷屋),[21] 당시 좌합(左閣)인 매동(晦洞) 이보국(李輔國)[22]에게 하직하

들어 복속하도록 설득했다. 다음 해 재상 여가(呂嘉)에게 피살되었다. 저서에
『종군』이 있었는데, 현재는 편집본만이 전해지고 있다.

20) 조두순(趙斗淳): 본관은 양주(楊州), 자는 원칠(元七)이고 호는 심암(心庵), 시호는
문헌(文獻)이다.

21) 김좌근(金左根): 본관은 안동이고, 자는 경은(景隱), 호는 하옥(荷屋)이다. 시호는
충익(忠翼)으로 영안부원군 김조순(金祖淳)의 아들이고 순조비 순원왕후(純元王后)
의 동생이다. 1825년(순조 25) 음보로 부수(副率)가 되었다. 이후 부교리(副校理)·대
사성·이조참의·한성부판윤·공조판서·대사헌·병조판서를 역임하였다. 1850년
(철종 1) 이후에는 우참찬·선혜청당상·금위대장·형조판서·훈련대장·공조판서·
우의정을 지내고, 1853~1863년에 영의정에 세 번이나 보직되어 안동 김씨의
중심인물로서 세도정치를 폈다. 흥선대원군이 집권하자, 영의정에서 물러나 실록
총재관(實錄摠裁官)으로 『철종실록』 편찬에 참여하였다.

22) 매동에 살던 보국숭록대부 이경재(李景在, 1800~1873)를 말함. 매동은 그의 집이
있던 곳으로 경복궁 영추문 밖, 종로구 통의동이다. 고종 즉위 초에 김좌근이
영의정, 조두순이 좌의정, 이경재가 우의정을 지냈다. 좌합은 좌의정을 말하는데,
당시 좌의정은 김병학이었다. 이경재는 영의정을 사임하고 판돈녕부사였다. 조두

였고, 금위사(禁衛使)가 인도하여 집에 돌아온 후에 서병사(徐兵使) 형제, 홍곽산(洪郭山), 구수사(具水使), 이군직(李軍職) 등의 여러 사람들이 집에 도착하여 나와 작별인사를 하였다. 그리고 출발하니 자연히 날이 이미 저물었다. 홍제원(弘濟院)에 도착하니 선달(先達)이 바로 따라왔고, 길윤(吉伊)이 그 다음에 왔다. 밤이 이미 컴컴하도록 어두워 횃불을 들고 전진하였는데 4경(새벽 2시쯤)이 될 즈음하여 고양(高陽)의 질청(作廳)에 도착하여 잠깐 눈을 붙였다.

[해설]

이하 기록은 윤위의 이야기로서 그가 발령을 받고, 개성부에 도착하기까지의 과정을 설명한 것이다. 윤위가 사석에서 김정근에게 했던 이야기를 글로 옮긴 것 같다. 『개성부원록』에서 김정근의 경험이 상당히 등장하는데, 책의 저자는 김정근에게서 이런 이야기를 들을 수 있을 정도로 가까운 인물이었던 것이 틀림없다.

윤위와 김정근이 서로 대화를 나누고 있던 날은 10월 2일에서 3일 사이였다. 두 사람은 전혀 알지 못하고 있었지만, 이날은 병인양요사에서 가장 극적인 날이었다. 양헌수는 10월 1일에 강화잠입에 성공했는데, 상당히 극적이었다. 바로 전날 프랑스군 1개 소대 정도가 전등사로 들어와 보물을 약탈하고 술을 마시며 한참을 놀다 갔다. 2일에 프랑스군은 지도제작을 위해 강화 북쪽의 수로를 탐사하다가 약간의 총격을 받았다. 로즈 제독이 해군성 장관에게 보낸 보고서에는 총격을 받은 배는 게리에르 호였고, 선원 3명이 사망했다고 한다. 그 바람에 프랑스군의 관심이 온통 북쪽 해역으로 집중되어 강화 남쪽에 대해서는 전혀 신경을 쓰지 못하고 있었다. 그런데 프랑스군 측에 정보를 전해주러 방문했던 천주교인이 육지로 돌아가려고 했는데, 강화 북쪽의 길이 막혀서 광성보 쪽으로 갔다가 호랑이 사냥꾼과 능숙한 사격수로 구성된

순은 판중추부사, 김좌근은 영돈녕부사였다. 왜 윤위가 이경재를 좌합이라고 호칭했는지는 알 수 없다.

조선의 정예군 300명이 도하해서 전등사에 잠입했다는 사실을 알아내고 즉시 리델 신부에게 보고했다. 허를 찔린 프랑스군은 3일 아침에 즉시 게리에르 호의 선장인 올리비에 해군 대령을 지휘관으로 하는 120~130명 정도의 정찰대를 전등사로 파견했다. 개성군과는 반대편인 강화의 남쪽에서 병인양요사에서 최대의 격전이 준비되고 있었다.

二十八日 晴曉頭擧火離發 至坡州邑 本倅 以護行將 進去未逢 朝飯後發行 抵長湍邑 本倅 亦以護行將出去 未逢飯後 又爲發行 三更量 到吹笛橋中營下人 如干待令 因發到府闕鷄已報矣 暫時點目于捕廳 而起少無困惱 今一日師行三十里 何憊之有哉

28일이다. 맑게 갠 새벽 맨 앞이 횃불을 들고 길을 떠났는데 파주읍에 도착하니, 파주수령이 〈칙사의〉 호송을 맡은 장수로 먼저 갔다고 하는데 만나지 못했다. 아침밥을 먹은 뒤에 출발하여 장단읍에 이르렀다. 장단수령(신숙)이 또한 호송을 맡은 장수로 나갔는데 서로 만나지 못하여 식사 후에 다시 출발하였다. 삼경(11~1시) 즈음에 도착하면서 뿔피리를 부니 다리에서 중영(中營)의 하인이 잠시 후에 대령하였다. 곧이어 출발하여 부(府 : 장단부의 관아)에 도착하였는데 닭이 이미 (새벽을) 알렸다. 잠시 포청(捕廳)에서 눈을 붙였다가 일어났는데 조금도 피곤한 기색이 없었다. 오늘 하루에 행군한 거리가 30리인데 어찌 피곤하겠는가?

[해설]

윤위가 지휘하는 2차 출정에서 개성군의 달라진 모습을 암시하는 내용이다. 30리나 행군해 왔지만 북치고 피리를 울리며 사기충천하여 행군해 왔기 때문에 고작 30리를 행군했는데 뭐가 피곤하겠느냐고 반문하고 있다.

金廷根曰 晚食寒眠之軍則 不勝困憊 不如仍早飯而啓行也

中軍曰 然 乃蓐食行 到領井浦 探其浦落則 十室九空 望其浦口則 日昨彼從船
四隻 賊漢十五名 放火於土船十三隻 所見愁慘 召浦民以安堵之意喩之 令軍
中點口 至見右騎士之服色 中軍不勝駭然曰 我國第一鐵騎豪華者 京中之駕
前後禁軍 北道之親騎衛 松京之別騎士 義州之別騎衛 名於中國矣 今所謂騎
士 乃如彼耶 騎士名色而以破黑笠弊白衣 對答於陣中者乎 此非銃軍非火兵
而恰似乎 嘉平雀夫持其退弓退矢 一回左一回右 躇躚而步逐鳥雀者也 都是
次知者之 不能裝束也 所謂右列別將 斷當捉治 使知軍律也 怒不自勝 騎士等
震栗 而已左別將 金廷根 從傍對實 中軍默然良久曰 大營門軍務 如此則 其他
推此可想 是可哀痛者也

김정근　　"군인이 늦은 식사와 추위에 떨며 자면 고단함을 이기지 못하니,
오히려 빨리 밥을 먹고 행군하는 것이 낫습니다."

중군이 "그렇다"라고 하고, 곧바로 새벽밥을 먹고 영정포에 도착하여 포구
마을을 정탐하니 열 집 가운데 아홉 집이 비어 있었다. 포구를 바라보니,
일전에 이양선 보트 4척에 선원 15명이 이곳의 배 13척에 방화하여 참혹하게
보였다. 포구의 백성들을 불러 안도시키려는 뜻으로 이들에게 깨우쳐 주었
다. 군대에 명령하여 인원을 점검하다가 우기사(右騎士)의 복장을 보게
되니, 중군이 놀라워하며, "우리나라에서 제일인 철기(鐵騎)면서 호화로운
것은 서울에서 임금의 가마가 갈 때의 전후에 있는 금군(禁軍), 북도(北道)의
친기위(親騎衛),[23] 개경의 별기사(別騎士), 의주(義州)의 별기위(別騎衛)[24]이
니, 중국 이름으로 붙인 것이다. 지금 이른바 기사가 왜 저런가? 명색이
기사인데 흑립(黑笠)이 갈라지고 백의(白衣)가 해졌으니 진중(陣中)에서 대답
을 하겠느냐? 이는 총군(銃軍 : 총병)도 아니고 화병(火兵 : 취사병)도 아니고
흡사 납일[25]에 참새잡이들이 무른 활과 화살을 든 것과 비슷하다. 이들이

---

23) 친기위(親騎衛) : 조선후기 함경도에 설치했던 기병부대(騎兵部隊).

24) 별기위(別騎衛) : 조선후기 금위영에 소속된 하사(下士)로 북도친기위(北道親騎衛)
　　와 같은 종류이다.

한번 좌측으로 한번은 우측으로 돌면서 비틀거리니 참새나 쫓는 자들이다. 도무지 차지(次知 : 하인)란 놈은 복장을 갖추어 꾸미지 못하였다. 이른바 우열별장(右列別將)이 마땅히 잡아서 다스려 군율을 알도록 하라."라고 하였다. 그리고 화가 난 것을 스스로 이기지 못하니 기사 등이 두려워하며 떨었다. 이미 좌별장 김정근이 옆에서 따르면서 실상을 대답하니, 중군이 한참 동안 말이 없다가, "큰 영문(營門)의 군대 행정이 이와 같으니 다른 일은 이를 통해 미루어 짐작하겠으니 매우 애통한 일이다."라고 하였다.

[해설]

며칠 전까지 해안의 포구들은 프랑스군의 집중적인 감시와 포격을 받았다. 그런데 3일 강화 남쪽 정족산성에서 양헌수의 순무영군과 프랑스군 정찰대 사이에 격전이 벌어졌다. 전장이 강화도 남쪽으로 이동한 것이다. 덕분에 이날 아침에 영정포에 도착하게 되는 개성군은 전혀 주목을 받지 않았다. 빈 마을이 되다시피한 영정포는 황량하지만 조용했다. 만약 이들이 하루만 먼저 도착했더라도 프랑스군의 포격이나 공격을 받았을 것이다.

지금까지 『개성부원록』은 2차 출정에서 군대의 달라진 모습을 강조했다. 그러나 여기서 기록은 다시 반전을 이룬다. 영정포에 도착한 윤위는 개성군을 점검하다가 그들의 복장과 군비상태를 보고 충격을 받았다. 총병은 일반 보병, 화병은 취사병을 말한다. 납일의 참새잡이란 민간의 청소년 패거리를 말한다. 납일이 되면 농촌에서는 청소년들이 모여 새잡기를 하는 풍속이 있었다. 납일의 새가 맛있다는 이유였는데, 일반적으로 겨울이 되면 새들의 몸에 지방이 축적된다. 참새, 꿩, 오리는 따뜻한 지역보다 추운 지방에서 자라는 것이 맛있다고 했는데, 이것은 추운 곳에 서식하는 새일수록 몸에 지방을 두텁게 축적하기 때문이다.

---

25) 납일(臘日) : 동지가 지난 후 세번 째 돌아오는 미일(未日). 음력으로 대략 연말로서 국가에서는 종묘 사직에, 민간에서는 신에게 제사를 지냈다. 이것을 납향이라고 했다.

따라서 '기사'라고 하면 전문 무사로 군의 주력이다. 그런데 이들의 복장과 무장, 자세가 일반 보병인 총병, 아예 비전투원인 화병 수준도 되지 않고 참새잡이 소년들이 병기가 아니라 새잡는 장난감 같은 활을 든 모습과 같다는 것이다.

이 기록은 고종 당시 군비의 열악함을 보여주는 기록이다. 개성부는 유수부로 행정상으로는 수도 방어를 책임지는 요충이지만, 개성부에서 징발할 수 있는 병력이 200명에 불과하고, 기사나 장교는 명목뿐이어서 무장은 고사하고 복장도 제대로 갖추지 못했다. 그러나 더욱 한심한 것은 중앙에서는 이런 실상을 전혀 알지 못하고 있었다는 것이다. 윤위도 김정근으로부터 실상을 듣고 한동안 말이 없었다고 할 정도로 충격을 받았다. 윤위 자신이 철산부사를 역임하기는 했지만 철산은 북방의 국경요충이라 개성이나 강화의 실상은 몰랐다고 할 수도 있지만, 오랫동안 무신으로 지내면서 국가의 군비상태를 몰랐다는 점에서는 윤위 자신에게도 책임이 없다고 할 수 없다.

戶房 李仁永 以老病欲去 留相公 知其意解之曰 吾之有君 若鳥之有翼 車之有輪 今大事未定 何可去也 李仁永 惟仕宦家 忠良方正 老成之寄人 博涉經史 如百家語 百工之術 無所不至 旣有廉介之操 留相公 甚信愛之 當此騷擾之日 誠意愈摯 其方略之佐 斷之以理 勇決無隘

호방(戶房) 이인영(李仁永)이 늙고 병들었다고 가려고 하니, 유상공이 그 뜻을 알고 풀어주면서, "나에게 그대가 있는 것은 마치 새에게 날개가 있고, 수레에 바퀴가 있는 것과 같다. 지금 큰 일이 아직 결정되지 않았으니 어찌하여 가려 하는가?" 이인영은 벼슬살이를 한 사람으로 충성스럽고 선량하며 행동이 바르다. 노성(老成)하여 사람들이 그에게 의지하고 경서와 사기를 많이 읽었고 백가(百家)처럼 말하며, 온갖 기술자의 기술에 통달하였고, 청렴하며 결백함의 지조가 있었다. 유상공이 매우 그를 믿고 아꼈는데, 이런 소란스러운 날을 당하여 성의가 더욱 극진하고 방책으로 보좌하여 이치와 용맹으로 결단하여 막힘이 없었다.

[해설]

여기서부터는 개성부에서 개성유수를 보좌해서 공을 세웠던 개성부
향리들의 이름과 활약을 소개하고 있다. 『개성부원록』의 집필 의도를
알려주는 부분이다.

兵房僉知 崔漢奎 豪俊多能 臨事處變之權 皆得其宜當. 此兵事已在其任 諸般
時務 有重於人矣. 隨事輔翼而同任郎廳 尹滋應 工於文藻 筆翰如流 沈重解事
亦於兵事任職相方禮房別提 金揆鉉 卽留相公之族人 端潔慈良 有儒雅之態
收拾遺漏 備助內外 主簿 金始善 郎廳 李啓夏 俱以臥料 因在洛中探報京耗
工房前五衛將 張顯國 質實體博 亦忠厚老成之福人常恐闕職 粂知不倦 其子
世鶴 伶俐而誠孝 兼將養省 從在中房與本營廳直等 探來外機從旁告實是亦
小輔 而每於進退 論事之際 和氣融融 噫

병방첨지(兵房僉知) 최한규(崔漢奎)는 재주와 지혜가 뛰어나고 능력 있는
사람으로 일이 닥치면 변화에 대응하는 방식이 모두 적당하였다. 그가
군대의 임무를 맡게 되자 여러 가지 시급한 임무가 다른 사람보다 많았다.
일에 따라 보좌하는 동임(同任) 낭청(郎廳) 윤자응(尹滋應)은 문장 짓기에
솜씨가 있어서 흐르는 물과 같았고 신중하여 사물의 이치를 잘 알았다.
또 병사의 직무를 맡은 예방별제(禮房別提) 김규현(金揆鉉)은 곧 유상공의
친척으로 깨끗하고 자애롭고 선량하며 유학자다운 모습이 있어, 실수를
수습하고 안팎으로 갖추어 도왔다. 주부(主簿) 김시선(金始善), 낭청(郎廳)
이계하(李啓夏)는 함께 와료(臥料)하였기에 서울 안에서 서울 소식을 찾아서
보고하였다. 공방 전 오위장(工房前五衛將) 장현국(張顯國)은 질박하고 꾸밈
이 없고 체격이 크며, 충후하고 노성(老成)하여 복이 많은 사람으로 항상
직무에 실수하는 것을 두려워하였으며, 일을 하는 것에 게으르지 않았다.
그 아들 장세학(張世鶴)은 영리하고 공경하고 효도하며 나아가 성찰함을

겸하였다. 중방(中房)과 본영의 청지기 등에 있었는데, 밖의 기미를 정탐하고 와서 옆에서 사실을 고하니 이것 또한 조금은 돕는 것이다. 매번 진퇴할 때에나 일을 논하는 때에 화기(和氣)가 가득하였다.

留相公 得人之賢 何其多也 前日 李思協之徒 何其愚也 當此之時 諸將校等 孰敢有不勤擧行者乎 以李枝蕃 屢送至沁都 詳探賊機 韓貞履 務實軍事 討捕 行首軍官 前嘉善 五衛將 白景錫 使諸校 分隊別牌 譏察城村 夜則 與諸校卒 亦自變服 循察防曲 出身執事 金鼎煥 修飭軍器 白峙鎭僉使 李裕衡 初因加苂 頗張徊繆 礪峴鎭僉使 龐允直 新保殘牒能圖 陰雨之備 作廳之文簿 如山而吏 房書吏 玄命亮之徒 日不暇食 刀筆不關 都糾憲 前分敎官 吳尙琬 早以文右 有鄕望焉 當此時 糾正風俗 盖復續密 與城內十四里 城外五十六里之里任 逐條商確 以安堵一如爲度

유상공이 사람을 얻는 현명함이 어찌하여 그렇게 많은가? 전날 이사협(李思協)의 무리는 어찌하여 그렇게 어리석은가? 이러한 때에 여러 장교들은 누가 감히 부지런히 명령을 수행하지 않는 자가 있겠는가? 이지번(李枝蕃)을 여러 번 강화도에 보내 자세하게 적의 낌새를 정탐하게 하고, 한정리는 군대행정에 힘쓰게 하였다. 토포행수군관 전 가선 오위장(討捕行首軍官 前嘉善 五衛將) 백경석(白景錫)이 여러 장교들에게 부대를 나누어 따로 패(牌)를 차게 하여 성촌(城村)을 기찰하고, 밤에는 여러 장교와 병사가 또한 복장을 바꾸어 마을 깊은 곳까지 순찰하였다. 출신 집사 김정환(金鼎煥)은 병기 등을 수리하고, 백치진(白峙鎭) 첨사(僉使) 이유형(李裕衡)은 처음에 테를 둘러 제법 넓혀 숨겼으며 여현진(礪峴鎭) 첨사 방윤직(龐允直)은 새롭게 남은 서류와 지도 등을 보완하여, 조용하게 대비하였다. 작청(作廳)의 장부는 산처럼 많아서 이방 서리 현명량(玄命亮) 등이 낮에 식사할 겨를도 없이 문서기록을 계속하였다. 도규헌(都糾憲) 전분교관(前分敎官) 오상완(吳尙琬)은 일찍부터 글쓰기에 지역에서 명망이 있었다. 이런 때에 풍속을 바로 잡는데 더욱 꼼꼼하여 성 안쪽의 14개의 마을, 성 바깥의 56개 마을 안의 이임(里任)을 조목을 따라 헤아려 내니 안도감이 하나 같이 들었다.

[해설]

이사협은 개성부의 향리이다. 1867년 경기 암행어사 박제관이 경기도 수령의 감찰결과를 보고했다. 김수현에 대해서는 "2년간 유수로 있으면서 이전의 정사를 모두 뒤집었으며, 청렴결백으로 일을 처리하여 크나큰 위의를 길렀습니다. 업무가 복잡하고 바쁜데도 무사한 때처럼 처리하였고, 백성과 물자가 많은데도 안정시키고 승복시키는 방책이 있었습니다."라고 호평을 했다. 그러나 문제는 김수현의 전임 유수 이승보였다. 정확히는 알 수 없지만 그는 상당히 좋지 못한 평가를 받았다. 이승보의 재임기에 개성부의 편비 이사협(李思協)과 이남륜(李南輪)의 비리사건이 있었다. 이들을 잡아낸 사람은 이승보였다. 이사협 등은 중간에서 알선 수뢰를 하고, 속임수를 써서 평민을 토색질을 했다고 한다. 그 죄로 봉산군에 유배되었다. 하지만 암행어사의 보고로 비리가 더 드러나자 개성부로 다시 압송되었고 이승보도 무언가 잘못을 지적당했던 것 같다. 『개성부원록』의 저자가 "이사보의 무리는 어찌 그리 어리석은가?"라는 표현은 이승보와 김수현의 치적을 비교하는 동시에 개성부 향리들이 이사보 같은 무리는 소수이며, 자신들은 성실한 향리 집단이라는 자기변명이다. 그런데 "이사보의 무리는 어찌 그리 어리석은가"라는 표현은 개성부 사람들만 알 수 있는 문장이다. 이처럼 자신들만 알아볼 수 있는 표현을 사용한 것은 『개성부원록』이 개성부 사족과 향리의 입장에서 쓰여진 것을 보여준다.

明府權公 貧乏不存 素以淸白著聞門 不受私謁 政不容稱念 以其運糧餉餽爲任重之 以安民爲務 他邑避亂者 多入松境 其善政與高陽郡守閔兌鎬侔矣 左右列 掌務軍官之勤勞 至若武士與銃軍之待令營下 與巡卒羅卒之彼勞矣 幼學 林鶴聞 義氣膽力之老 初聞急警 以其私行 獨入亂賊中 觀察而歸 不亦壯哉

명부 권공은 가난하고 궁핍함이 없어서 평소에 청렴결백하다고 들었는데, 몰래 윗사람을 만나지 않았고, 통치하는 중에 고관들이 수령에게 은밀하게 부탁하는 것을 용납하지 않았다. 군량을 옮겨 보내 사람들에게 먹이는 것은 책임이 무거운 것으로 이를 통해 백성을 편안하게 하도록 힘쓰는 것이다. 다른 읍에서 피난하는 사람들이 개성의 경계 내에 많이 들어와 고양군수(高陽郡守) 민태호(閔台鎬)와 더불어서 선정을 베푸는데 힘썼다. 좌우열의 장무군관(掌務軍官), 무사(武士)와 영하(營下)에서 명령을 기다리는 총군(銃軍), 순졸(巡卒), 나졸(羅卒)에 이르기까지 그들의 노고가 있었다. 유학 (幼學) 임학문(林鶴聞)은 의기(義氣)와 담력(膽力)을 지닌 노인으로 처음에 급한 경보를 듣고 개인적으로 가서 혼자 서양인들 속에 들어가 관찰하고 돌아왔으니 또한 장하지 않은가?

[해설]

권현은 『승정원일기』에 개성부 경력으로 임명된 기록만 등장하는 인물로 그의 성품이나 행적을 보여주는 기록은 『개성부원록』이 유일하다. 이 부분에서는 권현의 공적을 칭찬하다가 갑자기 민태호가 등장한다. 왕비의 외척이며 세력가도 등장하던 민태호를 의식한 서술이라는 느낌이 강하게 든다.

민태호(1834 순조 34~1884 고종 21)는 한말의 문신으로 민영익의 부친이다. 수구파의 거물로 1866년 3월 29일 고양군수로 임명되었다. 부임 3개월만에 민태호는 치적이 있는 수령으로 임명되어 표창을 받았다. 그러나 고종 때에는 워낙 수령에 대한 치적과 포상이 남발되어 신뢰하기는 어렵다. 1867년 암행어사 박제관은 민태호를 우수한 수령으로 보고했다. "1만 근에 가까운 아전의 포흠을 말끔히 쇄환하였고, 도량기를 다시 정리하여 수천석의 곡식을 주민에게 고르게 나누어 주었습니다. 지난 가을 방수(防守 : 병인양요) 때는 운송하는 일로 민간을 번거롭게 하지 않았습니다." 암행어사의 보고에서는 배경을 자세히 언급하지 않았지만, 이 공적을 병인양요로 피난민이 몰려든 상황을 잘 처리한 것을 말하는 듯하다. 총융사, 어영대장, 대제학을 역임하였으나 갑신정변 때 개화파에게 살해당했다.

此時 閔致五 自禮成江還陣之後 得聞喬桐有事 亦以私行 渡碧瀾津 至喬桐探問則 日前賊砲放 折待變門石柱 而二刀從船 尙尺水於浦邊 閔致五 即以農夫樣渡松浦 抵寅火鎭 又向三十里西門所過 處所見 果如所聞 又左挾 外城十里 至濟物 即甲串鎭也

이때 민치오가 예성강에서부터 진(陣)으로 돌아온 뒤에 교동(喬桐)에서 사건이 생겼다는 말을 듣고 역시 개인적으로 가서 벽란진(碧瀾津)26)을 건너 교동에 도착하여 정탐하니, 하루 전에 적이 대포를 쏘아 대변문(교동성문)의 돌기둥을 부러뜨려 버렸음을 알았다. 적선 2척이 아직도 포구 주변의 물깊이를 재고 있다. 민치오는 곧 농부 차림으로 송포(松浦)27)를 건너 인화진(寅火鎭)에 이르렀다. 다시 길을 떠나 30리 떨어진 서문(西門)을 지나 처소(處所)를 보니 과연 들은 바와 같았다. 또다시 왼쪽을 끼고 외성(外城) 10리 밖의 제물(濟物)에 이르니 이곳이 곧 갑곶진(甲串鎭)이다.

在水者只賊船 在陸者摠賊類也 初看則怪 再看則忿 終不覺血淚沾胸 其凶醜穢腥之臭 若將浼焉 乃登三忠壇 坐思立瞭 計無奈何 見一生自城中來 是助我者池鳳俊也 自開城搬移于月串 有年矣 即趨拜問曰 先生何以到此

물에 있는 것은 적선뿐이고, 뭍에 있는 것도 모두 적의 무리였다. 처음 보니 괴상하게 생겼고, 다시 보니 분하였다. 마침내 피 눈물이 가슴을 적시는 것을 깨닫지 못했다. 그 흉악하고 추잡하고 더러운 냄새에 만약 장차 더러워지지는 않을까? 곧바로 삼충단(三忠壇)28)에 올라가 그곳에 앉아

---

26) 벽란진(碧瀾津) : 경기도 개풍군 서면. 벽란도(碧瀾渡). 예성강 하구 지점.

27) 송포(松浦) : 교동에서 강화 쪽으로 있는 포구.

28) 삼충단(三忠壇) : 병자호란 때 월곶진에서 싸우다 전사한 강흥업, 구원일, 황선신의

서 생각해 보아도 좋은 계책이 없었다. 한 선비가 보였는데 성중에서부터 와서 나를 도와준 지봉준(池鳳俊)이었다. 개성에서부터 월곶으로 이사한 지가 여러 해가 되었다. 즉시 달려와서 내게 인사를 하며, "선생이 어찌 이곳에 오셨습니까?"라고 물었다.

삼충사적비

[해설]

『개성부원록』의 상당 부분이 민치오의 회고록을 차용했음을 명확하게 보여주는 기록이다. 『개성부원록』은 민치오를 3인칭으로 처리했지만, 이 부분에서는 미처 문장을 바꾸지 못해서 민치오가 '나'로 되어 있다.

閔致五曰 如此如此 仍謂曰 子爲我言此變之首尾 池生長吁一聲乃言曰 去初五日 賊船自永宗過孫石項 翌日 泊甲串 又翌日 半晌砲聲聞於東門外 府人登北岳瞭望則 其徒數百放砲而來故 官軍使備東門矣 己而敵自亭子山 越城而

삼충신을 기리는 삼충사적비가 있던 곳을 말하는 듯하다. 이 비는 현재 강화전쟁박물관 앞마당에 있다.

入亭子山 在東門南門之間 此時 留守李公 調兵於南門 警急之際 趨入兩殿
侍衛御眞 出西門行二十里 阿陰 李好良家 分敎官 黃浩德 奉五聖位牌於摩尼
山下後 山洞所居之堂 官奴 鄭 奉安殿牌

민치오는 여차여차하다고 하고, "자네는 나를 위하여 이 변란의 전말을
말하여 주게."라고 물었다. 지봉준은 한숨을 길게 쉰 후에, "지난 초 5일에
적선이 영종에서부터 손돌목[孫石項]을 지났습니다. 다음날 이들은 갑곶에
정박하였고, 또 다음날 반나절에 대포소리가 동문 밖에서 들렸습니다.
부인(府人)이 북악에 올라 멀리 바라보니, 그 무리 수백 명이 대포를 쏘았기에
관군이 강화성 동문에서 대비하도록 하였습니다. 이미 적들이 정자산(亭子
山)에서부터 강화성을 넘어 동문과 남문의 사이에 있었습니다. 이때에
유수 이공이 남문에 군대를 파견하였고 급박한 시점에서 양전(兩殿)에 빨리
들어가 어진(御眞)을 모셔내어 서문으로 나와 20리를 가서 아음(阿陰) 이호량
(李好良)의 집에 이르렀습니다. 분교관(分敎官) 황호덕(黃浩德)이 마니산의
아래에서 오성(五聖) 위패를 받든 뒤에 산동(山洞)에 거처하는 당(堂)의 관노
(官奴) 정(鄭)이 전패(殿牌)를 봉안하였습니다.

[해설]

지봉준의 증언은 강화함락 당시의 사정을 정확하게 알려준다. 전임
강화유수 이인기는 남문에 병력을 주로 배치했다가 동문이 돌파 당하자
바로 유수영으로 달아났다. 병력을 남문에 집중 배치한 것은 강화부의
병력이 부족했기 때문일 수도 있지만 그것이 겨우 4명의 프랑스군에게
성벽이 돌파당한 원인이었다. 이인기는 이런 지휘상의 책임을 물어
신지도로 유배되고 위리안치 되는 처벌을 받았다. 그러나 이인기는
1868년 설날에 방면되었다.
10월 12일 정부는 이장렴의 장계에 의거해서 강화가 함락될 때 위패를
옮긴 사람을 표창했다. 위 기록에 나온 분교관 황호덕은 6품직에 제수하
게 했다. 관노 정은 조선왕조실록에 의하면 관노 정수한이다. 정확한

사연은 알 수 없지만 적이 목에 칼을 들이대는 데도 목숨을 돌보지 않고 위패를 지켜 봉안했다고 한다. 그는 관노 신분을 해방시켜 주고, 변방에 자리가 나면 장수로 임명하게 했다. 실록에는 이들 외에도 공로자로 재임 남궁준, 청직 유석규, 그 외에 아전과 장교들이 공로자가 있다고 했다.[29]

此賊稱居大小英國 或大小法國 或佛郎濟亞國 越城賊破門 迎入黨時 南門將 李春一 東門卒 曹仁俊 別武士 魯 冒刃竝死 士人 金日厚 飲毒自終 而多年 吏房 金在道 家富權多 素好佛書 或以內應之說 人多怨之 且詳言沙磯相公之 事

이 적들은 거대소영국(居大小英國), 혹은 대소법국(大小法國), 혹은 불랑제아국(佛郎濟亞國)이라 불렀습니다. 강화성을 넘을 적들이 문을 깨트리고 자신들의 무리를 맞아들을 때에 남문장(南門將) 이춘일(李春一), 동문졸(東門卒) 조인준(曹仁俊), 별무사(別武士) 노(魯)씨가 칼을 맞아 전사하였고, 사인(士人) 김일후(金日厚)가 독을 마시고 스스로 목숨을 끊었습니다. 여러 해 동안 이방(吏房)을 한 김재도(金在道)는 집이 부유하고 권세가 많았으며 평소에 불교 책을 좋아하였는데, 남몰래 적과 내통했다는 이야기로 사람들이 많이 그를 원망하였습니다." 또한 사기(沙磯) 이시원(李是遠) 상공의 일을 자세하게 말하였다.

[해설]

병인양요가 끝난 뒤인 10월 17일 강화유수 이장렴은 강화읍이 함락당할 때 싸우다가 사망한 사람들에 대한 보고를 했다. 남문장 이춘일이 칼을 휘두르며 적에게 대항하다가 죽임을 당했고, 선비 김일후는 의리상 적과 함께 살 수 없다고 약을 먹고 죽었다고 했다.(『비변사등록』

---

29) 『고종실록』 권3, 고종 3년 10월 12일 정유.

251책, 고종 3년 10월 17일)『비변사등록』과『승정원일기』,『고종실록』
의 10월 18일(계묘) 기록에 의하면 지봉준이 말한 노모는 노인석이며,
조인준의 이름은 보이지 않고 조광보라는 이름이 보인다. 조선시대에
는 이름을 여러 번 바꾸는 경우가 있어서 조인준과 조광보가 동일인일
가능성도 있다. 노인석과 조광보는 성에서 사격하다가 전사했다고
한다. 의정부는 이춘일에게는 2품직을 수여하고 김일후에게는 3품직을
주고 정문(旌門)을 내려주었다. 노인석과 조광보는 그의 집안에 조세를
면제해 주었다. 그런데 지봉준은 순국지사의 명단과 함께 이방 김재도
와 같이 적에 협력한 부역자도 고발하고 있다. 여기서 부역자로 거론된
이방 김재도는 평소에 불교를 좋아하는 인물이라고 했다. 이 말에는
김재도가 이단인 불교를 신봉하는 인물이었기에 유학의 충효, 충군
정신이 부족했고, 적이 침공하자 쉽게 부역자가 되었다는 의미가 함축
되어 있다. 역시 전통적인 유학자의 시각을 보여주는 부분이다. 그런데
정부기록에는 병인양요 후 부역자의 처벌에 대한 기록은 전혀 보이지
않는다.

閔致五曰 李先生之平生 操守淸高剛直 終見伯仲俱殉節 性復愛士 去庚戌
保釐西都 招延章甫於崧陽書院 別設講會 余亦叅席 末又捐糜料別抄文士 勸
課於成均館 余又居接一朔 李相公 乃我師也 今當往哭 而恨無禮服 且俟後日
因言 再和原韻詩云

민치오　“이선생(이시원)은 평생 지조를 지키고 사람됨이 맑고 고결하며
강직하였는데, 끝내 맏이와 둘째 동생이 함께 순절하였으니 성품이 거듭
선비를 사랑하였다. 지난 경술년에는 서도(西都: 개경)를 편안하게 다스렸는
데, 숭양서원(崧陽書院:정몽주의 집터에 세운 개성의 대표적 서원)에서 유생
들을 불러 모아 따로 강회(講會)를 베풀었을 때에 나 또한 참석하였다.
마침내 또한 곡물을 기부하여 별초문사(別抄文士)들이 성균관에서 공부하는
것을 권장하기 위한 비용을 지불하였다. 나 또한 거접(居接)으로 한 달

개성 숭양서원 정몽주의 집터에 세운 서원이다.

동안 있었는데 이상
공은 곧 나의 스승이
었다. 지금 마땅히
가서 곡을 해야 하는
데 예복이 없는 것이
한(恨)이다. 또 뒷날
을 기다려야 한다."
그리고 다시 원래의
운(韻)이 있는 시에
다시 화답하기를,

水賊西來水府空 摩尼山在白雲中
嗚呼一絶歌聲咽 此日先生憤激胸 世德曾聞積德公 文章禮樂冠吾東
嗚呼一絶歌聲轉 有道先生復折衷 何足萬夫能却兵 非徒一善獨成名
嗚呼一絶歌三發 伯仲先生孰重輕 前日金公與宋公 忠魂義魄是遺風
嗚呼一絶歌終曲 沙谷先生立節同

해적이 서쪽에서 왔으니 수부(水府)가 비었구나. 마니산은 흰 구름 가운데
있어

오호라. 하나의 절절한 노랫소리 목 놓아 우네. 이 날 선생이 가슴에 분함이
쌓였다. 세상의 덕(德)이 일찍이 듣기에 공에게 쌓였고, 문장(文章)과 예악(禮
樂)이 우리 동방에서 으뜸이라.

오호라. 하나의 절절한 노랫소리 구르네. 선생에게 도가 있어 절충(折衷)하니
어찌 족히 만 명의 장부가 병사를 물리치지 않겠는가. 한갓 하나의 좋고
우뚝한 이름을 이루었다.

오호라. 하나의 절절한 노래가 세 번 나와서 첫째와 둘째 선생 중 누가

무겁고 가벼운가. 전날에 김공(회양부사 김연광)과 송공(동래부사 송상현), 충성스럽고 의로운 혼백은 유풍이 되었다.

오호라. 하나의 절절한 노래가 곡이 끝나니 사곡선생(沙谷先生 : 이시원)[30]이 절개를 세운 것과 같도다.

閔某曰　如此　大都無出義烈士乎

민모　"이렇게 큰 도시에 의로움을 낼 열사(烈士)가 없겠는가?"

池生曰　豈無其人也哉　前虞候　朴熙景　以其中軍　李龍繪
病不視事　權代中軍　率官軍等出甲串門　賊黨數百遍野　而來官軍等皆逃　朴熙景　以單騎　當賊欲問
情　賊曰　儂不識爾文　欲奪騎　熙景　拒路叱之　賊刺馬夫股　熙景　自牽馬走之
爲鞍脫　乃下馬　更叱曰　無常外寇　何奪我馬去　未幾日　以朴熙景爲中軍事教旨
下來　熙景不進　又數日後　印符下來　朴熙景　訪新留　至修隅里見謁　回通津
與巡撫中軍論軍事　卽上京見謁　雲峴宮　稟賊機　院位大監　解其周衣以衣之
次至巡撫營　見謁　大將　李景夏　有雅分亦厚遇之　還至通津.　見巡撫中軍　以內外
交攘之計約束而來　此時所着衣服　爲雨露塵土之所點汙　自雲峴宮　新件衣服
一襲又下給　今方徧探賊機以報　巡撫中營云云

지봉준　어찌 그런 사람이 없겠습니까? 전 우후(前虞候) 박희경(朴熙景)이 중군 이용회(李龍繪)가 병이 나서 업무를 보지 못하므로 임시로 중군 직무를 대행하여 군관(官軍)들을 거느리고 갑곶문에 나갔습니다. 그러나 적의 무리 수백 명이 온 벌판에 퍼져 있자, 이곳에 온 관군들이 모두 달아났습니다. 하지만 박희경은 혼자 말을 타고 가 적들에게 실정을 묻고자 하였습니다. 적들이 "나는 너의 글을 알지 못한다."라고 하면서 그의 말을 뺏으려고 하였습니다. 박희경이 길을 막고 이들을 꾸짖으니 적들이 마부의 넓적다리

---

30) 사곡선생은 이시원을 말한다. 이시원은 강화 사기리에 거주했는데, 이곳 지명을 사곡이라고도 했다.(『매천야록』 1권, 이시원의 순절)

를 찔렀습니다. 박희경은 자신이 말고삐를 잡고 말을 몰아 달리다가 안장이 벗겨져 곧 말에서 내려가 다시 꾸짖으면서, "사람의 도리가 없는 이 외적들아, 어찌 나의 말을 빼앗아 가려는가?"라고 하였다. 며칠 지나지 않아 박희경을 중군으로 삼는 국왕의 교지가 내려왔는데, 박희경이 나아가지 않았습니다. 또 며칠 후에는 인부(印符)가 내려왔습니다. 박희경은 신임 유수를 방문하여 수우리에 가서 알현하고 통진으로 돌아가 순무중군(巡撫中軍)과 군대 운영에 대한 업무를 논의하였습니다. 그리고 즉시 서울로 가서 운현궁(雲峴宮)에서 대원군을 알현하고 적의 정세를 보고하니 원위대감(院位大監)이 두루마기[周衣]를 풀어 그에게 입혀주었습니다. 다시 순무영(巡撫營)에 가서 대장(大將) 이경하(李景夏)를 알현하였는데, 아는 사이였기에 후하게 대접을 받고 통진으로 돌아갔습니다. 여기서 순무중군을 만나보고 안과 바깥에서 같이 물리치는 계책을 약속하고 돌아왔습니다. 이때에 입었던 의복이 비, 이슬, 먼지와 흙으로 얼룩지고 더러워져 운현궁에서 새로운 의복 1벌을 또 내려 주었습니다. 그리고 방금 이곳저곳을 다니면서 적의 낌새를 탐문하여 순무중영에 보고하였다고 운운하였다.

閔某曰 子無方策乎. 池生曰 與黃宅仁 劉舜根 吳啓泳 出義而探機 次到此.

민모　　"자네는 방책이 없는가?"

지봉준　"황택인(黃宅仁), 유순근(劉舜根), 오계영(吳啓泳)과 더불어 의(義)를 내세우고 적의 기미를 탐지한 후에 이곳에 이르렀습니다."

閔某曰 善爲之.

민모　　"잘했다."

遂分岐 行十里 南門入城 散漫之物 慘怛之狀 口不忍言 目不正視 趨至兩殿之

下 臆塞心裂 淚雨漣漣 彷徨不去 因吟一絶

마침내 갈림길에서 10리를 가 강화성 남문으로 성에 들어가니 여러 것들이 여기저기 흩어져 참담한 형상이라 차마 입으로 말할 수 없고 눈으로 똑바로 바라볼 수 없었다. 달려가 양전(兩殿 : 강령전과 만령전)의 아래에 이르니 원통하여 가슴이 답답하고 마음이 찢어졌다. 눈물이 비처럼 흐르고 방황하여 가지 못하였다. 이 때문에 시 한 구절을 읊었다.

園裏紅濃自落柿
田中黃熟未收禾
如論此地科場設
南北東西赴若何

뜰 뒤의 붉고 붉어 스스로 떨어지려는 홍시
논 가운데 누렇지만 아직 떨어지지 않은 벼이삭
마치 이 땅에 과거시험장을 만들어 놓은 듯
동서남북으로 간들 어떠하리.

投宿空舍 覘其賊機 一團蛇毒 萬端狐疑 窺察詳悉 防備周密 旣取其貨 滿載其船則 未久遁歸之意也

빈집에 묵으면서 적의 낌새를 관찰하니, 한 무리의 독사뱀과 만 갈래의 의심 많은 여우들이기에 자세하게 규찰하여 방비를 주도면밀하게 하였다. 이미 그들은 재화를 획득하여 그들의 배에 가득 실었기에 오래지 않아 돌아가려는 뜻이 보였다.

東方旣白 寄食於城下 無邊盤上 無名癩器 是平時 手中未遊的 汁物然 到此還作 無價之寶也

동방이 밝아오자 성 아래에서 밥을 얻어먹었다. 테두리 없는 소반 위에 이름 없는 쭈그렁 그릇인데, 이는 평시에 손 위에 올려놓지 않을 즙물(汁物 : 도자기에 바르는 잿물)이나 여기에 돌아와 만드니 값을 매길 수 없는 귀중한 보물이다.

行三十里 至廣城散山疊麓 可以伏兵 平原易地 可合交戰 渡至康寧浦 見百筏 千偶之人 天然開一陣戰場 就觀巡營設陣 復之村落睡一睡

30리를 더 가서 광성(廣城 : 광성보)에 도착하였는데 여기저기 흩어져 겹겹으로 막혀있는 산은 복병을 둘 만 하였고, 평탄한 들판으로 장소를 바꾸면 교전(交戰)이 가능하였다. 물을 건너 강녕포(康寧浦)에 도착하니, 수많은 뗏목과 허수아비로 만든 사람이 보여 자연히 한 개의 진(陣)과 전쟁터가 늘어서 있었다. 더 가서 순영(巡營)을 보니 진을 설치하였다. 다시 촌락에 가서 잠들었다.

朝明 渡租江 聞沁留 與經歷中軍 永宗僉使 俱在舊豊德養士里田舍 乃如士里 重疊殘山 惟可隱遯. 閔致五 投其友 具尙質之巢 林潤集 具得圭 亦來欣然 具尙質 爲進夕飯 因言永宗僉使 白樂莘以前兵使承 卽赴沁留所在處 合謀聚 兵 以圖克復之 傳敎再任永宗而可與論事

아침이 밝아서 조강(租江)을 건넜다. 강화부 유수와 경력과 중군, 영종첨사가 함께 옛 풍덕(豊德)의 양사리(養士里) 전사(田舍)에 있다고 한다. 이곳은 여사리(如士里)에 중첩되어 있는 나지막한 산이라서 은둔할 수 있다. 민치오가 그의 친구 구상질(具尙質)의 집에 머물렀다. 그 외 임윤집(林潤集), 구득규(具得圭)가 와서 기뻐하고 반가워하였다. 구상질이 저녁밥을 지어 올렸고, 영종첨사 백낙신(白樂莘)은 전 병사(前兵使)에 뒤이어 곧바로 강화유수가 있는 곳으로 달려가, 같이 모의하여 병사를 모아서 이 상황을 극복하기 위한 대책을 도모하였다. 국왕의 명령으로 다시 영종첨사에 임명되어 같이 일을 논의할 수 있었다.

[해설]

백낙신은 한말의 무신으로 악명 높은 탐관오리이다. 1862년(철종 13) 전국적으로 발생한 임술민란은 우리나라 민란사에서 매우 중요한 사건이다. 비록 산발적이기는 했지만 최초로 전국적이며 동시 다발로 발생한 민란으로 조선왕조의 모순에 대한 농민들의 자각과 분노를 일으킨 사건이었다. 조선왕조는 이때부터 추락하기 시작한 신뢰의 상실을 회복하지 못했다. 이때부터 싹튼 혁명의식은 1894년 갑오농민 전쟁으로 연결된다. 실제로 갑오농민전쟁에 주도적으로 참여한 인물 중에는 임술민란의 주동자나 희생자의 가족, 후손들이 많았다. 이 임술민란의 도화선이 된 사건이 진주민란인데, 진주민란을 야기한 주범이 백낙신이었다. 진주민란을 수습하기 위해서 안핵사로 파견되었던 박규수는 진주민란의 원인이 오직 경상우병사였던 백낙신의 탐학 때문이었다고 보고했다. 그가 환곡의 이자로 고리대를 붙여 착복한 금액만 4100냥, 병고전을 이용해서 고리대를 해서 얻은 돈이 3100냥, 그 외 각종 불법으로 착취한 돈이 총 1만냥이나 되었다. 이 사건으로 백낙신은 삭탈관직을 당하고 유배되었지만, 1865년 정월 초하루 신년 기념 특사로서 대왕대비의 특명으로 석방되었다.(『승정원일기』 고종 2년 1월 1일 정유) 1866년 3월 부호군으로 임명되어 관작을 다시 얻었다. 이후 내금위장 등을 역임했다가 병인양요가 발발하자 9월 8일 이경하를 도순무사로 이장렴을 우포도장으로 임명하면서 백낙신을 영조진 첨사로 임명했다. 병인양요에서 별다른 공적을 세우지 못했으나 이후 진주민란 때의 잘못은 전혀 언급되지 않으며 승승장구해서 가선대부가 되었고, 평안도 병마절도사, 북한관성장 등을 역임했다. 『개성부원록』에서도 민치오는 그에 대해 전혀 과거의 잘못을 거론하지 않으며 유능하고 신뢰할만한 장수라는 이미지를 주고 있다.

閔致五 幻着袍衣 卽之其所 白樂莘 寒暄敍畢 問曰 外寇如此 計將安出 閔致五
再三辭之曰 賊在水陸則 水陸竝進可乎 白樂莘曰 然 閔致五曰 火攻何如 白樂
莘曰 詳論其法 閔致五曰 結船作隊 而下則擧火之 前彼賊必以大砲放之 又以
從船拒之 以某帳制砲 以某手制船 當前縱火 抱其賊船 以吾從船載銃軍 下平
陸殺其城中 見火捄來之賊則何如

민치오가 포의(袍衣)를 입고 그곳에 갔다. 백낙신이 안부를 묻기를 마친
다음에, "외적이 이와 같은데 계책을 어떻게 하시겠습니까?"
민치오가 두세 번 사양한 후에, "적들이 수륙에 있기에 수륙 병진이 가능하겠
습니까?"

백낙신　　"그렇습니다."

민치오　　"화공은 어떻겠습니까?"

백낙신　　"그 방법을 상세히 논하여 보십시오."

민치오　　"배를 묶어서 한 떼를 만들고 아래편에서 횃불을 켜면, 앞의 적들이
반드시 대포를 쏘고 또한 작은 배로 이를 막을 것입니다. 어떤 장막으로는
대포를, 다른 손으로 배를 조종하여 불을 따라 적선을 포위하고, 우리
작은 배에는 총군(銃軍)을 태워 내려가서 육지를 평정하고 성 안에서 불을
보고 구원하러 오는 적을 죽이는 것이 어떠합니까?"

白樂莘 促膝曰 惟正合意也 閔致五曰 此擧非風水時中則難矣 白樂莘曰 今大
陣亦以火攻定計 願執事在此同謀何如 致五曰 不可無識賤身 旣許本營 豈可
之他 乃不許曰 今時務之急 在安民與募兵 而令監何不安募耶 白樂莘曰 何謂
也 閔致五曰 今沁民散之四方而渡 此松境者多矣 以安接之意 令於各里 慰其
驚㤼之心則其非安民之一道乎 且豊德之地則稅納松營 豊德之民則應役沁都
而束伍之軍丁精且多矣 何不召募 隨在窮峽 以受避亂之嘲乎

백낙신이 무릎을 대면서, "생각이 바로 저의 뜻에 맞습니다."

민치오　　"이 거사는 바람과 물때가 적중하지 않으면 어렵습니다."

백낙신 "지금 대진(大陣)이 또한 화공(火攻)을 계책으로 정하였는데 원컨대 일을 맡아서 여기에서 함께 모의하는 것이 어떻습니까?"

민치오 "무식하고 천한 저는 불가합니다. 즉시 본영이 허락하였는데 어찌 다른 계책이 가능하겠습니까?" 곧 허락하지 않고, "지금 시무의 급한 것은 백성을 편안하는 것과 병력을 모집하는 것에 달려 있는데 영감이 어찌 불안한 계책을 찾으십니까?"

백낙신 "무슨 말인가?"

민치오 "지금 강화도의 백성이 사방으로 흩어지고 이들이 배를 타고 건너서 이 송도의 경계에 많이 도착하였습니다. 편안하게 이들을 맞이할 뜻으로 각 마을에 명령하고, 그들의 놀라고 겁먹은 마음을 위로하는 것이 백성을 편안하게 하는 도리가 아니겠습니까. 또 풍덕의 땅은 송영(松營)에 세금을 납부하고, 풍덕의 백성은 강화도의 부역에 응하며, 속오군(束伍軍)의 군정(軍丁)이 정밀하고 또 많이 파악되고 있습니다. 어찌 이들을 불러 모으지도 않고 깊고 험한 산골에 놓아두어 이들을 피란시켰다는 조롱을 받도록 하겠습니까."

[해설]

민치오는 풍덕군의 속오군이 비교적 잘 파악되고 많이 남아 있으니 풍덕의 병력을 동원하자는 건의를 하고 있다. 여기서 재미난 사실은 풍덕군의 주민은 행정구역 상으로 개성부 소속으로 개성부에 세금을 내고 있지만, 강화부의 역사에도 징발당하고 있다는 것이다. 민치오는 이들이 강화의 부역에 동원되었던 경력이 있으니 강화의 전역에 군사로 동원하자는 것이다. 이 역시 개성과 강화의 독특한 공생, 협력관계를 보여준다.

白樂莘 熟視曰 唯唯此意轉稟於上使矣 言此言彼 夜已分矣 復睡一睡 白兵使 博覽武經 明達軍務 應擧擇人而赴永宗五日後到此也 翌朝復以軍事 與鄕俗

詰之 致五 隨問隨答 樂莘 復以同謀固請之 致五 終不許之

백낙신이 자세히 보면서, "네, 네. 이 뜻을 상사(上使)에게 올려 보고하도록 하겠습니다." 그리고 이 이야기 저 이야기로 밤이 이미 자정이 되어, 다시 한 숨 잤다. 백병사(白兵使)는 병법에 관한 책을 널리 읽었고 군사업무에 통달하였기에 현재 응모한 사람들을 고르고 영종도(永宗島)에 갔다가 5일 후에 여기에 도달하였다. 다음 날 아침에 다시 군사업무로 향속(鄕俗)에 대해 물었다. 민치오는 물으면 묻는 대로 거침없이 대답하였다. 백낙신이 다시 같이 모의할 것을 간곡하게 요청하였다. 민치오는 끝내 이를 허락하지 않았다.

樂莘曰 松都大處也 抱才者多矣 薦人可乎 致五曰 才難不其然乎 薦亦非難乎 樂莘曰 子爲其難 致五良久曰 人各爲其鄕 且所抱之人 亦有所操則 肯屈於此 時節乎 樂莘曰 陳平非無知不進 武侯非水鏡不遇 古今成大功者 皆得人 願借 一人 致五曰 姜姓載璜家貧 以醫學行世 以醫請之庶可來矣 遂作別而出 林潤 集 具朝飯待之久矣

백낙신　"송도(개성)는 큰 도시라서 재주가 뛰어난 사람이 많습니다. 그런 사람을 천거할 수 있습니까?"

민치오　"인재 얻기가 어렵다고 한 말이 맞는 말이 아니겠습니까? 천거 또한 어렵지 않겠습니까?"

백낙신　"그대가 그 어려운 일을 하십시오."

민치오가 한참 동안 있다가, "사람은 각각 자신의 고향을 위하고 또 뜻을 품은 사람은 지조가 있는데, 이러한 시절에 뜻을 기꺼이 굽히겠습니까?"

백낙신　"진평(陳平)[31]은 무지하지 않아서 벼슬에 나아가지 않았고, 무후(武

---

31) 진평(陳平) : 중국 전한(前漢)의 정치가로 황노(黃老)의 술(術)을 배워 한(漢)의 고조(高祖)를 섬겼다. 혜제(惠帝) 때 좌승상이 되어 주발(周勃)과 여씨(呂氏) 일족을 죽여 한실(漢室) 부흥에 공을 세웠다.

侯 : 제갈량)는 세상과 인물을 꿰뚫어보는 지혜가 없지 않아서[水鏡]32) 불우
(不遇)하였습니다. 고금에 큰 성공을 거둔 자는 모두 인재를 얻었으니 한
사람이라도 빌리기를 원합니다."

민치오 "강재황(姜載璜)의 집안이 가난한데 의학으로 행세하고 있어, 의술
을 요청하면 거의 올 것입니다."

드디어 작별하고 나왔고, 임윤집(林潤集)이 아침식사를 갖추어 오랫동안
대접하였다.

[해설]

민치오는 백낙신에게 의원으로 생계를 꾸리고 있는 선비 강재황을
천거했다. 강재황은 나중에 사람들의 부탁을 받아 개성군의 활약상을
정리한 글을 지었다. 이 글은 『개성부원록』의 후반부에 수록되어 있다.
민치오의 회고록과 강재황의 기록이 『개성부원록』의 절반 이상의
분량을 차지하는데, 민치오와 강재황이 이전부터 잘 아는 친밀한 사이
였음을 알 수 있다.

飯後 抵沁留所在處 見其從事 李景淵 與之數語而回程 午鷄報矣 步步歸巢
書童盡散家度甚艱 聞新中軍 尹湋 已爲出陣于領井浦矣 此時尹中軍 旣到領
井放砲三聲 下馬於旅閣 點伍後 別將 金廷根 聳出一計 元來 浦俗尙其賽神也
召其頭民 收其空舍之神衣神笠 二十餘件 以衣其石騎士則燦燦 外貌不下於
北親騎 義別騎矣

식사 후에 강화유수가 있는 곳에 가서 일을 처리하는 것을 보았다. 이경연(李
景淵)과 몇 마디 말을 하고, 돌아오는 길에 오르니 점심때를 알리는 닭이
울었다. 걷고 또 걸어서 집으로 돌아왔다. 글 배우는 아이들이 모두 흩어졌으

---

32) 수경(水鏡) : 세상과 인물을 꿰뚫어 보는 예지이다. 후한의 방덕공(龐德公)이 사마휘
(司馬徽)를 보고 수경(水鏡) 선생이라 불렀고, 진(晉)의 위관(衛瓘)이 악광(樂廣)을
보고 인수경(人水鏡)이라 불렀다.

니 생계가 매우 어려워졌다. 소문으로 듣기에 신임 중군인 윤위(尹湋)가 이미 영정포로 나가 진(陣)을 쳤다고 한다. 이때에 윤 중군이 이미 영정포에 도착하여 대포를 3발 쏘았다. 여관에서 말을 내려 점오를 한 후에 별장 김정근이 한 가지 계책을 권하면서 내었다. 원래 포구의 관습이 신을 모시고 굿을 하는 것이다. 그들의 우두머리 백성을 불러서 빈 집에 놓여 있던 신의(神衣)와 신립(神笠)을 거두어 오게 하니 모두 20여건이었다. 옷을 입은 기사(騎士)는 빛났으며, 그 외모는 북친기(北親騎), 의별기(義別騎)보다 처지지 않았다.

尹中軍 乃令軍中 朝問宿暮問食 見壯丁則 撫背而語之曰 壯哉 軍皆如爾則吾 何憂賊 見弱卒則 輒慰之曰 得無勞乎 金廷根 亦於朝夕循行軍中問曰 無飢乎 無寒乎 倘無病乎 復曰 若等不畏爾生後我生 我死後爾死 生死在我 若等無恐

윤 중군이 군대에게 명령하는데, 아침에는 잠자리에 대해 물어보고, 밤에는 식사에 대해 물어보았다. 장정을 보면 등을 어루만지면서, "장하구나. 군인 들이 모두 너와 같으면 내가 어째서 적에 대해 걱정하겠는가?"라고 하였고, 약한 병사를 보면 번번이 위로하며, "피곤하지 않은가?"라고 하였다. 김정근 이 또한 아침과 저녁에 군대 내부를 순찰하면서 군인들에게, "배고프지 않은가? 춥지 않은가? 혹시 아픈 곳은 없는가?"라고 물었다. 그리고 "너희들 은 적들을 두려워하지 말라. 너희가 산 뒤에 내가 살고, 내가 죽은 뒤에 너희가 죽으니 생사가 나에게 달려 있다. 너희들은 두려워할 필요가 없다." 라고 하였다.

金廷根之子 顯周 顯大 皆孝友篤摯者也 每以食物負至軍中 廷根曰 古之爲將 者 投醪飮河 豈可獨食 乃分散於諸軍 不過多日 一軍爲感死之卒而皆願一戰 矣 尹中軍謂金廷根曰 前日西警時 中軍李仁達 按撫一府 今上使按撫無餘 我爲援帥 必勤滅賊類 以雪中外之憤鬱可也

김정근의 아들인 김현주(金顯周), 김현대(金顯大)는 모두 효도와 우애가 독실하고 지극하였다. 이들은 매번 음식물을 짊어지고 군대에 보급하였다. 김정근은 "옛날에 장수가 되는 자는 병사들과 고락을 같이 해야지[投醪飲河]33) 어찌 혼자서만 먹겠는가?"라고 하면서, 군인들에게 고루 나누어 주었다. 며칠이 지나지 않아 모든 군인들이 감격하여 죽기를 각오한 군졸이 되었고 모두 한번 싸우기를 원하였다. 윤 중군이 김정근에게, "전날에 서경(西警 : 홍경래의 난) 때에 중군 이인달(李仁達)이 한 개의 부(府)를 안무하였다. 지금 우리 임금께서는 나머지를 안무하도록 하였었다. 내가 구원하기 위한 장수가 되어 반드시 적의 무리를 섬멸하게 되면 중외의 울분을 씻을 수 있을 것이다."라고 하였다.

金廷根對曰 夷狄易以計破 難用兵碎 又聞殘賊群居無 終日之慮 以觀其弊 乃可圖也 中軍曰大抵用兵之法 先知己後知彼然後勝敗可知 由此觀之 君言可也 而豈無處變之權乎 易家曰 六庚加丙白入熒 六丙加庚熒入白 註曰 白入熒兮賊即來 熒入白兮賊須滅 推其機變則 有相克之理而賊須滅矣 從今賊勢有衰 漸可不進兵乎 惟王師之伐 聲罪致討當當 豈爲詭道而勝之 抑爲輕行而襲之乃傳檄而定也

김정근　"오랑캐들은 계략으로는 깨트리기 쉬워도 군사력으로 이들을 섬멸하기가 어렵습니다. 또한 듣기에는, 남아 있는 적들의 무리가 일정하게 거처하는 곳이 없어 커다란 근심이 되고 있는데 그들의 폐단을 관찰하여 도모할 수 있습니다."라고 하였다.

중군　"대개 용병(用兵)하는 방법은 먼저 자기를 알고 난 후에 적을 알게 되면 승패를 알 수 있다. 이것으로 본다면 그대의 말이 옳다. 어찌 변화를

---

33) 투료음하(投醪飲河) : 군민(軍民)과 고락(苦樂)을 함께한다는 뜻으로, 월왕(越王)이 회계산(會稽山)의 치욕을 씻기 위해 아래로 백성들을 잘 길러 음식이 나누어 먹기에 부족하면 먹지 않았고, 술이 있으면 강물에 부어서 함께 마셨다는 고사에서 나온 말이다.[『여씨춘추(呂氏春秋)』 계추기순민(季秋紀 順民)]

처리하는 임시방편이 없겠는가? 『주역』에는 '6경(六庚)이 6병(六丙) 위에 더하면 태백(太白)이 형격(熒)에 들어가고, 6병(六丙)이 6경(六庚) 위에 더하면 형(熒)이 태벽(太白)에 들어간다.'고 되었는데, 그 주(註)에는, '태벽입형(太白 入熒)이 되면 적군이 침범하고, 형입백(熒入白)이면 적군이 곧 없어진다.'라고 되어 있다. 그 기세의 변화로 미루어 추정하면 상극의 이치가 있어 적이 곧 없어질 것이다. 이제부터 적의 형세가 쇠퇴하게 되어 점차 진격하지 못할 것이다. 왕의 군대가 정벌하면서 그들의 죄를 선포하고 이를 쳐서 벌을 주는 것이 당당한데 어찌 기만하는 방식으로 승리하겠는가. 아니면 경무장으로 행군하여 그들을 습격하겠는가? 곧 격문을 전달하는 것으로 계책을 정했다.

即令左右草檄 其書曰 夫天地之大德曰生 聖人之大經曰典 愚者逆之以亡 知者順之以顯 時則三代揖讓之逢世 無五胡乖亂之轉 爾在西極 我在東隅 往來以春秋爲記 出入以日月爲圖 衣裳自殊 其樣言語自別 其徒風氣不同之道 關市不易之財 絶域非相吞也 遠人胡爲來哉 蓋文山芝林之流和而其退也速 彼淸峯蘭軒之們 狡而其鳴也哀

곧 좌우에 명령하여 격문을 초안하였는데 그 글에는, '대개 천지의 가장 큰 덕은 살리는 것이고, 성인(聖人)의 큰 줄기는 가르침이다. 어리석은 자는 그것을 거슬러서 죽고, 아는 사람은 그것에 순응하기에 스스로를 드러낸다. 현재 시절은 중국 고대의 삼대(三代)의 예법에 따라 절하고 사양하는 세상을 만났기에, 다섯 오랑캐(중국 주변의 이민족)가 어지럽게 반란을 일으키는 일이 없었다. 너희는 서쪽 끝에 있고 우리는 동쪽 모퉁이에 있는데, 서로 간의 왕래는 봄가을로 기록하고, 출입하는 것은 날짜로 그렸다. 서로간의 의복이 다르고, 그 모양과 언어가 스스로 다르며, 무리들 간에 풍토 등은 서로 다른 도(道)에 따르며, 관문과 시장에서 서로 바꿀 수 없는 재화이기에 영토를 서로 삼키지 않았다. 먼 나라에서 왜 온 것인가? 개문산(蓋文山)

풍지림(馬芝林)의 부류는 평화로웠고 물러나는 것도 빨랐다. 저 청봉(淸峯)과 난헌(蘭軒)의 무리(제너럴 셔먼 호)는 교활하였지만 그들의 울음소리는 애처로웠다.

[해설]

풍지림은 오페르트의 통역관으로 와서 강화부 벽에 시를 남긴 사람이다. 오페르트가 통상을 청하기만 했을 뿐, 무력 충돌을 자제하고 돌아간 것을 의미한다. 난헌(蘭軒)은 최난헌으로 제너럴 셔먼 호를 타고온 선교사 토마스 목사의 한자식 이름이다. 조청봉은 불타는 배에서 빠져나와 기슭에 올라왔다가 주민에게 살해된 중국상인 조능봉(趙凌奉)의 오기인 것 같다.

況今毀破宮闈 貪取府庫 放逐官吏 入據江城 舟中皆敵國海上無賴兵 此乃前所未有 惡所不行 語曰 强敵必摧 記云 貪兵卽滅 我奉承王命之征 統督軍容之列 金神按節 義氣旺生 水伯迎師 智方區別 雉堞垂危 奚難一擧而克復 鸕鶏散亂 敢抗百道之竝攻 芒燻登天 醜尸轉於湯火 長星燭地 酋首殞於霜鋒 故漢吏平潢池之弄兵 必見治絲之績 周師獻淮浦之殲鹹 庶望分茅之封 鳥獸不群之處 稂莠去根之時 所謂 爾英國法國亞國者 不愆于一伐二伐三伐之縛面 於是延頸於斯 短檄未訖

하물며, 지금 궁궐을 헐어 깨뜨리고 부(府)의 창고를 탐욕스럽게 탈취하며 관리를 쫓아내고 강화성에 들어갔다. 배 안에는 모두 적국(敵國)의 바다 위의 무뢰한 병사들인데, 이들은 역사상에 유래가 없었고 나쁜 것은 행하지 않았다. 또한, "강한 적은 반드시 꺾인다."고 하였고, 기록에는 "탐욕스런 군사들은 곧바로 망한다."고 하였는데, 내가 왕명을 받들어 정벌하여 군대의 대열을 통할하고 감독하였다. 가을에 나타나는 금신(金神)이 위세를 부리고, 의로운 기운이 왕성하게 드러나 물의 신인 수백(水伯)이 우리 군사를 환영하여 지혜로운 방법을 구별하고 성가퀴(雉堞)가 위험에 직면하였는데 어찌

한 번에 극복하기 어려운 것들이 있겠는가? 배들이 흩어져 어지러웠지만 온갖 방법으로 갖추어 공격하는 것에 대항하였다. 불똥이 하늘로 날아오르자 적들의 시체가 끓는 불 속에서 굴렀다. 커다란 별이 땅을 비추자 두목의 머리가 서릿발 같은 칼날에 떨어졌기에 한나라 관리가 옛날 황지(潢池)에서 무기를 가지고 놀았던 일[弄兵潢池]34)을 평정하였으니, 반드시 엉킨 실을 푸는 공적을 보게 될 것이다. 그리고 주사(周師)가 회포(淮浦)의 오랑캐를 섬멸하고 귀를 베어서 바쳤으며, 땅을 나누어주고 대대로 습봉하는 것을 바라고, 새와 짐승들이 모이지 못하는 곳과 잡초(粮莠)의 뿌리를 제거하는 때이다. 이른바 너희 영국, 법국(프랑스), 아국(러시아)은 한 번, 두 번, 세 번의 정벌로 압박해도 잘못이 아니다. 이에 이 짧은 격문을 마치지 못하여 목을 늘이면서 기대하였다.

騎士 金大均 請傳 大均 本以農夫 亦出義自願 作隊於左列 而赴陣者也 姜錫龍 進曰 竊聞大陣已有傳檄則 今以援兵 又此傳書 似涉疊文 送人探機何如 中軍 曰 然 余是討捕使 而討捕營者 譏詗秘密衙門也 前日出陣時 討捕行首 白景錫 以穎悟善察的軍官二人 伶俐間捕卒六名 已爲待令者 將有用於此也 招其軍 官 朴祐炯 捕卒 趙快哲 趙貴石 曰 汝當變服 入賊中暗察 必機取其表跡 而回應 曰 依分付擧行 朴祐炯 旣聽令率二卒一直走了 是日汐站取其一雙 一座壺一 件檻三人各納一物曰 賊可擊也

기사(騎士) 김대균(金大均)이 전령이 될 것을 요청하였다. 김대균은 원래 농부인데 또한 의로움으로 자원하였고, 좌열에서 대(隊)를 만들어 진영에

---

34) 농병황지(弄兵潢池) : 생활고에 시달리고 수령들의 압박을 견디다 못해 일으킨 농민들의 반란을 말한다. 황지(潢池)는 물이 고여 만들어진 작은 연못인데, 한(漢) 공수(龔遂)가 선제(宣帝)의 하문(下問)을 받고는 "이번의 반란은 기한(飢寒)에 시달리는 백성들을 관리들이 제대로 돌보아 주지 않자, 폐하의 어린아이들이 폐하의 무기를 슬쩍 훔쳐서 황지 가운데에서 한번 장난을 쳐 본 것일 따름입니다.[其民困于 飢寒而吏不恤 故使陛下赤子盜弄陛下之兵于潢池中耳]"라는 것에서 나왔다.[『한서(漢 書)』 권89, 공수전(龔遂傳)]

나간 자이다. 강석룡(姜錫龍)이 나아가서, "가만히 듣건대, 큰 진(陣)에서 이미 격문을 돌린 것이 있어, 지금 구원병으로 다시 이 서신을 전하면 첩문이 중첩될 것 같으니 사람을 보내어 정탐함이 어떠합니까?"라고 말했다.

중군이, "그렇다. 나는 토포사(討捕使)인데 토포영(討捕營)이라는 것은 남모르게 엿보는 비밀 아문이다. 전날 출진할 때에 토포행수(討捕行首) 백경석(白景錫)이 매우 영리하고 잘 살피는 군관 2명, 영리한 포졸 6명으로 이미 대령한 사람들은 앞으로 여기에 유용하게 쓰일 것이다."라고 하였다. 그리고 군관 박우형(朴祐炯), 포졸 조쾌철(趙快哲), 조귀석(趙貴石)을 불러, "너는 반드시 변장을 하고 적속에 들어가 몰래 사찰하면 반드시 기회가 있을 것이다."라고 하니, 이에 응답하여, "분부에 따라 거행하겠습니다."고 했다. 박우형이 이미 명령을 듣고 포졸 2명을 거느리고 곧장 달려갔다. 이날 조수 속에서 한 쌍으로 된 단지 하나를 얻었는데, 세 사람이 각기 물건 하나를 바치면서, "적을 칠 수 있습니다."라고 하였다.

尹中軍 卽以此意 文報于營門 促治行軍 軍皆蓐食 舟子亦以十三隻船 五十名 格軍 已爲待令於滸矣 以哨官 韓德敎 領率而登船 軍伍與船格 去半千 不遠時 維十月 序屬三冬 天風怒號 地雷伏藏 岸容待臘將舒柳 走卒爭彈折柳曲 山意 衝寒欲放梅

윤 중군이 곧 이러한 뜻으로 영문에 문서를 보내고 행군하도록 재촉하자 군인들이 모두 새벽밥을 먹었다. 뱃사람들 역시 13척 배에 50명의 노를 젓는 군인들로 이미 물가에 대령하였다. 초관 한덕교(韓德敎)가 이들을 이끌고 배에 올랐다. 군오와 배의 노 젓는 군인이 거의 500명이었다. 머지않아 때가 10월이고, 절기는 삼동(三冬)이요, 하늘높이 부는 바람의 세찬소리에, 땅 속의 우레가 숨겨져 있으니, 세밑 강 언덕 버들가지 움터 오르려 하고, 다투어 달려가 끝내 절류곡(折柳曲)³⁵)을 연주하니, 산속 매화 추위를 뚫고

---

35) 절류곡 : 옛 횡취곡(橫吹曲)의 이름인「절양류(折楊柳)」를 말한다. 한(漢) 장건(張騫)

피어오르려 하네.

征夫先奏落梅歌 鼓
角喊聲天地震動 旌
旗舳艫江海蔽塞 當
解纜於石頭 孫權殿
後 佇落帆於峴首 杜
預驅前 儀晉車之七
百 攬周干之三千 緬
釋驂於涇河 曲射麋
於孟津 要將計而取
計 貴先人而奪人 沙
囊決兮襲龍 木罌渡
兮擒豹 西指黃岡之
樓上矢聲錚錚 王禹
稱 又在何處 東望赤
壁之舟中 火氣焰焰
曹孟德 而今安在哉

출정하는 군사가 먼
저 낙매가(落梅歌)[36]

조선 무관 양헌수의 격문을 전한 지홍관은 이런 복장으로 프랑스군을
방문했다. 쥐베르의 그림은 지홍관을 모델로 한 것인지도 모른다.
『Une expedition en Coree』(명지대-LG연암문고 소장).

를 연주하고 뿔피리를 불고 북을 치며 함성을 지르니 천지가 진동하였다.
정기(旌旗)와 배의 이물과 고물이 강과 바다를 가득 채웠다. '석두성에서
뱃줄을 푸니 손권(孫權)이 뒤에서 호위하고, 현산 머리에 돛을 내리니 진나라

이 서역(西域)에서 「덕마하두륵곡(德摩河兜勒曲)」을 전하여 들어왔고, 이연년(李延
年)이 이를 인하여 신성(新聲) 28해(解)를 만들어 무악(武樂)으로 삼았는데, 위진(魏晉)
시대에 옛 가사를 잃어버렸다. 그 뒤 진(晉) 태강(太康) 말엽에 경락(京洛)에 「절양류」
가(歌)가 있었는데, 이는 대부분 군사들의 수고로움을 노래한 것이었다.

36) 원나라의 시에 낙매가가 있는데 어떤 낙매가인지는 알 수 없다.

장수였던 두예(杜預)가 앞장을 섰구나.[37] 진나라 700대의 전차의 의용과 주나라 3천의 방패, 경하(涇河)에서 세 마리가 끄는 마차를 풀고, 맹진(孟津)[38]에서 활을 쏘아 쓰러트리니, 계략을 내어 계략을 취하는 것을 원하고, 다른 사람보다 앞서 다른 사람을 빼앗는 것을 귀하게 여기니, 모래주머니를 터트려 용을 습격하고, 목앵(木罌)[39]으로 건너 표범을 사로잡도다. 서쪽을 가리켜 황강(黃岡)의 누상(樓上)에 화살 소리가 쟁쟁하게 들린다. 왕우칭(王禹稱 : 송나라 시인)이 또 어느 곳에 있을지 모르며, 동쪽을 바라보니 적벽의 배 안에 불기운이 이글거리니 조맹덕(曹孟德 : 조조)은 지금 어디에 있을까!

[해설]

저자가 북쪽 수협을 건너면서 중국의 고전을 있는 대로 인용해서 분위기를 묘사했다. 석두성은 삼국지의 오왕 손권이 도읍했던 곳이다. 현재의 남경 청량산 뒤쪽으로 토성 유적이 발굴되었다. 이곳은 역대로 양자강과 남경을 지키는 요충으로 석성호거(石城虎距)라는 별명이 있다. 진나라 장수 두예가 이곳을 함락하면서 삼국통일이 완성된다. 강화도로 건너가면서 양자강의 요충지를 두고 오나라가 웅거했던 상황과 진나라 두예가 대치했던 상황을 대입한 것이다.

석성과 두예의 비유가 남쪽과 북쪽의 대치를 묘사한 것이라면 황강과 적벽은 서쪽과 동쪽의 풍경을 묘사한다. "황강의 누상에 화살소리가 쟁쟁하다"라는 구절은 송나라 시인 왕우칭(954~1001)의 「황강죽루기(黃岡竹樓記)」를 인용한 것이다. 왕우칭의 대표작은 『고문진보』에도 수록된 「대루원기」이다. 「황강죽루기」는 그가 외직으로 쫓겨나 호북성 황주에 자사로 있을 때 지은 서정산문으로 그의 대표작 중 하나이다.

---

37) 최치원의 「토황소격문」 가운데 '當解纜於石頭 孫權後殿 佇落帆於峴首 杜預前驅'에서 나왔다.

38) 맹진(孟津) : 주(周) 무왕(武王)이 은(殷)나라를 치기 위하여 제후들과 회맹(會盟)한 곳으로, 이때 군사들을 두고 맹세한 내용을 기록한 것이 『서경』 태서(泰誓)이다.

39) 목앵(木罌) : 나무로 만든 통 여러 개를 얽어 쭉 한 줄로 띄우고 그 위에 판자를 깔아 물을 건너는 장치.

저자는 수로를 건너는 중에 서쪽에 "황강(黃江)"이 있으므로 발음이
같은 「황강죽루기」를 떠올리고 군대가 출정하는 중이므로 그 중에서
"화살 소리 쟁쟁하다"라는 구절을 차용했다. 다만 왕우징의 「황강죽루
기」에 등장하는 화살은 전투용 화살이 아니라 투호놀이용 화살을
의미한다. "바둑을 두기에 적당하니 바둑알 소리가 땅땅 울린다. 투호놀
이에 적당하니 화살소리가 쟁쟁하다. 모두가 죽로의 도움을 받아 생기
는 것이"라고 하였다.

이른 아침에 도하하는 중이므로 동쪽 수면은 태양빛으로 붉게 물들었
다. 그 광경을 보고 오촉 연합군이 조조를 패퇴시킨 적벽대전을 연상했
다. 아침의 풍경과 승리를 기원하는 마음을 합쳐서 노래한 것이다.

宛在中流 中軍令曰 旗爲目 鼓爲耳 而左師執弸 右師執鞬 前艦勿亟 後艍勿差
有項舟子 跪報 孫石項邊 片片弊帆 沈浮於風波之中矣 中軍笑道曰 彼賊已料
我行請集黨類也 我一擧兵威 沒數滅賊 不亦宜乎 乃抵月串津前 所謂賊船盡
遁 一虜不可得見 十餘浦落都無女娘 只有病老四五男丁 枯木之形立如江樹
而守空村

완연히 중류에 이르러 중군이, "깃발은 눈을 위한 것이고 북소리는 귀를
위한 것이다. 좌측 부대는 활[弸]을 잡고 우측 부대는 동개[鞬 : 활과 화살을
넣는 케이스]를 잡는다.(왼손으로 활을 잡고 오른손은 화살집의 화살을
잡는다는 의미로 궁수가 전투준비를 하고 있은 모습을 의미한다) 앞의
배는 급히 서두르지 말고, 후미의 배는 대열에서 어긋나지 말라."고 명령하
였다.

손돌목에 있는 뱃사람이 꿇어앉아, "〈적의 배가〉 손돌목(孫石項) 가에 조각
조각 돛이 해어져 바람과 파도가 일고 있는 가운데에 물 위에 떠올랐다
다시 잠겼다 합니다."라고 보고하였다. 중군이 웃으며, "적을 이미 파악했으
니 내가 가서 우리 무리들을 불러 모을 것을 청해야 하겠다. 그래서 내가
일거에 군대의 위세를 동원하여 적을 없애버리는 것이 마땅하지 않을까?"라

고 하였다. 곧이어 월곶진 앞에 도달하였는데, 이른바 적선이 모두 숨어버리고 한 놈도 발견할 수 없었다. 10여 곳의 포구 부락에는 도무지 젊은 여성은 없었고 단지 병들고 늙은 4~5명의 남자 노인네들이 있을 뿐이었다. 이들은 고목(枯木)과 같은 모습으로 마치 강가에 서있는 나무 같이 빈 마을을 지키고 있었다.

[해설]

개성군이 도하한 날은 10월 4일이었다. 이것은 극적인 타이밍이었다고 밖에 설명할 도리가 없다. 순무영의 작전은 양헌수 부대가 남쪽에 있으니 북쪽에서 협공하자는 것일 수도 있지만, 양헌수군으로부터 주의를 돌리기 위해 개성군을 미끼로 사용하려는 것일 수도 있었다. 그랬더라면 개성군은 큰 피해를 입었을 것이다. 그러나 양헌수가 1일에 도하해 버리는 바람에 상황이 반대가 되었다. 10월 3일 정족산성 전투에서 프랑스군 정찰대는 정찰대 병력의 1/5에 해당하는 29명이 부상을 당하는 큰 피해를 입었다. 그 중 5명은 장교였다. 프랑스군은 전사자가 전혀 없다고 했으나 양헌수의 기록에 의하면 최소한 한 명이 사망해서 강화 부내에서 염을 했다고 한다. 그러나 이것은 중상자였던 들라살에게 붕대를 감은 것을 염으로 오해한 것이 아닌가 싶다.

로즈 제독은 조선이 계속 저항하는 이상 강화에 머물러 있는 것은 무의미하다는 결론을 내렸다. 그들은 이미 자신들의 병력으로는 강화도를 방어할 수도 없다는 사실을 알고 있었다. 조선군이 계속 밀려오고 희생자가 늘어나기 전에 철수하는 것이 현명한 일이었다. 4일, 전격적으로 철수가 결정되었다. 당일로 르 브르통 호는 강화 북쪽 수역에서 철수했다. 모든 함선이 갑곶에 정박했다. 개성군은 4일에 바다를 건너 월곶으로 들어갔다. 얼마되지 않는 남쪽의 강화부에 있던 프랑스군이 있었지만 이들은 철수 준비로 바빴다. 병사들은 10월 5일 새벽 2시에 승선을 시작했으며 함대는 6시에 출발했다. 이들이 떠나자마자 개성군이 강화수로를 건너 월미곶에 도착했고, 다시 행군해서 강화부에 입성

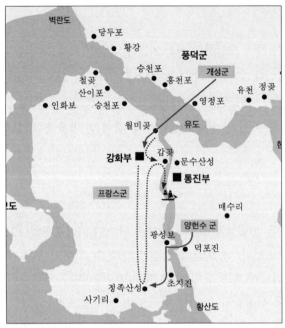

10월 4일의 전투와 개성군의 이동 상황도

했다. 이때까지도 개성군은 양헌수 부대의 동향과 정족산성 전투를 전혀 모르고 있었다. 그러나 프랑스 함대가 사라진 것은 알고 있었다. 그래서 당당하게 수로를 건널 수 있었다. 선원이 적군의 돛이 바람과 파도에 따라 보였다 말았다 한다는 것은 그들의 함선이 수평선 너머로 멀리 갔다는 의미이다.

金鍾源 令陣中 左右班列 前後行伍 整齊嚴肅 放砲吹打 入於潮海門 少歇軍兵 先察鎭舍則 不過什二三 軍器庫 火藥庫 俱入灰 中門樓石干欄破落 城下鎭底 三四十戶 虛無居人 探問無處 中軍因上馬吹打行陣二十里 强臨東門 遠近村落 都無人煙 鷄豚犢特 掃如不見 又轉至城門

김종원(金鍾源)이 진중에 명령하여 좌우의 반열과 전후의 행군대오를 엄숙하게 정렬하여 총을 쏘고 취타(吹打)를 불게 하면서 조해문(潮海門)[40]으로 들어갔다. 조금 쉬고 난 후에 병사들이 먼저 진사(鎭舍)를 살피게 하니 남은 곳이 10군데 중 2~3곳에 불과하였다. 군기고(軍器庫)와 화약고가 모두 잿더미가 되었고, 중문 다락의 돌난간이 깨지고 떨어져 있었다. 성 아래에

---

40) 월곶진에 있는 성문으로 현재 연미정 아래에 복원되어 있다. 누각의 이름은 조해루이다.

진(鎭) 밑에 있던 34가구는 비어서 거주하는 사람이 없었기에 탐문할 곳이 없었다. 중군이 이로 인하여 말을 타고 취타(吹打)하면서 20리를 행진하였다. 겨우 강화성 동문에 접근하니, 멀고 가까운 촌락에서 도무지 인가에서 나는 연기는 없고 닭, 돼지, 송아지 등이 마치 쓸어낸 것처럼 보이지 않았다. 다시 부대를 옮겨 성문에 도착하였다.

金廷根 告曰 行軍入城 自有其規 中軍曰 然 送執事 許櫶 報于大陣 待其入城之 令 而逐進軍城內 地方周回 幾至十數里 而行宮之壯麗 營衙之宏大 閭閻之櫛 比 爲四都之一 而回祿之餘 舊沁忽變 新沁便開 不過一小縣 行到鍾樓四街 初逢一卒 問之則 巡撫營千摠 梁憲洙 哨官 李 金沂明率銃手五百 屯于鼎足山 城 南門外 昨日午時量 靑田伯后 李基赫 招引賊徒於此地 一場接戰殺賊六箇 我陣銃手 死者一人 傷者亦一人 而賊扶死扶傷不暇 奔走之時 放火城中 至於 此境而今朝再入城云云矣

강화부 입구

김정근의 보고 "행군하여 성에 들어가는 것은 모두 정해진 규칙이 있습니다."

중군　　　"그렇다. 집사 허헌(許櫶)을 보내 대진(大陣)에 이 사실을 보고하고 성에 들어가라는 명령을 기다려야 한다."

드디어 부대가 성 안으로 진군하였는데, 사방 둘레가 거의 십 수리에 이른다. 행궁(行宮)이 장려하고 영아(營衙)가 굉대하고 여염집이 즐비하니 사도(四都)[41]의 하나가 된다. 불이 나는 재앙으로 인하여 옛 강화부가 갑자기 달라져, 새로 강화부를 임시로 열게 되니 하나의 작은 현(縣)에 불과하다. 종루 4기(鍾樓四街)에 이르러서 처음 한명의 병졸을 만나서 물어 본즉, 순무영 천총 양헌수(梁憲洙)[42] 초관 이□□(李㴐 또는 李大興), 김기명(金沂明)이 총수

---

41) 조선시대 유수부를 설치했던 4곳. 개성, 경기도 광주, 화성(수원), 강화를 말함.

42) 양헌수(梁憲洙) : 1866년(고종 3) 조불전쟁(병인양요) 때 열악한 병기로 우세한 프랑스군과의 정족산성 전투를 승리로 이끈 조선말기의 무신이다. 그는 이항로(李恒老)의 문하에서 학문을 배웠지만, 이후 경상좌도 수군절도사를 지냈다. 그리고 『악기도설(握器圖說)』이라는 진법서를 남긴 할아버지 양완(梁㙉)의 영향 때문인지 1848년(헌종 14) 무과에 급제하여 선전관이 되었고, 이후 평안도 희천군수, 갑산부

5백을 거느리고 정족산성 남문 밖에 주둔하였고, 어제 오시 가량(11~13시)에 청전백후(青田伯后) 이기혁(李基赫)이 적의 무리들을 이곳으로 유인하여 한바탕 전투 끝에 적 6명을 죽였다. 우리

정족산성 전투도

진의 총수(銃手)로 사망한 사람이 1명, 부상자가 또한 1명이다. 적이 죽고 부상을 입어 이를 돌볼 겨를도 없이 달아날 때에 성 안에 불을 질러서 이 지경에 이르렀다. 오늘 아침에 다시 성에 들어왔다고 하였다.

[해설]

양헌수는 정족산성에 진지를 구축하고, 남문에는 초관(哨官) 김기명(金沂明) 지휘 하의 포수 161명, 동문에는 초관 이렴(李濂) 지휘 하의 포수 150명, 서문과 북문에는 초관 이대흥(李大興) 지휘 하의 경군(京軍) 및 향군(鄕軍) 157명을 배치했다. 프랑스군은 동문과 남문 사이로 접근해 오다가 조선군의 공격을 받았다. 양헌수의 기록에는 동문에서 2명, 남문에서 4명을 사살했고 아군 전사자 1명, 부상자 1명이라고 했다. 이는 『개성부원록』의 기록과 일치한다. 그러나 프랑스군은 사망자는 없다고 했다.

사, 제주목사를 지냈다. 그는 1866년 승정원의 동부승지가 되어 내직으로 들어갔다가 병인양요로 인해 순무영이 설치되자 천총(千摠)에 임명되었다. 병인양요 이후에 공로로 한성부좌윤이 되고 1869년 황해도 병마절도사로 부임하였다.

瞭望松軍之渡江因卽遠遁矣 諸軍一喜而一恨其晚渡 因留陣于鍾樓街中 尹中
軍 過討捕廳 見 梁憲洙 而李 豊川 基祖 適又來此 與之鼎坐 一場談話 卽向沁留
私處 沁留之慰勞甚殊 而昨汐站以單騎入都然本營盡燒 所謂營屬白衣者十餘
名 永宗僉使 白樂莘 與沁留同行渡江 亦在閭舍云 於焉 日暮 中軍因下處於閭
閻空舍 軍兵分屯於鍾樓街空家 詳探賊梗則 曰或有不卽承順者 驚怵避走者
辭色憤鬱者 使喚遲滯者 竝放銃拔劍 所殺人命三十餘人 自孫石項 以上右邊
則 通津豊德境 七八浦左邊則 江華境五十一臺十二浦 無論大小船隻 盡爲燒
火 而出沒城村 作亂無數故 人人奔走不暇 有穀不食 有衣不服 有財貨難用
有家屋難居 而土賊亦不無助桀爲虐者云云

(적들이) 멀리 바라보아 개성의 부대가 강을 건너는 것을 보고 곧바로
멀리 달아났다. 여러 부대가 한편으로 기뻐하였고, 한편으로는 늦게 강을
건넌 것을 한스러워 하였다. 이후에 종루가(鍾樓街) 가운데서 진(陣)을 머물게
하였다. 윤 중군이 토포청(討捕廳)을 지나다가 양헌수(梁憲洙)를 만났는데,
풍천부사 이기조(李基祖)[43]가 마침 이곳에 와서 세 사람이 함께 앉아 이야기
를 나누었다. 곧이어 강화유수가 거처하는 곳으로 향하였는데 강화유수의
위로가 매우 남달랐다. 어제 조수에 혼자 말 타고 강화도에 들어왔으나
본영이 모두 다 불타버렸다. 이른바 본영에 소속된 백의종군한 사람 10여명,
영종첨사 백낙신(白樂莘)이 강화유수와 같이 동행하여 강을 건넜고 여사(閭
舍)에 있다고 말한다. 어느새 해가 저물어 중군이 여염의 빈집에 묵었다.
군인들은 분산시켜서 종루가 빈 집에 주둔하였다. 적의 동정을 자세하게
탐문하도록 하였는데, 어떤 자는 순순히 따르지 않았고, 또한 놀라고 겁먹어
피하여 달아나는 자도 있었으며, 얼굴색이 울분에 차 있는 자와 일을 시키는

---

43) 이기조(李基祖) : 병인양요 당시 풍천부사 이기조는 별군관에 임명되어 광성진에
주둔하던 중 덕적포에서 프랑스 군함 4척을 격퇴하는 전과를 올렸다. 이후 삼화부사
와 부평부사로 부임하였다. 부평부사로 재임하던 1871년(고종 8) 5월 신미양요가
발생하자, 이기조는 조정의 훈령을 받고 직접 미국 함대와 교섭하는 한편, 미국
함대의 침공을 비난, 문책하는 항의문을 발송하는 등 미국 함대가 물러갈 때까지
활발한 활동을 펼쳤다.

데 늦게 하는 자도 있었다. 아울러 총을 쏘고 검을 뽑아 피살된 인명(人命)이 30여명이 되었다. 손돌목(孫石項) 위에서부터 오른쪽 편인 통진, 풍덕의 경계 7~8개의 포구와, 왼쪽 편인 강화도의 경계 내인 51개의 대(臺)와 12개의 포구는 말할 것도 없이 크고 작은 선박이 전부 불에 탔고, 성과 촌락에 출몰하여 난을 일으킨 것이 무수하게 많아 사람들마다 달아나기 바빠서 곡식이 있어도 먹지 못하고, 옷이 있어도 입지 못하고 재화가 있어도 쓰기 어려웠고, 가옥이 있어도 거처하기 어려웠으며, 토적(土賊)들 역시 걸 임금을 도와 학대한 자처럼 행동하는 경우가 없지 않았다고 하였다.

[해설]

양헌수는 정족산성에서 승리한 공로로 5일에 바로 가선대부로 임명하고, 한성우윤으로 제수한다는 교지가 내려왔다. 강화부에 들려 강화유수 이장렴, 개성군을 이끌고 온 윤위 등을 만났다. 양헌수의 기록에는 이들 외에 교동군사를 데리고 온 이지수가 있었고, 윤위의 병력이 140명이라고 했다.[44]

강화를 탈환했지만 강화도 내부에서 소요사태가 발생했다. 관군에 저항하다가 피살된 사람이 30명이나 되었다. 이들 중 일부는 프랑스군이 주둔하는 동안 부역한 사람들이라고 보여진다. 짧은 점령기간 동안에 부역자가 생기고 그들이 관군에 저항하고 살해되었다는 기록은 『개성부원록』에만 있는 유일한 기록이다. 1894년에 전국적인 동학농민전쟁이 발발하지만 당시 백성들이 국가에 대한 반감이 상당했음을 보여주는 내용이다. 『개성부원록』은 서문에서부터 고종시대가 태평성대임을 강조하고 있는데, 이런 사회 분위기에 대해 위기감을 전혀 깨닫지 못하는 것이 심각한 한계이다.

明朝乃初六日也 尹中軍進見沁留與永宗 而沁留之 啓請碑將 前三水府使 李

---

44)『국역하거집』, 80쪽.

敏純 自京下來 略傳京耗 因與之摘奸則 南門內徧被賊火者 合一百九十四戶
城內外閭閻避亂者 不知幾千戶則 如干居民皆是在鄉之異客 無非有妻之生鰥
此所謂 項籍 來焚關中三月不滅 汲黯 往視河內千家連燒 即修文報于營門

아침이 밝아오니 초 6일이다. 윤 중군이 강화유수(이장렴)와 영종첨사(백낙
신)를 만나 보았고, 강화유수가 비장(裨將)에게 보고할 것을 요구하였다.
전 삼수부사(三水府使) 이민순(李敏純)⁴⁵⁾이 서울에서부터 내려와 간략하게
서울 소식을 전하였다. 그리고 함께 범죄를 적발하려고 하니 강화성 남문
안에 적들이 불을 질러 피해를 입은 집이 모두 194호이고, 성 안팎의 여염집
에서 난리를 피하려고 했던 사람들은 그 숫자를 헤아리지 못하니, 주민들은
모두 고향의 특이한 손님이 되었고 또한 모두 처가 있는 생홀아비가 되지
않을 수 없었다. 이는 이른바 항적(項籍 : 항우)이 와서 관중(關中)에 불을
질러 3개월 동안 불이 꺼지지 않은 것과, 급암(汲黯)⁴⁶⁾이 하내(河內)에 가
수많은 집이 계속해서 불에 타오르는 것을 본 것과 같다. 곧바로 문서를
정리하여 영문(營門)에 보고하였다.

[해설]

여기서부터 기록이 처음에는 윤위라는 3인칭 시점에서 시작했다가
갑자기 1인칭 시점으로 기술되고 있다. 1인칭의 주인공은 민치오가
아닌 것은 분명하다. 영문에 보고를 했다는 것으로 보아 관원이고,
강화부로 입성한 사람이다. 치안유지에도 관여하는 것을 보면 지휘부
에 있는 사람이다. 그런데 문장 중간에 자신을 중군으로 호칭하는
대목이 나오는 것으로 보아 윤위의 기록이 거의 확실한 것 같다.

---

45) 이민순(李敏純) : 1815년 생. 본관은 전주. 무과 출신이다. 병인양요 후 진무영우영
장, 풍덕부사를 지냈다.
46) 급암(汲黯) : 한(漢)의 태수로 무제(武帝)의 정치를 도왔고, 동해태수(東海太守) 내지
회양태수(淮陽太守)가 되어 문 안에 누워 있어도 3년 동안 고을이 잘 다스려졌다고
한다.

其狀內云 長寧殿 萬寧殿 奎章閣 被火形止奉審則無論正殿翼廊 都無一間所
存 內帑御庫積儲之物 竝爲燒燼 長寧殿所藏 輦輿俱無形體 只有鳳頭花蓋粧
餙 散在庭前 奎章閣藏書 幾千卷 賊漢入城之初 已爲偸去載船 諸處公廨倉庫
軍器 各廨盡被回祿 如干軍器 與鐵物燒餘 狼藉灰中 而惟鄕校忠烈祠 中營訓
鍊院免火 猶存民家則 南門內徧被燒火 城內間間 失火之家 一一攔入 窓戶也
家藏也 沒數打破 衣服衾具汁物可用者 盡取偸去 餘存器皿器物裂之破之 房
內庭中散落被地 而月串鎭 軍器庫 與鎭舍亦爲放火 南將臺又放火 而城各門
虹蜺上層石欄干 到處毀墮 鍾閣亦爲毀破 人定偸去

보고서 안에는, 장녕전(長寧殿 : 숙종의 어진과 수레를 보관한 건물), 만녕전
(萬寧殿 : 영조의 어진을 보관한 건물) 규장각(奎章閣)이 화재를 입은 형편을
받들어 살펴보니 정전(正殿)의 익랑(翼廊)은 말할 것도 없이 도무지 1칸도
남아 있는 바가 없었으며, 내탕어고(內帑御庫)에 쌓아놓은 물건도 모두 다
타버렸다. 장녕전에 소장되었던 연여(輦輿)는 모두 형체가 없었다. 단지
봉(鳳)의 머리로 된 화개장식(花蓋粧餙)만이 남아 뜰 앞에 흩어져 있었다.
적들은 규장각의 장서 몇 천권을 강화성에 들어온 초기에 벌써 도둑질하여
이를 배에 실어 갔다. 또한 여러 곳의 공해(公廨), 창고, 군기(軍器)와 각
관아가 전부 화재의 피해를 입었다. 약간의 군기와 철물(鐵物)은 타고 남아
잿더미로 흩어져 있었다. 오직 향교, 충렬사(忠烈祠), 중영(中營), 훈련원(訓鍊
院)만이 화재를 모면하였다. 아직 민가가 남아있는 남문 안에는 화재피해를
여기저기 입었다. (적들은) 강화성 내부의 사이사이에 불이 난 집에 차례로
난입하여서 창호나, 집안 물품을 몰수하거나 깨부수어 버리고 의복, 이부자
리, 그릇 등으로 쓸 수 있는 물건을 모두 거두어 달아났다. 남아있는 그릇,
물건 등은 쪼개거나 깨트려서 방안과 마당 가운데 흩어놓고 떨어뜨려서
땅을 덮었다. 월곶진 군기고(軍器庫)와 진사(鎭舍) 또한 방화한 상태였다.
남장대(南將臺)도 마찬가지였으며 성의 각 문에 있는 홍예(虹蜺)의 상층에
있는 돌난간의 여러 곳이 훼손되고 부서졌다. 종각(鍾閣)도 부서지고 깨졌으

외규장각 1782년(정조 6) 건립

며, 인정(人定)도 훔쳐가 버렸다.

[해설]

리델 신부는 나중에 프랑스 신문과의 인터뷰에서 방화 사건을 비난했다. 프랑스 언론도 이런 방화 사건과 약탈을 비난했다. 프랑스군은 종각의 종을 떼어 냈지만 중량 때문에 수송을 포기하고 중도에 버리고 왔다. 리델 신부는 조선군이 이 종을 되찾아 승전의 전리품으로 간주할 것이라고 말했다. 조선군은 인정을 외성 안 길에서 찾았다. 10월 5일 순무영 선봉 중군 이용희가 별군관 박정화와 신석범을 보내 강화의 피해상황을 점검했다. 이들의 보고에 의하면 내성에서는 장녕전과 만령전 객사와 유수부의 관청이 다 소실되었다. 아정당은 3칸만 남았다. 온전한 것은 향리들의 청사와 향교 충렬사 열무당, 중영과 포청이었다. 민가는 절반 이상이 소실되었다. 동문과 서문은 온전했지만 남문은 문짝과 현판, 성 위의 여장(요철)이 모두 파괴되었다. 훈련원과 어영청의

창고도 파괴되었다고 했다.[47] 이들의 보고는 위에 『개성부원록』의
기록과 거의 일치한다.

次南門外 三里出而此處民人所傳則 無論長幼 或逢賊漢 奪取其所佩囊中之
物 大抵萬古天下 有賊以後 未有甚於毒暴强惡之洋漢 而奉審殿閣 臆塞心寒
不覺淚下之憤 摘干閭閻則 愁慘矜惻難禁愛惜之歎 及其復城之後 男女流入
號哭掩淚之 光景不忍聞 不忍言 而沁留莅任無處 坐於中營 所謂營屬來現者
不過十餘人 所着服色一無公服 俱是私服 至於營用器械 全無餘存 見甚憂歎
者也 特令金廷根 以還接 安堵之意 慰撫曉喩則 惻尙存 擧皆喪氣落魄 棲遑無
依之狀 尙忍言哉

그 다음으로 남문 밖으로 3리를 나가보니 이곳 백성들이 전해주는 것에
따르면, 나이가 많고 적든 간에 혹시 서양 적을 만나게 되면 그들은 옆에

47) 『고종실록』 권3, 고종 3년 10월 6일 신묘.

차고 다니는 주머니 속에 물건을 탈취하였다고 한다. 대개 만고천하에 도적이 생긴 이후에 독하고 포악하며 강하고 악한 것이 양놈보다 심한 경우는 없었다. 전각(殿閣)을 받들어 살펴보니 원통하며 슬프고 마음이 아파 눈물이 흘러내리는 것을 깨닫지 못할 정도였다. 여염을 검사해보니 몹시 비참하고 가여워서 애석함으로 탄식하지 않을 수 없었다. 강화성을 회복한 후에 남녀들이 다시 흘러 들어와서 목 놓아 슬피 울며 얼굴을 가리고 눈물을 흘리니 그 광경을 차마 들을 수도, 말할 수도 없었다. 강화유수 가 할 일이 없어 중영(中營)에 앉아있었다. 이른바 강화영에 소속되었기에 돌아와서 나타난 사람이 불과 10여명이었다. 착용한 의복과 색깔이 공복(公 服)이 없어서 사복을 갖추어 입었다. 심지어 강화영에서 쓰는 기계가 전부 남아 있는 것이 없어, 살펴보니 매우 근심스럽고 탄식할 만한 상태였다. 따로 김정근에게 명령을 내려서 돌아와 이들을 만나게 하여 안도의 뜻으로 위로하고 정부의 뜻을 알려주었는데, 이들은 아직 겁을 먹고 있고 대부분이 기운이 꺾이어 넋을 잃은 상태이고, 또한 몸을 의지하여 거처할 곳이 없는 상태이니 차마 말할 수 있으랴.

噫噫痛哉 殿閣後 幾百年 培養之松 大可連抱 而凶彼賊漢 無難斫伐 或爲木柵 或爲築壇 詳探厥數則 不知幾百株也 翰林院記 奏寶硯大過一尺者 竝與瓦礫 同是築臺 究厥心計 登此瞭望 絶其畏疑之致 也 而嗟吾土氓 不識其實 以訛傳 訛 謂之洋夷 入據沁都營 作天主堂之說 良有以也 觀其所爲 問其行事 徒貪財 貨之一大强盜也 實非攻城 略地之類 乃令軍中 以秋毫不犯之意 嚴飭而或言 有一卒得一劍者 尹中軍大怒 於是大會將卒引出其卒責曰 昔呂蒙入荊州 以 農笠覆冑之罪 卽爲受刑 今一劍甚於一笠 笠望赦乎 其卒叩頭流涕 言此非暗 取 乃是街上散棄 而爲軍中所用 故取之萬死無釋也

아! 슬프구나. 전각 뒤에 수백 년이나 기른 소나무는 커서 주변을 두를 정도인데, 흉악한 적들이 이를 거리낌 없이 베어 내서 목책으로 만들거나,

혹은 축단(築壇)으로 삼았으니 (없어진 소나무의) 숫자를 자세하게 탐지하려 해도 몇 백 그루인지 알 수가 없다. 한림원(翰林院)에서 기록하고 아뢴 보옥으로 만든 연적은 그 크기가 1자를 넘는 것으로 기와 조각과 함께 축대(築臺)가 되었다. 그들 마음속의 계책을 탐구하고 멀리 정찰하기 위해 높이 올라가 (적들이 물러가지 않았을까 하는) 두렵고 의심스러운 마음을 없앨 수 있었다. 우리 땅의 백성들은 (적이 물러간) 사실을 알지 못하여, 헛소문이 자꾸 전해져 서양오랑캐[洋夷]가 강화영에 들어와 천주당(天主堂)을 만들었다는 설을 말하니, 그럴만한 것이다. 그렇지만 그들의 행위를 보고 했던 일을 물어보니 결국 재화에 가장 욕심을 내는 큰 강도일 뿐이었으며, 실제로 강화성을 공격한 후에 땅을 빼앗으려는 무리가 아니었다. 곧바로 군대에 명령하여 추호도 범법하지 않도록 엄하게 밝혔는데, 어떤 자가 한 병졸이 검 한 자루를 얻은 자가 있다고 하여, 윤 중군이 크게 화가 났다. 이에 모두 모인 가운데 그 병졸을 불러내어 꾸짖기를, "옛날 여몽(呂蒙)[48]이 형주(荊州)에 들어갔을 때 농사꾼의 갓으로 투구를 덮은 것에 형벌을 주었다. 지금 검 한 자루는 삿갓보다 심한 것인데, 용서를 바랄 수 있겠는가?" 그 병졸이 머리를 조아려 절하고 눈물을 흘리면서 이 검은 몰래 가진 것이 아니라고 말하였다. 그리고 길 위에서 아무렇게나 던져 버렸으나, 군인 중에서 누군가 이를 사용하기 위해 주운 것이니 만 번 죽더라도 억울하지 않을 일이다.

中軍曰 道不拾遺 不亦聞乎 乃嚴棍十度後 其劍還呈 沁留具告 以由 自後卒徒 無敢拾取 纖芥者矣

---

48) 여몽(呂蒙) : 삼국시대 오(吳) 여남(汝南) 출신으로 젊어서 손책(孫策)의 부장 등당(鄧當)에게 의지했는데, 등당이 죽자 대신 무리를 지휘하면서 별부사마(別部司馬)에 오르고, 손권(孫權)을 따라 단양(丹陽)을 정벌했다. 또한 주유(周瑜) 등과 함께 조조(曹操)를 적벽(赤壁)에서 격파하고, 남군(南郡)에서 조인(曹仁)을 포위해서 편장군(偏將軍)에 올랐다. 그는 노숙(魯肅)이 "옛날 오하의 아몽이 아니구나.(非復吳下阿蒙)"라며 칭송하게 만든 유명한 괄목상대(刮目相對)의 주인공이다.

중군 "길에 떨어진 것을 줍지 않는다는 것을 역시 듣지 못했는가?"라고 하면서, 엄하게 곤장 10번을 친 후에 그 검을 길에 다시 버렸다. 강화유수가 갖추어 보고하기를, 이후로부터는 병졸들이 감히 검불이라도 주워서 갖는 것이 없었다.

初七日 晴 金司果沂明 來到備陳 其初三日 鼎足城 接戰事 尹中軍 一一聞來 其威武之奮揚 可敵目睹心甚喜賀 以酒厚賞曰 壯哉梁千摠 勇哉金司果 此世 之義將 非梁令而誰 當場之勇將 非金君而誰 但恨吾行之差晚 不與子同衆也

초 7일 맑다. 사과(司果) 김기명(金沂明)[49]이 도착하여 초 3일의 정족성에서 적과 전투를 벌인 일을 자세하게 진술하였다. 윤 중군이 하나하나 듣고 와서, 그 위세와 무력을 휘날려 적과 대적할 수 있음을 눈으로 보아 마음이 매우 기뻐 하례한 후에 술로 후하게 상을 주며, "장하도다. 천총 양헌수여! 용감하다. 사과 김기명이여! 이 세상의 의로운 장수로 양헌수가 아니면 또 누구인가. 또한 현재의 용감한 장수로 김기명이 아니면 누구일까. 다만 나의 행군이 조금 늦어서 그대들과 함께 전투에 동참하지 못한 것이 한스럽 다."라고 하였다.

金沂明答曰 松軍之援 是內外共擊 首尾相應也 令監豈非勇且壯哉乎 因以作 別而歸 李郎廳元根 亦以大陣別軍官來在陣中 亦來見敍寒暄後言 其同里 李 判書喪事故 聞甚悲廓也 然而大抵 以忠義言之 爲國殉身謂之忠 急人捄亂謂 之義也 吾嘗聞之李台之聲望 任職居官 各盡誠敬 聲譽菀茂 每爲仰慕 而欽歎 者矣 當此洋塵之猖攘 雍容自逝 豈不惜哉 令人感慨也

---

49) 김기명(金沂明) : 고종 때의 무관. 정족산성 전투에서 한 부대를 인솔했다. 적이 후퇴하자 성을 나와 추격해서 적을 활로 싸워 쓰러트렸다. 그 공으로 영장으로 추천되었다(『일성록』 고종 3년 10월 24일) 병인양요 후 11월에 오위장으로 임명되 었다. 이후 웅천현감, 신도첨사, 충익위장, 강화중군, 다대포첨사를 지냈다.

김기명이, "개성군(開城軍)의 구원으로 안팎에서 공격하여 앞뒤가 서로 맞았습니다. 영감께서 어찌 용감하고 또한 씩씩하지 않았겠습니까?"라고 하였고, 이후 작별하고 돌아갔다. 낭청(郞廳) 이원근(李元根)50)이 또한 대진별 군관(大陣別軍官)으로 파견되어 진중(陣中)에 있었는데, 역시 찾아와 만나보고 서로 간에 인사말을 나눈 뒤에, "같은 마을에 이판서(李判書)가 사망한 일 때문에 매우 슬펐습니다. 그렇지만 대개 충의(忠義)로 사망한 일을 말하자면 나라를 위하여 목숨을 바쳤으니 충(忠)이라 말할 수 있고, 급하게 사람을 난(亂)에서 구원한 것은 의(義)라고 할 수 있습니다. 제가 일찍이 이대감[李台]의 명성과 인망을 듣고 있었습니다. 그런데 그 분이 관직을 맡게 되어 각기 정성과 공경(誠敬)을 다하여 명예로운 이름이 무성하게 들려 매번 우러러 그리워하였고 감탄하였던 것입니다. 그런데 더러운 서양오랑캐가 미쳐 날뛰고 어지럽히는 일을 당하여 조용하게 스스로 돌아가셨는데 어찌 애석하지 않겠습니까? (그 분이) 사람들에게 감개무량하게 하십니다."라고 하였다.

元根 歸後 以饌物送 至松京居安 中軍錫麒 亦以酒肴饌物 專人送來 姜載璜
料外來訪 初面酬酢不過數語快覩 其文識之綽綽 武備之恢恢 可適此時故 薦
于沁留 以白衣從事 叅謀軍務差帖焉

이원근이 돌아간 뒤에 그에게 음식물을 보냈고, 개경에 이르러서 편안하게 거처하게 되었다. 중군 이석기(李錫麒) 또한 술과 안주, 반찬거리를 사람을 시켜 보내왔다. 강재황(姜載璜)은 뜻밖에 찾아 와 초면에도 술잔을 주고받으며 몇 마디 하지 않았지만 즐거웠다. 그는 학문과 지식이 넉넉하고 무비(武備)가 여유가 있어서, 이런 시절에 적당하였기에 강화유수에게 천거하여 백의 종군하도록 하여 군대행정에 참가하는 것으로 명령서를 보냈다.

---

50) 이원근(李元根) : 고종 때의 무관. 병인양요 후에 청성첨사, 오위장을 지냈다.

[해설]

이 부분도 주어가 생략되어 화자가 누구인지 알 수 없다. 윤위의 측근에서 보좌했던 인물일 가능성도 있지만 다음 문단에 밤에 오한이 났다거나 길이라는 여종을 불러 생강차를 마셨다는 등 자세한 개인사가 나오는 것을 보면 윤위일 가능성도 높아 보인다. 이 글의 화자가 강재황을 강화유수에게 천거했다고 하는데 민치오가 영종첨사 백낙신과 만났던 장면을 보면 강재황을 천거한 사람은 민치오였다. 하지만 민치오는 강화유수가 아닌 백낙신에게 천거했고, 이 글의 화자는 강재황과 초면이었다고 하는 것을 보면 민치오는 아니다.

此時尹中軍之靡鹽王事 交月而旬有餘日 不勝困惱 暫時接目於冷突 而已睡起 鷄旣鳴矣 寒戰大發 扶人鎭定者 食頃不止 使吉伊 薑茶一椀溫服則寒氣少退

이때 윤 중군이 나라 일을 완전무결하게 수행하였다. 한 달을 넘어 10일이 지났고 피곤함을 이기지 못하여 잠시 차가운 온돌방에서 눈을 붙였다. 잠에서 깨어났는데 닭이 이미 울었다. 오한이 심하여 몸이 몹시 떨렸는데 다른 사람이 부축하여 겨우 진정된 것이 식경(食頃)이나 지났는데 오한이 그치지 않았다. 길이(吉伊)에게 생강차 한 대접을 시켜 이를 따뜻하게 마시니 한기(寒氣)가 조금 물러갔다.

又見姜載璜記云 歲在丙寅秋九月 古文無今文無之 所謂洋船 自海上浮來江都 一夜見失朝廷震恐山野奔竄 惟我主上聖神 乃命新守 李章濂 李公 是璿派子孫 能武能文 有山甫之風 而手下無隨護之兵 目前無試用之地 單身隻騎往來於沿江北路 勞神焦思者 二十餘日矣

또한 강재황의 기록에는, 이 해 병인(丙寅)년 가을 9월에 고문(古文)과 금문(今文)에도 없는 이른바 이양선이 해상으로부터 강화도로 항해하여 왔다.

하루 밤에 조정을 잃으니 떨면서 무서워하고 산야로 바삐 달아났다. 아! 우리 주상이신 성신(聖神)이 신임 유수(新守)로 이장렴(李章濂)을 임명하였다. 이공(李公)은 바로 이준조(李瓚祚)의 자손으로 문무에 능하며 산과 같은 큰 기풍이 있어 수하에 그를 따라 돕지 않는 병사가 없었다. 눈앞에서 시험 삼아 써보는 시도도 없이 혼자 몸으로 말을 타고 연강(沿江)의 북쪽 길을 왕래하면서 노심초사한 것이 20여일이었다.

至十月初四日 送書於松留 金公 枉詢老樵 金公是光山後裔 沙溪適孫 鎭物之量 察奸之明 一府賴安 而老樵幸爲治下之民矣 留相公亦爲起送 老樵自謂曰 吾十三讀經史 二十學義炎 出入於河洛 俯仰於乾坤 不入荊園者 三十有餘年 今當國家宵旰之時 豈可坐歎窮廬而已哉 乃蹶然而起屨及於舊豐德 養士里 杖及於江華 昇天浦 飛也

10월 초 4일에 이르러서 〈강화유수가〉 개성유수 김공에게 편지를 보내 노초(老樵)에게 자문을 구했다. 김공은 광산(光山)의 후예이며 사계(沙溪) 김장생의 적손으로, 사물을 진정시키는 도량과 간사함을 살피는 현명함으로 온 부(府)가 편안하게 살 수 있었다. 노초(老樵)는 다행히 치하의 백성이었다. 유상공(留相公) 또한 사람을 보내니, 노초(老樵)가 스스로, "내가 13세에 경사(經史)를 읽고 20세에 희염(義炎)[51]을 배웠다. 황하와 낙수에 출입하고 하늘과 땅에서 우러러 보며, 과거 시험장에 들어가지 않은 것이 30여년이다. 지금 마땅히 국가가 부지런히 정치를 할[宵旰][52] 때에 어찌 궁색한 오두막에 앉아 탄식만 할 뿐이겠는가." 이에 일어나서 신발을 신고 옛 풍덕(豐德)

---

51) 희염(義炎) : 상고시대 제왕인 태호복희씨(太昊伏羲氏)와 염제신농씨(炎帝神農氏)를 합칭한 말이다. 도잠(陶潛)이 어느 여름날에 맑은 바람이 불어오는 북쪽 창 밑에 누워서 희황 이전 시대 사람[羲皇上人]이라고 자칭했던 데서 온 말인데, 희황은 복희씨(伏羲氏)를 가리킨 것으로, 즉 복희씨 이전 태곳적의 한가로운 백성이란 뜻으로 한 말이다.[『진서(晉書)』 卷94, 도잠전(陶潛傳)]

52) 소간(宵旰) : 소의간식(宵衣旰食)의 약어로 임금이 새벽에 일어나고 밤늦게 밥을 먹는다는 뜻으로 임금이 정치에 부지런한 것을 말한다.

양사리(養士里)에 이르러 강화 승천포(昇天浦)로 빨리 나아갔다.

[해설]

첫 부분 문장은 주어가 생략되어 뜻이 불명확하다. 의역하면 누군가가 개성유수에게 편지를 보내 강재황이 강화부에 와서 백의종군하며 강화유수를 돕게 해 달라고 요청했다는 것이다. 개성유수에게 편지를 보낸 사람은 강화유수라고 추정된다. 강재황은 개성부 사람이므로 강화에서 바로 강재황을 부르지 않고, 개성유수에게 요청했던 것이다. 강재황의 천거경위를 보면 이전에도 민치오가 백낙신에게 강재황을 천거했고, 이때 또 누군가가 강재황을 천거하자 강화유수가 개성유수에게 편지를 보내 강재황을 고빙한 것이다.

入城則宮闕化爲灰燼 閭閻空爲墟里 可謂痛哭者一 流涕者 不知幾十條件也 與沁留 披肝瀝膽 晝宵計議 幸蒙聖主之洪福 又賴群帥之誠力 頑彼洋匪 一戰而部落傷殘 再戰而驕酋殲滅 三戰而抵當不住 鼠竄豕走 海道遂爲晏平 流民朝入暮聚 漸成前樣 官人爭獻 准平之功 邑士竟唱河淸之頌 老樵 亦用顚末以爲之記 老樵謂誰晉州后人姜載璜也

강화성에 들어가니 궁궐이 잿더미로 변해 있었고, 민가는 비어서 황폐한 마을이 되었다. 통곡할 만한 것은 하나이지만 눈물을 흘릴 만한 것은 몇 십 건인지 모르겠다. 강화유수와 더불어 간을 나누고 쓸개에 사무쳐 서로 밤낮으로 의논하였다. 다행히 성주(聖主)의 큰 복을 입었을 뿐만 아니라 군수(群帥)의 성실한 노력에 힘입었다. 완악한 서양의 적도들과 한 번의 전투로 촌락이 거의 남아나지 않았고, 두 번의 전투로 교만한 오랑캐들을 섬멸하고 세 번의 전투로 이들을 막아 머물지 못하게 하였다. 〈서양오랑캐가〉 쥐처럼 숨고 돼지처럼 달아나 바다길이 드디어 편안해졌다. 흩어진 백성들이 아침에 들어오고 저녁에 모이니 점차 이전의 모습이 되어갔다. 관리들은 다투어 회평(准平)의 공(功)[53]을 바치고 고을의 선비가 마침내 하청(河淸)의 노래[頌]54)를 불렀다. 노초(老樵) 역시 전말을 이용하여 그것을 기록하였다. 노초(老樵)는 진주후(晉州后) 사람인 강재황(姜載璜)을 말한다.

初五日 姜載璜 早發到養士里則沁留方渡江云 載璜 轉到昇天浦 日已暮矣 寄宿於浦店 翌晨與 李三水敏純 同濟入城 沁留私處於金民家 永宗僉使 白樂莘 大興中軍 尹湋 巡撫先鋒 金沂明 咸萃矣 白樂莘 問曰 閔致五 平安否 曰願從也

초 5일이다. 강재황이 일찍 출발하여 양사리에 도착하였는데, 강화유수가 방금 강(강화 북쪽 강화와 풍덕 사이의 수협)을 건넜다고 하니 강재황이 승천포로 옮겨 갔다. 날이 이미 저물어, 포구의 여관에서 기숙하였다가 다음날 새벽에 삼수부사(三水府使) 이민순(李敏純)과 같이 건너서 강화성에 들어갔다. 강화유수가 김씨네 민가에서 개인적으로 머물렀는데, 영종첨사 백낙신, 대흥중군(大興中軍) 윤위, 순무선봉 김기명이 모두 모였다. 백낙신이 민치오에게 안부를 물었는데, 자원하여 따르겠다고 하였다.

遂入現沁留喜氣延接 而南門破碎 欲修改 已無力及更欲斫木爲柵 暫時掩遮 則 閭閻俱空 一斧難得 此時情地 不可形言者多矣 洋船則 上下於草島 通津等 地 地不過五里相距 軍情洶湧 流民暫聚復散 一日三驚 近午彼船又爲逆上云 永宗巡撫兩陣率兵 急渡各守本境 城中所存只松軍而已 烽火一炬之說 柴烟

---

53) 회평(淮平)의 공(功) : 동한(東漢)의 후패(侯覇)가 회평(淮平)의 태수가 되었을 때에 백성을 잘 다스린다는 명성이 있었다. 후에 조정으로부터 부름을 받고 돌아가게 되자 백성들이 그를 보내지 않으려고 수레를 잡고 놓아주지 않기도 하고 길바닥에 누워서 길을 막으면서 더 머물러 주기를 간절히 요청하였다.[『후한서(後漢書)』 권26, 후패전(侯覇傳)] 따라서 관리들이 백성을 위해 노력하는 것을 말한다.

54) 하청(河淸)의 노래 : 황하(黃河)가 천 년에 한 번 맑아지는 것처럼 좋은 정치를 칭송하는 노래이다. 원래 삼국시대 위(魏) 이강(李康)의 「운명론(運命論)」에 "황하가 맑아지면 성인이 출현한다.[夫黃河淸而聖人生]"라는 말이 나오는데, 그 주(註)에 "황하는 천 년에 한 번 맑아지는데, 그 상서(祥瑞)에 응하여 성인이 나온다고 세상에서 전한다."라고 하였다.

急止之事 不煩枚擧

드디어 강화유수에게 인사를 올리니 그가 기쁘게 맞아 대접하였다. 강화성 남문이 부서져 이를 수리하여 고치려고 하였는데 여력이 없었다. 그래서 다시 나무를 쪼개서 목책을 만들어 잠시 동안 가리도록 하였는데, 여염이 텅 비어서 도끼 한 개도 얻기 어려웠으니 이때의 실정과 처지가 이루 말할 수 없었다. 이양선이 초도(草島), 통진(通津) 등지에서 위와 아래에 있었는데, 불과 5리 정도의 거리에 있었다. 군정(軍情)이 흉흉하고 떠돌던 백성들이 잠시 모였다가 다시 흩어졌으니 하루에 세 번이나 놀라 움직였던 것이다. 정오가 가까워 이양선이 다시 거슬러 올라왔다. 영종순무가 양진(兩陣)의 병사들을 거느리고 급히 건너 각기 원래의 경계를 지켰고, 강화성 안에는 단지 개성군(開城軍) 뿐이었다. 봉화에서 하나의 횃불로 말하는 것과 장작으로 연기를 내어 급하거나 느리게 하는 일은 번거롭게 낱낱이 열거하지 않는다.

[해설]

강재황의 글은 민치오의 회고록과는 성격과 문체가 판이하게 다르다. 민치오가 등장하는 내용은 개성군과 실제 생활하면서 전달한 그들의 활약상을 묘사하는데 중점이 있다면 강재황이 서술한 내용은 개성군의 공적과 공을 세운 사람들의 이름과 내용을 밝히는데 보다 중점이 가 있다. 특히 강재황은 강화군을 회복한 뒤에 보여준 개성군의 치안유 지 활동을 강조한다.

而於焉日暮 對燭更陳曰 今年太乙在酉宮 對迫太白 犯尾星放光 或有此等怪 擧 而熒惑 入於南河北河之間 柳星分野 厄氣漸消 必不至深慮爲言 翌朝 沁留 謂姜載璜曰 古之隱逸 今之士夫皆爲白衣從事 當此共濟國事之時 分憂爲敎 而 與本邑 李演壽 同差從事叅謀 文字則 此時此任 至重至難 才識淺短 不及於

古人遠矣 而爲國誠心 豈有讓哉 姜載璜 憤然而起 諦視地形 採探輿情 急綴榜
文進之 沁留揭于四門

어느덧 날이 저물어 촛불을 이용하여 다시 진술하길, 금년에는 태을(太乙)이
유궁(酉宮)에 있으며 태백성에 대하여 핍박하여 미성(尾星 : 28수 중의 하나)
을 범하고 빛을 내니 혹 이러한 괴상한 일이 있었다. 그리고 형혹성(熒惑星)이
남하(南河)와 북하(北河) 사이에 들어가 유성(柳星 : 28수 중에 하나) 분야(分
野)의 액(厄)의 기운이 점차 소멸하니 반드시 심려스러운 일이 있지는 않을
것이라고 하였다. 다음날 아침에 강화유수가 강재황에게, "옛날의 은일(隱
逸)이 지금의 사부(士夫)이며 모두 백의종군하였습니다. 함께 힘을 합하여
나라의 일을 구제할 때가 되어 근심을 나누어 가르침이 되도록 하였으니,
본 읍(邑)의 이연수(李演壽)는 종사참모(從事叅謀)로 파견되었습니다. 문자로
말한다면 이러한 때에 이런 임무가 매우 무겁고 어려운데 재능과 식견이
없어서 옛사람들에게 미치지 못하고 멀었습니다. 나라를 위하는 성스러운
마음이 어찌 사양함이 있겠습니까?" 강재황이 분연하여 일어나 지형을
샅샅이 살피고 여론과 정세를 파악해가면서 급하게 방문(榜文)을 엮어 올리
니 강화유수가 사방의 문에 이를 걸었다.

其文曰 沁都本來國家重地 水府雄鎭 不幸有洋醜之猖獗 暫時失險 其或防守
疎虛而然耶 抑亦數運厄會而然耶 營門莅任之後 詳審其宮基與城池則 感愴
之淚 已無可言 憤激之氣 又不能自抑 此土民心 豈有異哉 居民八千餘戶 雖曰
兵燹之後 蕩敗無餘 應有挺身出義 捐財捄難 而傷弓之鳥見曲木則驚飛 漏網
之魚見橧藪則隱伏 今則柳星十四度 暗氣暫過 而明光復旺 水鎭十三處 劫灰
已冷 而衆心尚固 頑彼洋匪 本不過倉鼠小竊 鼎城一戰 喪膽落水則更不敢正
覰吾境 而自然遠走矣 嗟吾全境官民同心同力 善爲防守則 一以紓國家宵旰
之隱憂 一以復居民奠接之舊基則 豈不嘉尚哉 豈不盛績哉 大小人民以此洞
悉事 以此安民招衆 而各項公廨 盡入灰燼故 沁留方始到任於守營閱武堂

그 방문에는, 강화도는 원래 국가의 중요한 지역이며, 수부(水府)의 빼어난 진(鎭)이다. 불행하게도 더러운 서양의 나쁜 놈들이 창궐하여 이곳을 잠시 잃고 위험하였다. 그것은 방어가 소홀하고 비어서 그렇게 된 것인가. 아니면 액운(厄運)을 만나서 그러한 것인가. 영문(營門)의 일을 맡은 뒤에 그 궁터와 강화성의 연못을 자세히 살펴보니 슬픈 눈물이 이루 말할 수 없었으며, 분하여 떨쳐 일어나는 기운을 또한 스스로 억누를 수 없었다. 이 지역의 백성들의 마음이 어찌 나와 다르겠는가? 거주민 8천여 호가 비록 말하길, "전쟁의 패해 후에 남은 것 없이 탕진하더라도 명령에 따라 앞장서서 의로움을 내고 재화를 내어 이 어려움을 구할 것입니다."라고 하였다. 화살에 맞은 새는 굽은 나무만 보아도 놀라서 날아가고, 그물을 빠져나간 물고기는 연못 속에서 어살을 보면 엎드려 숨는다. 지금은 유성(柳星)이 14번 건너가고, 어두운 기운이 잠깐 지나가니 밝은 빛을 다시 찾아 왕성하여 져서 수진(水鎭) 13곳에서 큰 불의 재는 이미 식었고, 백성의 마음은 오히려 굳어졌다. 완악한 저 서양의 비적은 원래 조그만 것을 훔치는 창고에 있는 쥐에 불과할 뿐이다. 정족산성에서 한번 싸워 낙담하고 물이 떨어져 감히 다시 우리 경계를 엿보지 못하고 스스로 그렇게 멀리 달아났다. 아! 우리 온 경계 내의 관리와 백성이 마음과 힘을 같이 하여 제대로 방어를 하였으니 하나같이 국가가 정치에 부지런하여 감추는 근심을 풀게 하고, 한편으로는 다시 거주민이 옛터에 자리 잡고 살 곳을 되찾게 하게 되니 어찌 좋은 일이 아니며, 어찌 성대한 공석이 아니겠는가. 크고 작은 인민들은 이 일을 자세하게 알아야 한다. 이에 백성을 편안하게 하고 대중을 불러 모았는 데, 각각의 공해(公廨)가 전부 잿더미가 되었기에 강화유수가 비로소 유수영 열무당(閱武堂)[55]에서 부임하였다.

---

55) 강화의 군영, 진무영의 중심 건물. 현재의 강화읍 523번지. 강화군 중앙시장 안 강화군 농협 자리이다.

[해설]

강화도를 수복했지만 강화 관청과 읍이 화재로 불타고 주민의 생계는 막막했다. 10월 7일 정부는 강화의 안정을 위해 위유사를 선임하고, 고종은 내탕금 1만냥을 내놓아 화재로 집을 잃은 이재민들이 겨울이 오기 전에 집을 짓는 것을 지원하게 했다.[56] 같은 날 순무영 선봉중군 이용희가 적이 조운선에서 약탈해서 쌓아 놓았던 쌀을 되찾았다고 보고했다. 쌀 1094석과 소금 5석이라는 엄청난 양이었다.[57]

翌日 下視閭閻則 人烟間起 沁留大喜群僚同歡 姜載璜 復進曰 彼賊入城 貨財書冊盡爲收去 又宮闕軍器盡爲燒毁則 城內一空 當以虛虛之理示之 而軍兵不必留屯於城內矣 鼎足山城 重要之地 領井浦口 應接之地 軍兵分守兩處 以爲首尾相應之勢 甲串以先入他軍留扎爲言則 沁留依許 而上營傳令適至 尹中軍遂還陣于領井 李三水 敏純 領鼎城銃手五百而去 此乃沁留 從尹中軍之議也 舊豐德 土中軍率束伍軍三百而來 此用 閔致五之言也

다음날에 여염집을 내려다보니 인가의 연기가 간간히 일어나 강화유수가 크게 기뻐하고 모든 관료들이 역시 좋아하였다. 강재황이 다시 진술하여, "저 적들이 성에 들어와서 재화와 서책을 모두 거두어 가고, 또한 궁궐과 군기(軍器)를 전부 불태워 버려 성 안이 온통 비게 되었습니다. 이렇게 비어버린 곳에 이치로 보아 군인들은 성 안에 머물러 있을 필요가 없습니다. 정족산성은 중요한 지역으로 영정포구와 서로 붙어 있는 곳입니다. 군인들을 나누어서 두 곳에 지키게 하면 수미가 상응하는 형세를 이루게 될 것입니다."라고 하였다.

갑곶에 먼저 다른 부대가 들어가 머물면서 편지를 보내, '강화유수가 허락한 상영(上營)의 전령이 마침 이르렀다. 윤 중군이 드디어 영정포로 부대를 돌렸다. 삼수부사 이민순(李敏純)은 정족산성의 총수(銃手) 500명을 거느리

56) 『고종실록』 3권, 3년 10월 7일 임진.
57) 『고종실록』 3권, 3년 10월 7일 임진.

고 갔다.'고 하였다. 이는 곧 강화유수가 윤 중군의 의견을 따른 것이다. 옛 풍덕의 토중군(土中軍)이 속오군(束伍軍) 300명을 거느리고 왔다. 이것은 민치오의 말에 따른 것이다.

此後洋船 永爲退去 都民盡爲完聚 姜載璜 乃棹孤舟而歸時 登閱武堂步 杜工部在雲安 賦諸將韻其詩曰

이후에 이양선이 완전히 물러가니, 강화도민이 전부 모이게 되었다. 강재황은 혼자 배에 타서 노를 저었고 돌아갈 때에 열무당에 올라 걸었다. 두공부(杜工部 : 두보)가 운안(雲安)에 있을 때[58] 여러 장군의 운(韻)에 따라 시를 지었는데,

布衣草屨渡江來
城闕塵生曉角哀
一士心寒先擊楫
千軍氣渴且投盃

포의(布衣)와 짚신으로 강을 건너왔는데
성궐의 먼지 속에 새벽 호각 소리 슬프다.
한 선비 마음이 추워 먼저 돛대를 때리네.
천군(千軍)의 기운이 없어지고 술잔을 던진다.

秋深痛罵西風起
夜久欣瞻北斗廻
至使至尊憂社稷
諸公誰有濟時才

---

58) 두보(杜甫)가 중국의 남쪽 기주(夔州)의 운안(雲安)에서 잠시 있었다.

가을 깊어 통렬히 절규하니 서풍이 불어와

밤 깊어 기쁨에 우러르니 북두(北斗)가 돌아

지극한 사신과 지극한 존엄이 사직을 걱정하고

여러 공(公) 중에 누가 이 시대의 인재를 구제함이 있으랴.

八月 賊船退自西江 而所過淺阻之處 以白色 或黃色 畵其石邊 以爲水表 又以
朶杖 立於淺灘而去則 見者不無致疑矣 乃有今日之恥 入城之後 付書城門
以四天爲限 四字爲說者 亦何所指耶 得人然後 可以識時務 可以察賊之秘機
矣 得人顧不難哉 西土故都也 古稱多忠義之士 今當繹擾出義者誰耶 新差哨
官惟劉學善 沈靜勁智 爲四世之獨身 幸有老母則 不可一日遠遊者也

8월에 적선에 서강에서부터 물러났는데 배가 지나가는 곳의 물이 얕고
막힌 곳에서는 흰색이나 황색으로 석판에 그림을 그려 수표(水表)를 하고,
또한 참나무지팡이를 여울에 세우고 가니 이를 보았던 사람들은 의심을
두지 않을 수 없었다. 이에 오늘날의 수치가 있게 되어 〈서양 적들이 강화성
에〉 들어간 후에 성문에 글씨를 붙여서 '4개의 하늘이 경계이다.'[四天爲限]
라는 네 글자로 말을 만든 것은 또한 무엇을 가리키는 것인가? 사람을
얻은 후에야 세상의 일을 알 수 있고, 적의 비밀스러운 기미를 살필 수
있다. 그렇지만 사람을 얻는 것이 도리어 어렵지 않겠는가? 서쪽 땅(西土)은
옛 도읍지이기에 옛날에 충의(忠義)로운 선비가 많았다고 하였다.[59] 그런데
지금은 이와 같은 근심을 풀어낼 수 있는 의로움을 내세울 사람이 누구인가?
새로 임명된 초관(哨官) 유학선(劉學善)은 성정이 차분하여 굳세고 지혜로운
사람이다. 4세대 동안의 독자가 되어서 늙으신 어머니가 계셔서 하루라도
멀리 놀러갈 수가 없었다.

---

59) 서도(西都)는 중국 섬서성의 장안을 말한다. 주나라 때부터 당나라 때까지 중국
역대 왕조의 수도였다.

頗識文字 嘗有慷慨 至見洋匪 憤不自勝 以老母養 而默念 及其出陣以意告母
其母金氏喜曰 我生育汝三十餘秋 視猶齠齔 豈圖今席 聞此忠義之大言 我嘗
聞汝之高祖 從扈于靑州 有揚武原從臣錄券 傳在家中 若定州之變 汝父親年
少 汝時未孩 箕裘欲墜 汝今願赴 此劉氏四世一身 猶業桑(?)末根生待於此時
也 無以我爲憂 以國爲憂 學善 拜辭而戀戀之緒 猶未已於中矣

제법 문자를 알아 일찍이 비분강개함이 있었다. 서양의 적들이 도착한
것을 보고 분한 것을 참지 못하였다. 늙으신 어머니를 모시면서 말없이
마음속으로 생각하여 전쟁에 참여할 뜻을 어머니에게 알렸다. 어머니인
김씨(金氏)는 기뻐하면서, "내가 너를 낳아 기른 지 30여년인데도 아직
어린아이로 보았는데 지금에서야 나갈 것을 도모하느냐? 들어보니 이는
충성과 의로움을 담고 있는 커다란 뜻이다. 내가 알기로는 너의 고조할아버
지가 충청도 청주(靑州)에서 국왕의 호위를 맞았기에 받은 양무원종신록권
(揚武原從臣錄券)이 집안에 전해지고 있다. 그리고 평안도 정주(定州)의 반란
시에는 너의 부친이 나이가 어리고 네가 아직 갓난아이였지만 가업을
이어 집을 떠나려 하였다. 네가 지금 전쟁터에 나가길 원하니 이는 유씨의
4대독자라도 가업을 이어 이러한 때에 살기를 바라지 않아야 한다. 너는
나를 걱정하지 말고 나라를 위해 근심하라."고 하였다. 이에 유학선(劉學善)
은 절을 하여 사직하였는데 연연한 실마리가 아직 적중하지 못하였다.

回語其妻 其妻亦以漢陳孝婦 諾應之 於是 劉學善 自備戰馬軍裝 旋通于該廳
廳中壯之 乃率一哨軍從 具中軍于丁串 中軍令 執事 金錫九 往探江華 新留所
在處 以爲軍事 不可獨行 劉學善 復自願 渡通津梅樹里 而歸明日 陪中軍率一
哨 復渡租江 又明日 援陪沁留還渡丁串 再明日以軍令還陣于本府

돌아와 그 처에게 이야기하니 그 처가 또한 한·진(漢陳)의 효성스러운 부녀자
이기에 허락한다고 동의하였다. 이에 유학선 자신은 전마(戰馬), 군장(軍裝)
을 준비하고 빠르게 해당 관청에 연락을 하니 관청에서는 이를 장하게

여기어 곧바로 1초의 군인들을 거느리게 하였다. 중군 구연홍(具然泓)이 정곶에 있었는데, 명령을 내렸다. 집사 김석구(金錫九)는 강화도에 가서 신임유수가 있는 곳을 탐지하고, 군사행동을 단독으로 하지 말라고 하였다. 유학선은 다시 자원하여 통진(通津)의 매수리(梅樹里)를 건넜고, 다음날 돌아왔는데 중군과 그가 이끄는 1초를 거느리고 왔는데, 다시 조강을 건넜다. 다음날에 강화유수를 모시고 정곶으로 건너 돌아왔다. 그 다음날에는 군령으로 본부에 돌아와 진을 쳤다.

翌日復出陣于修隅里 來幾更 移陣于禮成江 以其中軍之遞改 復還陣于營下 因吟傷夷之痛 哨官洪鎭九 前察訪 禹復之子 又善騎射 見其父呈訴願赴 亦自願而出使于柳川 謹防守勤瞭望而文報詳悉 是無愧於替爺征矣 左別武士 金大均 是府外東村之農夫 識見特異 心氣不拙 嘗歎自古草野英雄 草木同腐深悔 前陣之未從 及其後陣自願作隊 渡江華而歸 大都軍額中出義 何其小也

다음날 다시 수우리로 출진하였다가 얼마 안 되어 예성강으로 진을 옮겼다. 중군이 (조정의 명령으로) 교체되어 다시 영하(營下)로 진을 돌렸고, 이로 인해 오랑캐를 근심하는 아픔에 대해 시를 읊었다. 초관 홍진구(洪鎭九)는 전 찰방 홍우복(洪禹復)의 아들인데, 또한 말을 달리며 활을 잘 쏘았다. 그는 아버지를 만나고 상소를 하여 출전하길 자원하였는데 역시 유천에 나가도록 하여 방어업무를 성실하게 하면서 먼 곳을 살피는 경계를 맡아 상세하게 글로 보고하였으니 아버지를 대신하여 출정한 것에 부끄럽지 않았다. 좌별무사 김대균은 이 부(府) 밖에 있는 동쪽 마을의 농부인데, 식견(識見)이 특이하고 심기(心氣)가 옹졸하지 않았다. 일찍이 그가 예로부터 초야의 영웅은 초목과 같이 썩는 것을 깊이 뉘우친다고 한탄하였었다. 그가 앞의 진(陣)을 따르지 않고 뒤의 진[後陣]에 미쳐서 자원하여 부대를 만들고 강화에 건너갔다가 돌아왔으니, 대략 군액(軍額) 중에서 의로움으로 낸 것이 어찌 적겠는가?

初八日 曉天 尹中軍起寢于閭舍 宿寒尚未袪 還恐驚衆 會精聚神漱洗 而坐新
經歷 李公 朴 中軍 姜 從事 竝來問 沁留遣吏傳喝 伴送不換金二貼 喬桐
中軍 李芝秀 亦來問而去 別將 金廷根 問寢於前 尹中軍曰 將卒俱無病耶
余則此夜大戰十餘合 今方退賊 而回復 金廷根 瞠然而跪曰 何謂也 中軍笑曰
寒戰進退如此如此 金廷根 復賀之曰 令監可謂半夜入蔡州 三鼓奪崑崙也 因
告曰 軍卒無非 冷處不無傷寒小將亦然矣

초 8일이다. 새벽녘에 윤 중군이 여사(閭舍)에서 일어났다. 잠자리에 추위가
아직도 가시지 않았는데도 돌아오니 여러 사람들이 두려워하고 놀랐다.
정신을 차려 양치질과 세수를 하고 앉았다. 신임 경력(經歷) 이공, 박 중군(朴熙
景), 강 종사(강재황)가 같이 찾아와서 문안하였다. 강화유수가 아전을 보내
전갈하고 불환금(不換金) 2첩을 돌려보냈다. 교동 중군 이지수(李芝秀)가
또한 와서 문안하고 갔다. 별장 김정근은 앞에 와서 문안하였다. 윤 중군은,
"장수와 병졸 모두가 아픈 사람은 없는가? 나는 이 밤에 10여 번의 큰
싸움을 하였는데, 지금에야 적을 물리치고 회복하였다."고 하였다. 김정근
이 눈을 크게 뜨고 놀라서 무릎을 꿇고, "무슨 말입니까?"라고 물었다.
중군이 웃으면서, "추위와의 싸움에 나아가고 물러감이 이러이러하였다."
김정근이 다시 하례하면서, "영감은 한밤중에 채주(蔡州)에 들어가고, 삼고
(三鼓, 12시경)에 곤륜(崑崙)을 빼앗은 것입니다." 그리고 "군졸들이 차가운
곳에 거처하여 추위에 떨지 않은 것도 아니며, 저 역시 마찬가지였습니다."
라고 보고하였다.

罷出後 中軍復招諸將校 分饋酒饌曰 此李郎廳 安中軍之所送也 一是沁産
一是松味 豈可獨飽 諸將感喜相謂曰 詩不云乎 左旋右抽 中軍作好者此也
金廷根 又問曰 白鬚風塵 寒症之發 是積苦兵間也 今復何如哉 中軍曰 余之寒
症 非勞於王事 由於氣衰也 聞君自秋以來 奔馳各浦 且再起一陣 未至於此者
不日不月則 詩曰 土國城漕 我獨南行 又曰 王事適我 政事一埤益我 此即獨賢
之勞也

파출(罷出)한 뒤에 중군이 다시 여러 장교들을 불러내어 술과 반찬을 나누어 먹이고, "이것은 이 낭청(李郎廳), 안 중군(安中軍)이 보낸 것이다. 하나는 강화도의 산물이고 하나는 개성의 맛이니 어찌 혼자서 배부르겠는가?" 여러 장교들이 감동하고 기뻐서 서로 간에, "『시경』에 말하지 않았습니까? '왼쪽 사람은 수레를 돌리고, 오른쪽 사람은 칼을 뽑으며, 중군의 장수는 그 모습 의젓하도다(左旋右抽 中軍作好).'60)라는 것이 이것입니다."라고 하니, 김정근이 다시 "흰 머리에 바람에 날리는 먼지, 그리고 추위로 인한 병이 생겼으니, 이는 병사들 사이에 괴로움을 더해가는 것입니다. 지금은 어떠하십니까?"라고 물었다. 중군이, "나의 추위에 대한 증세는 국왕이 내리신 업무에 힘써서 그런 것이 아니고 기운이 약해져서 생긴 것이다. 듣기에 그대는 가을 이후로부터 각 포구를 바쁘게 다니고 또 하나의 진(陣)을 두 번이나 일으켜서 마침내 여기에 이른 것이 몇 날 몇 달인지 모르겠다. 『시경』에는, '서울에서 흙일도 하고 조읍에서 성을 쌓기도 하거니와, 나만이 홀로 남쪽으로 길을 떠나노라[土國城漕 我獨南行]'고 하였고, 또한 '왕의 일이 나에게 온다[王事適我] 정사가 하나같이 나에게 더해지도다.[政事一埤益我]'라고 하였는데, 이는 국가의 일에 혼자 노력하는 것이다."

[해설]

여기서 등장하는 시구는 『시경』 국풍정 편의 청인(淸人)의 마지막 구절이다. 그런데 이 구절은 위의 대화에서는 본문에서 번역한 대로 '왼쪽 사람은 수레를 돌리고, 오른쪽 사람은 칼을 뽑으며, 중군의 장수는 그 모습 의젓하도다[左旋右抽 中軍作好]'라는 의미로 사용한 것 같다. 이는 고대 전쟁에서 기병이 등장하기 전 전차전의 모습을 표현한 것으로 장군은 수레의 가운데에 앉고, 왼쪽의 병사 한 명은 말고삐를 잡아 수레를 조종하고 우측의 군사는 병기를 잡고 전투를 벌인다는 뜻이다. 즉 힘든 일은 병사들이 하고 중군(장군)은 체통을 지킨다는

---

60) 『시경』 국풍정(國風鄭) 청인(淸人) 편에 나오는 시구이다.

의미이다. 그런데 이 구절에는 다른 의미가 있다. 이 시의 제목인 청인은 청읍(淸邑)의 사람을 말하는데, 춘추시대 정나라 문공(鄭文公)이 고량(高克)이라는 장수를 싫어해서 황하 가의 고을인 청읍으로 내보내 적(狄) 종족을 방어하게 했다. 문공은 고량을 다시 중앙으로 부르지 않았고, 적족도 쳐들어오지 않았다. 장군과 병사 모두 목표를 잃고 무료하게 보내니 군사훈련은 놀이처럼 되고, 실망한 병사들은 하나 둘씩 고향으로 돌아와서 군대는 무너졌다. 이를 보고 정나라 사람들이 지었다는 노래가 청인이다. 따라서 청인은 목표를 잃고 할 일없는 군대와 장수를 비유한다. 이 구절도 "왼쪽 병사는 수레를 돌리고 오른쪽 병사는 칼을 뽑는데 중군은 혼자 놀고만 있다"라고 해석하기도 한다. 우연의 일치이고 고의는 아니었다고 보이지만 개성군의 현실을 비꼬는 촌철살인의 풍자로 해석될 수도 있는 인용이다.

忽有一卒遑遑入告之言 彼船幾隻 復上甲串津 一竝下陸入來 中軍堅坐不動 責退 其卒後往 沁留舍處則 亦遑遑汲汲 下屬之奔走 若當變之樣 一邊送人瞭 望 一邊躬自探察則 彼餘黨下陸於德浦鎭 而巡撫營令旗連到 千摠陣還 軍救 德浦之故也 永宗僉使 白樂莘 喬桐中軍 李芝秀 都監哨官 金沂明 各只還去 如干還接之民 沒數復散 城中惟有松軍與沁營營屬十餘人 而已騷說擾擾罔測 至日暮 中軍令軍中 使金廷根 作四隊分三番 堅守城門 而經宿

이 때 갑자기 병졸 한 사람이 급하게 들어와서 보고하였는데, "이양선 몇 척이 다시 갑곶진으로 올라와 모두 상륙하여 들어오고 있습니다."라고 하였다. 중군이 굳게 앉아서 움직이지 않고 꾸짖어서 물러나가게 했다. 그 병졸이 뒤에 강화유수가 머무는 곳에 가니 역시 당황하여 그 아래에 소속된 사람들이 분주하여 마치 당장 난리가 난 듯 했다. 사람을 보내 멀리까지 경계하라고 하는 한편, 한 쪽에서는 직접 탐지하고 살펴보니, 서양의 적들 중에서 남은 무리가 덕포진에 상륙하였다. 순무영의 영기(令旗) 가 계속하여 도착하였고 천총의 진(陣)이 돌아왔는데, 덕포(德浦)를 구원하기 위한 것이었다. 영종첨사 백낙신(白樂莘), 교동중군 이지수(李芝秀), 도감초관 김기명(金沂明)은 각자 본대로 돌아갈 뿐이었다. 그리고 돌아와서 자리 잡은 백성 전부가 다시 흩어졌다. 성중에는 오직 개성군(開城軍)과 강화영에 속한 10여명만이 남았다. 이미 시끄러운 소문으로 뒤숭숭하고 어수선하여 헤아릴 수 없었다. 해가 저물자 중군이 군부대에 명령하여 김정근에게 4개의 부대를 만들어 3교대로 성문을 굳게 지키게 하고 밤을 지새웠다.

[해설]

윤위의 위엄을 의도적으로 칭찬하는 구절이다. 병졸이 적이 상륙했다고 보고하자 태연한 표정으로 물러나라고 꾸짖었다는 이야기는 강화부에서는 당황해서 난리가 난 듯 소동을 벌였다는 내용과 대비된다. 윤위가 전령을 꾸짖은 것은 조선시대 장군들의 기록에 흔히 나오는 이야기로 주변 사람들이 놀라 당황하지 못하게 하려는 것이다. 다음 기록에서도 개성군의 공로를 강조하고자 하는 의도가 드러난다. 개성군의 약점은 실전을 하지 못했다는 것이다. 정부 측에서 보면 별다른 공이 없었다고 볼 수도 있다. 그러나 병인양요는 프랑스군이 갑곶을 떠난 것으로 끝난 것이 아니었다. 프랑스 함대는 강화부를 떠난 뒤에도 반달 정도 주변을 돌아다녔다. 하지만 중앙군인 순무영군은 바로 회군해야 했고, 영종도, 교동에서 온 군대도 모두 바로 본대로 회군했다. 이들을 경계하고 민심을 안정시키기 위해서는 치안유지군이 필요했다. 이때 강화에 남은 것은 개성군뿐이었다. 개성군은 팀을 나누어 강화의 성문을 지키고, 강화를 순찰했다. 비록 개성군이 전투를 하지 못했다고 해도 이런 공적을 세웠음을 강조하는 것이다.

初九日晴 開東時 中軍往拜沁留 營中相議之人 惟本官 李源龜 啓請裨將 李敏純 中軍 朴熙景 而已梁憲洙 還陣之後 文殊山城 五百銃手 可謂無將之卒也 中軍言於沁留 使李敏純 差出領率將之意 文移於巡撫陣 爲先令送於文殊城 可也

초 9일로 맑다. 새벽녘에 중군이 강화유수에게 가서 인사를 하였는데, 군영 안에서 서로 의논할 사람은 본관 이원구(李源龜)였다. 비장 이민순(李敏純), 중군 박희경(朴熙景)이 보고를 요청하였다. 이미 양헌수(梁憲洙)가 진(陣)에 돌아간 뒤이기에 문수산성의 500명의 총수(銃手)는 장수가 없는 병졸이라고 할 수 있다. 중군이 강화유수에게 말하여 이민순을 영솔하는 장수로 차출하여 이에 대한 문서를 순무진(巡撫陣)에 보내고 앞선 명령으로 그를 문수산성에 보내도록 하였다.

[해설]

개성군은 문수산성의 경비도 맡았다. 양헌수가 돌아간 뒤에 문수산성의 수비대 500명은 장수없는 군대가 되었다. 이들을 개성유수부가 인수해서 개성부의 비장 이민순이 문수산성의 병사를 통솔했다. 이 역시 개성군의 활약상을 강조하기 위한 내용이다.

沁留怳然大覺曰 甚好甚好 商確軍務之際 本營傳令內 沁都克復 實是萬幸然而我領井浦 不可暫時疎虞 急速回軍 結陣防守 爲敎故 將令之下卽欲回軍則沁留本官中軍至將校軍卒擧皆挽留 而 幸聞舊豊德土中軍 領束伍軍三百名而渡水故 遂振旅 而出西門遠望 文廟殿廡 依舊壇墻如前是不幸中大幸也 乃知天地之正氣 邪穢不能犯也 漸進數里 破窓毁版 狼藉門庭 瓦釜陶器 鋪踏道路 里老村婆 或負或戴 稍集其家者 哀疚哀疚 若喪家之哭踊 而聞此行陣之鼓角 餘惻尙存 更知援軍之回 如失怗恃 遮道願挽之情 現於面目 其矜惻之狀不可言

강화유수가 깜짝 놀라 크게 깨닫고, "매우 좋다 매우 좋다."고 하였다. 군무를 상의할 때에 본영 전령이 보낸 내용 안에는 강화도가 수복되어 매우 큰 다행이지만, 우리 영정포를 잠시도 소홀하게 할 수 없다. 급하게 빨리 회군하여 진을 만들 것을 명령한 까닭에 장수의 통솔 아래 곧바로 회군하고자 하였지만, 강화유수, 본관, 중군, 장교, 군졸 등에 이르기까지 대부분이 이를 만류하였다. 다행히 들려오는 소식에 옛 풍덕의 토중군(土中軍)이 속오군 300명을 인솔하여 물을 건넜기에 드디어 군대의 위세를 떨치며 서문으로 나와 먼 곳을 정찰하였다. 문묘(文廟)와 전무(殿廡)가 옛날의 단장(壇墻)을 전과 같이 의지하고 있으니 이는 불행 중 다행이다. 곧 천지의 정기를 알게 되니 사악하고 더러움이 이곳을 범할 수 없다. 점차 몇 리(里)를 진력하니 집의 창이 깨지고 담이 훼손되어 뜰에 낭자하고 기와, 솥, 도자기가 도로에 널려 이를 밟고 갔다. 마을의 노파들이 짊어지거나 혹은 싣고 갔는데, 그 집에 모인 사람들이 '아이구, 아이구' 하면서, 마치 상갓집과 같이 큰소리로 통곡하였다. 이번 행진의 고각(鼓角) 소리를 듣고도 (사람들의) 겁이 아직도 남아 있었는데, 다시 원군이 돌아온 줄 알고 잃어버린 부모를 되찾은 것처럼 길을 막고 그들이 바라는 것이 늦었다는 감정을 얼굴에 드러내니 그 안타깝고 측은한 형상을 말로 할 수가 없었다.

[해설]

아직 프랑스군의 침공위험이 완전히 가신 것은 아니었다. 그래도 개성군은 개성을 무방비 상태로 버려두고 강화경비에 투입되어 있었다. 그래도 강화부는 개성군을 회군시키지 않고 군대라고도 할 수 없는 풍덕의 속오군을 찾아내 이들에게 해안경비를 맡겼다. 개성군이 이 정도로 강화에 헌신했다는 것과 서울은 물론이고 통진, 교동, 영종도 등 주변의 모든 지역이 자기 방어를 우선시 했지만 개성만이 강화에 자기희생적인 도움을 베풀었음을 암시하는 내용이다. 개성군이 자신의 공적을 인정받고 싶어 하는 의도가 들어간 내용이라고 하더라도 개성이 강화에 특별한 자세를 보여준 것은 틀림없다. 이런 행동에는 역사적으로 상업적으로나 인맥으로 개성과 강화가 오랫동안 맺어온 긴밀한 관계가 배경이 되었다고 할 수 있다.

行至二十里强山里 浦屢百戶大村 流民旣歸 始有甦生之氣 水站尚早 乃留陣
炊飯 日已盡矣 十三隻船 泊於江潯 使哨官 韓德敎 護登 而渡時夜三更 四顧寂
寥 月明星爛 風定海晏 眠鷗集隊 叫雁來賓 扣舷而歌回凱 擊楫而樂罷陣 閨人
思處登樓眼 戰士還家衣錦身 漁歌互答 樂莫樂兮

20리를 가서 강산리(强山里)에 도착하였다. 이 포구는 수백 호(戶)가 있는
커다란 촌인데 도망간 백성들이 이미 돌아왔다. 비로소 소생할 기운이
있지만 수참(水站)은 아직 시기상조이다. 곧 부대를 머물게 하고 밥을 해먹으
니 날이 이미 저물었다. 13척의 배가 강가에 정박하고 있어서 초관 한덕교(韓
德敎)에게 올라가서 이를 지키게 하였다. 건넌 시간이 밤 삼경(三更)이기에
사방이 조용하며 달과 별이 빛나고 바람은 그치고 바다가 평안하였다.
갈매기들이 무리가 지어 잠을 자고, 우는 기러기들이 손님처럼 왔다. 뱃전을
두드리며 노래하면서 개선하여 돌아왔고, 노를 두드리면서 즐거워하며
진(陣)을 해산하였다. 규방의 여인이 머물 곳을 생각하면서 누각에 올라가
보니, 전사(戰士)들이 몸에 비단옷을 입고 돌아오는구나. 어부가(漁夫歌)로
서로 화답하니 즐거움 중에 즐거움이다.

太平烟波 商帆始通 時乎時哉 等閒風津 亦軍中之勝槪也 瞬息至於行軍之領
井 問其水路 自山里到此 爲二十里之强也 許多浦民老少 各把炬火出待於津
頭則 船燈浦炬交雜 水陸煌煌火城的的花潭 且浦童江叟 垂髫戴白 而觀聽者
不知其幾百人 欣然 若更生曰 前日移屬松都 可謂逆睹今日之事也

태평하고 안개가 자욱하게 낀 파도 속에 장삿배가 처음으로 통하게 되었으
니, 좋은 시절이구나. 한가롭게 바람 부는 나루터는 역시 부대가 도착한
경치가 좋은 곳이다. 부대는 행군하여 순식간에 영정포에 도착하였다.
그 곳에서 물길을 물어보니 산리(山里)에서부터 이곳까지 20리가 조금 넘었
다. 포구의 많은 백성들이 각각 횃불을 들고 나와 나루터 끝에서 기다리고
있었다. 이 때 배 위의 등불과 포구에서의 횃불이 서로 섞여 바다 위와

포구가 번쩍번쩍하게 밝게 빛나고, 성 안은 불빛으로 화사하였다. 또한 포구의 아이들과 강가의 늙은이들이 까맣고 하얀 머리들을 하고 있으며 지켜보고 있는 사람들이 수백 명은 되었는데, 기뻐하면서 다시 살아난 듯하였다. 이들의 말로는 전날에 송도(개경)로 옮겨갔는데 오늘과 같은 일을 다시 보게 되었다고 하였다.

苟苟不然則 各浦之譏察防守 誰能排布 諸軍之召募餉饋 何以調轉 軍械不及 於大營 軍律無難於殘邑 昔日 李都督之家丁七百 敗於碧蹄 而一箇倭酋 不敢 窺兵於松都一境則 乃知松都爲名之境 自古兵革 不入之勝地 今遠丁咸力 而 豐民則 無一丁抄軍 又無一賊之侵擾 伊誰之德也 中軍下處於洪郎廳鍾喆舍 諸卒分置於民家 中軍令 頭民點火穩宿 諸卒 裸體徒跣而相顧曰 沁都近一朔 疎冷廢 突以身溫之 今夜以突溫身 炎凉世界 福德房在此也

임시라도 그렇지 않으면 각 포구의 순찰과 방어에 누구를 배치하며, 여러 부대를 불러 모아서 음식을 먹이며 어떻게 군량을 수송하겠는가? 군대의 기계가 큰 영(營)보다 못하고 군율(軍律)은 피폐해진 읍(邑)에서 약하게 적용 하였다. 옛날에 이도독(李都督 : 임진왜란 당시의 이여송)의 가정(家丁) 700 명이 벽제(碧蹄)에서 패배하였다. 그렇지만 한낱 왜군의 우두머리가 감히 송도(개성)의 경계에서 전투를 못하였으니, 이는 곧 송도가 이름난 땅이 되어 예로부터 군대가 들어오지 못하는 뛰어난 곳임을 알 수 있다. 지금 멀리서 온 장정들이 함께 힘을 쓰고 있는데, 풍덕의 백성은 한 사람의 장정도 군인으로 뽑히지 않았고 또한 한 명의 적도 침범하여 시끄럽지 않았다. 이것은 누구의 덕(德)인가! 중군이 낭청(郎廳) 홍종철(洪鍾喆)의 집에 서 거처하였으며, 여러 병사들은 민가에 나누어 지내도록 하였다. 중군이 우두머리 백성에게 명령하여 불을 켜고 편안하게 잠을 자도록 하였다. 여러 병사들이 옷을 벗은 채 맨발로 걸으면서 서로 돌아보고, "강화도는 거의 한달 동안 거칠고 냉랭하여 좋지 않았는데 갑자기 몸이 따뜻해졌다.

오늘 밤에 이렇게 몸이 따뜻하게 되니, 덥고 추운 세계의 복덕방(福德房)이 여기에 있다."고 하였다.

[해설]

이 글에서 복덕방이라는 단어가 나오는데, 복덕방의 유래와 용례로서 매우 희귀한 자료이다. 1898년에 창간된『황성신문』과 1904년에 창간된『대한매일신보』에 벌써 복덕방이 현재와 같이 부동산 중개업을 하는 명칭으로 사용되고 있다. 그러나 복덕방의 유래와 그 이전의 용례는 찾을 수가 없다. 그런데『개성부원록』에서 복덕방이 등장한다. 여기서 복덕방의 용례가 어떤 뜻인지는 알 수 없지만, 시설 좋은 휴식처나 숙박처를 의미하는 것 같다. 부동산 매매업이 등장하기 전에 각종의 거래를 중개하는 장소로는 객주, 여각이 있었는데, 이들은 상인들에게 거래장소 뿐 아니라 숙박까지도 제공했다. 개성부는 개성상인이 활약한 조선 최고의 상업도시였다. 여기서 시설 좋고 안락한 방을 복덕방이라고 부르는 사례가 등장했을 가능성도 있다.

初十日 早朝 中軍修還陣 狀四度卽於本營 巡撫營 雲峴宮 左相閣下 各報一度 更探賊機於大陣則 彼大七船 尚留碇於永宗富平之間 以其從船 量水之淺深 於草浦鎭前云 中軍尹公 直欲挺身 點軍殲厥渠魁 以雪沁都之恥 而窮寇勿追 兵家之常戒故 方且圖之

초 10일이다. 아침 일찍 중군이 부대를 정렬하였다. 장계를 4군데인 본영, 순무영, 운현궁, 좌상(左議政) 합하(閣下)에게 각 한 번씩 보고를 하였다. 다시 큰 진(陣)에서 적의 낌새를 탐지해보니 서양의 큰 배 7척은 아직 영종도와 부평 사이에서 닻을 내려 머물러 있고, 그에 딸린 작은 배가 초포진(草浦鎭) 앞에서 수로를 측량한다고 전하였다. 중군 윤공이 곧바로 앞장서서 군사를 점검하여 적의 괴수들을 다 섬멸하여 강화도의 치욕을 씻으려고 하였는데, 궁지에 몰린 도적을 추격하지 말라는 것이 병가(兵家)에서 말하는 일반적인 가르침이기 때문에 그 다음을 도모하려 하였다.

[해설]

프랑스군은 철수를 결정했지만 수로 제작 임무는 완전히 마치고 떠나려고 했다. 그래서 이들은 계속 강화 주변을 돌면서 포구에 상륙하기도 했다. 이들이 완전히 철수한 것은 10월 15일이었다. 개성군은 이들을 공격하고 싶었지만 궁지에 몰린 적을 추격하는 것이 아니라는 병서의 가르침 때문에 참았다고 말하고 있다. 실전을 하지 못한 개성군의 변명성 발언이라고 할 수 있다.

윤위는 개성부와 순무영, 좌의정(의정부와 비변사)과 똑같이 운현궁에도 공식보고서(장계)를 보내고 있다. 그가 처음 대흥(개성부) 중군으로 발령을 받았을 때도 운현궁에 가서 인사를 하고 출발했다. 운현궁은 국가기관이 아니고 흥선대원군은 관직을 지니지 않았다. 즉 흥선대원군은 법적으로는 국가통치에 간여할 권한이 전혀 없었다. 그럼에도 실제로는 통치자와 같은 권력을 행사하고 있는 것을 보여주는 자료이다. 흥선대원군과 운현궁의 이런 식의 권력행사는 조선 역사에서는 유래가 없는 일이었다.

十一日 無事經宿之 狀報於上營 而兼修上書 且巡撫營 亦爲修報修書後 探其
賊情則 回答中 賊情如昨云

11일이다. 무사하게 하루가 지나갔다. 상영(上營)에 장계로 보고하였고 겸하여서 상서(上書)를 정리하였다. 순무영에 또한 수정한 보고서와 편지를 보낸 후에 적의 정세를 탐지하여 회답하던 중에 적의 정세는 어제와 같았다고 한다.

十二日 經宿之狀上同 而賊情又如昨云 中軍自備一頭牛皮肉 並作烹湯飯一
盂羹一器犒饋 浦村所任與頭民使喚輩 一例饋之 砲手一名 以其試放營庫久

廢銃之 致折銃傷手故 以藥救療別給錢 貳緡還送 其處

12일이다. 하룻밤을 지내고 어제와 같이 장계하였다. 적의 정세가 또 어제와 같다고 한다. 중군 자신이 소 한 마리의 가죽과 고기를 준비하여 삶고 끓여서 밥 한 사발과 국 한 그릇을 만들어 군인들이 식사하도록 하였다. 포구와 촌락의 이임, 동임들과 두민, 사환 무리가 모두 함께 수고해서 식사를 제공했다. 포수 1명이 영고(營庫)의 오래되어 폐기된 총으로 시험 삼아 쏘았다가 총상 입은 손이 잘리기까지 하여 약으로 치료하도록 하고 돈 2민(緡 : 민은 1000문, 곧 10냥)을 따로 지급하여 본래 살던 곳으로 돌려보냈다.

[해설]

총기 파열로 손이 잘린 병사가 개성군의 유일한 사상자였다. 조선의 한심한 군비와 훈련 상황을 보여주는 내용이기도 하다. 윤위는 복장과 행군 군기를 엄하게 하는 대신, 자비를 들여 군사들을 먹이고, 군사들의 등을 두드리며 위로하곤 했다. 전임 중군과 비교하면 병사들의 기강을 세우고 존경을 받는 리더십이 훨씬 뛰어났다. 『개성부원록』의 저자들은 이런 점을 높이 평가했던 것 같다.

十三日 經宿之狀復上同 而巡撫營回書中言 使別軍官 安命鎬 把千里鏡 登文殊山城 最高峰 遠照瞭望則 西南大海 無不入瞭 而凶彼賊船 杳無形跡 中軍卽以此由修報于上營

13일이다. 하룻밤 지나고 위와 같이 다시 장계하였다. 순무영이 답으로 보내준 편지에는, 별군관(別軍官) 안명호(安命鎬)[61]가 망원경을 잡고 문수산성 제일 높은 봉우리에 올라가서 멀리 관찰해 보니 서남의 큰 바다 쪽으로

---

61) 안명호는 사용(司勇 : 정9품 무관직)으로 수색, 정찰 전문가였던 것 같다. 병인양요 중에 정찰병으로 계속 활약했다. 난후에 전공자로 천거되었다.

눈에 들어와 보이지 않는 것이 없는데, 흉악한 적선들은 희미하고 형적이 없었다. 중군이 즉시 이러한 내용을 상영(上營)에 수정하여 보고하였다.

十四日 使執事 朴弘奎 送至巡撫營 以班師之期 探請則 回書中 與鎭撫營 相議回軍似好故 即修書修報於沁營 復修報于上營 遂回軍于司倉 挾道而迎接者 如城如海 和氣融融 尹中軍 即進謁于上營 爲勞不已 明日 留相公 大會犒饋 豈無班師之樂乎

14일이다. 집사 박홍규(朴弘奎)를 순무영으로 보내서 군대의 회군 시기를 잡기 위해 정세를 탐지하였는데, 이에 대한 회답 서신에는 진무영과 같이 서로 의논하여 회군하는 방식이 좋을 것 같다고 하였다. 이 때문에 강화영에 편지를 수정하여 보고하고 다시 상영에 수정하여 보고하였다. 드디어 사창(司倉)에서 회군하게 되었는데, 좁은 길에서 환영하는 사람들이 쭉 늘어서 있어 화합하는 기운이 넘쳐흘렀다. 윤 중군이 즉시 상영에 나아가 인사를 하니 노고가 계속 되었다. 다음날 유 상공이 (군인들을) 크게 모아 식사를 주니, 어찌 군대를 돌이키는 즐거움이 없다고 하겠는가?

[해설]

10월 14일로 개성군은 해산했다고 보여진다. 다만 중군과 장교들, 원래 유수영에서 근무했던 병사들은 계속 근무했을 것이다. 강화도 지원을 목적으로 편성된 군대가 해산한 것이다. 개성군이 초기에 겁먹은 모습을 보이고, 전투를 벌이지 못했지만 그들의 수고를 무시할 수는 없다. 어떤 군대도 처음 전쟁에 나갈 때는 두려워하며 이와 비슷한 행동을 보인다. 오히려 군비도 제대로 되어 있지 않고, 훈련도 받지 못했던 병사들이 우리와는 수준이 월등히 다른 군대에 맞서서 노력하고 발전했다는 점을 높이 사야 할 것이다.

昔往矣而雪霏曰 嗟 我之征夫 登何難於取蝨 犯則可於蒙虎 胡馬奪而步行
輕騎逐而遁逃 宣王命而肅將 吉甫宴而孝友 干戈偃而洗兵 月捷報於淸晝 諸
軍膚奏凱歌 釋兵而退其辭曰 天怒斯赫商野揚征葛之威 淮夷旣平 虞階敷格
苗之化 氛翳廓淸 區宇寧謐 豈料仁賢之邦 敢有凶穢之敵

'옛적에 갈 때 눈이 펄펄 내렸다'[62]고 하면서, "아! 우리의 출정하는 군사가
오르는 것이 해충을 얻는 것보다 무엇이 어려우며, 적을 범하면 호랑이처럼
무릅쓸 것이다. 또한 오랑캐의 말을 빼앗아 걸어가게 하고, 경기병(輕騎兵)으
로 뒤따르면 달아나 숨을 것이다." 왕명(王命)을 선포하고 엄숙히 하고,
즐거운 잔치로 효와 우애가 넘치고, 창과 방패를 내려놓고 무기를 씻으며,
달이 밝은 대낮에 승리를 알리니, 여러 부대가 승리의 노래를 계속하여
올렸으니, 병기를 내려놓고 물러가서 올리는 말에는 이러하였다. 하늘의
분노가 이 상나라 들판에서 드러나니 정벌의 위력을 드높여 회수(淮水)의
오랑캐가 이미 평정되었다. 순 임금[虞]이 차례로 널리 묘족을 교화시키고
요사스런 기운이 말끔히 쓸려나가 온 나라가 편안해지게 되었다. 그런데
어찌 어질고 현명한 사람이 사는 땅에서 감히 흉악하고 더러운 적이 생길
수 있는가.

恭惟我主上殿下 神武不殺 大德曰生 肆當振旅而起 特命出師而征 抄發五營
乃是羽林之宿衛 召募八域 許多樽豆之折衝 元戎開府 捷捷征夫 後援啓行
赫赫師尹 是何世變之多艱 亦或邦運之不幸 扼腕出義文人 從奮武之師 殺身
成仁 宰相炳殉國之節 駭機發於秋浦始也 雙帆之自來 大砲迅於颸風乃者 一
府之逐陷 貪樂關市之交 假托其說締結英法之國 寔繁其徒 毒痛我生靈 擾蕩
我重鎭 噫 彼崔盜之亂階 實是莽戎之嚆矢 遂令鼠竊之寇 敢售豕突之謀 威靈

62) 『시경』의 「채미(采薇)」는 변방에서 오래 수자리 살다가 고향에 돌아오는 병사의
심경을 읊은 시인데, 그중에 "옛날에 내가 길을 떠날 때에는, 푸른 버들가지가
휘휘 늘어졌는데, 지금 내가 돌아올 때에는 함박눈이 펄펄 내리네.[昔我往矣 楊柳依
依 今我來思 雨雪霏霏]"라는 말이 나온다.

所加 泰壓之卵 冥頑 姑貸鼎遊之魚

삼가 생각하니 우리 주상전하의 '신령한 무공으로 사람을 함부로 죽이지 않는다.[神武不殺]'라는 커다란 덕은 말하자면 (사람들을) 살리는 것이다. 군대를 정렬하여 일어났으며, 특별히 군사를 내어 정벌을 명령하셨다. 5영(營)에서 군인들을 뽑아 출발시키니, 이들은 곧 우림(羽林)63)의 숙위군이다. 팔도에서 널리 모집하였으며 유리하게 외교활동을 벌인 것이 많았다.[樽俎折衝]64) 총사령관이 부(府)를 여시니, 민첩하게 출정하는 군사들이오. 뒤의 응원부대가 행군하니, 빛나는구나. 사윤(師尹)65)이오. 이 무슨 세상의 변고가 이렇게 많고 어려운가? 또한 나라의 운세가 불행하기에 분하여 주먹 쥐고 의로움을 떨치려는 글쟁이가 무력으로 성내어 싸우는 군인들을 따라 살신성인(殺身成仁)하였고, 재상(宰相 : 이시원)은 나라를 위해 죽는 절개로 빛을 내니 추포(秋浦)에서 처음으로 놀라운 사태가 일어났다. 쌍으로 된 범선이 오고 난 후에 그들의 대포가 회오리바람보다 빨라서 지난번에 강화부가 마침내 함락을 당하였다. 즐거움을 탐닉하여 시장에서 교역으로 핑계를 삼고, 영국과 법국(法國 : 프랑스)과 관계를 맺는다는 말을 빌려서 그 무리들이 번성하였고, 우리 백성들에게 해독과 고통을 주고 우리 중요한 진(鎭)에서 소란을 떨면서 이를 점령하였다.

아! 저 억새풀 속에 숨어 있던 도적의 난이 일어나게 된 계제는 실제로 풀숲에 숨어 있는 오랑캐가(가톨릭 선교사를 말함) 그 시초가 되었다. 드디어 쥐새끼 같은 도적들에게 감히 마구 쳐들어오는 모의를 하도록 만들어주었다. 위세 있는 영혼이 우리에게 힘을 보태주고 태산이 달걀을

---

63) 우림(羽林) : 중국 한(漢)의 금군(禁軍)에서 따온 명칭이다.

64) 준조절충(樽俎折衝) : 술통과 안주를 놓은 상에서 적의 창끝을 꺾는다는 뜻으로, 공식적(公式的)인 연회(宴會)에서 담소하면서 유리하게 외교 활동을 벌임을 이르는 말.

65) 『시경』소아(小雅) 절남산(節南山)에 "우뚝 솟은 저 남산이여, 바윗돌이 겹겹이 쌓여 있도다. 빛나고 빛나는 태사(太師) 윤씨(尹氏)여, 백성들이 모두 그대를 바라보도다.[節彼南山 維石巖巖 赫赫師尹 民具爾瞻]"라는 말이 있다.

누르는 것처럼 사리에 어둡고 완고하니, 잠깐 솥에서 노는 물고기 신세를 용서해준 것뿐이다.

千夫之長則 旣駕梁輈 中軍作好兮 抑爲鐸障 賈吾餘勇 鄭考叔之先登 礫汝萬端 唐睢陽之爲厲 蠢厥西戎卽斂 自此東方以寧 歸馬放山 武功旣訖 賣刀買犢 民業可安消 魑魅魍魎之類 庶後患之悉徵 誦楊柳雨雪之詩 酬前驅之勞苦 此乃我列聖朝 培植元氣之深恩廣澤 猗歟盛哉

1,000명 장부의 우두머리라면 이미 수레의 끌채[梁輈]가 되었도다. 중군이 잘하시어 독 바른 창으로 막은 것이 되었네. 나의 남은 용기를 과시한 것은 정(鄭)나라 영고숙(潁考叔)이 성에 먼저 올라갔던 것과[66] 같았고, '너를 만 토막으로 찢어 죽이고자 한다.'고 한 것은 당나라 수양(睢陽)의 사나운 기개[67]와 같다.[68] 어리석은 저 서양 오랑캐[西戎]가 곧바로 흩어져 이로부터 동방이 편안해져서 돌아가 말을 산에 풀어놓고, 무공을 이루었으니 칼을 팔아 송아지를 사게 하고, 백성들의 생업이 안정될 수 있도록 하였다. 도깨비의 무리들이 모두 후한이 없도록 징계하였으며, 수양버들과 비, 눈의 시[柳雨雪之詩][69]로 앞에 나는 갈매기의 노고에 보답하였다. 이는

---

66) 허나라 도성에 당도하여 영고숙이 정나라 임금의 깃발을 들고서 제일 먼저 성으로 올라가려 하자 자도가 그 밑에서 활을 쏘아 떨어져 죽게 했다는 기록이 『춘추좌전(春秋左傳)』 은공(隱公) 11년 조에 나온다.

67) 당(唐) 현종(玄宗) 때 안녹산(安祿山)의 난으로, 다른 성들은 모두 함락되었으나 장순(張巡), 요은(姚誾), 남제운(南霽雲), 허원(許遠) 등은 수양을 지켜 2년을 버티다가 성이 함락되어 사로잡히고 말았다. 그 전에 장순이 전투를 독려하면서 눈을 부릅떠 눈자위가 찢어져 피가 흘렀으며, 이를 악물어 이가 부서졌다. 포로가 된 뒤에 장순의 입 안에는 남아 있는 이가 서너 개뿐이었다.[『구당서(舊唐書)』 권187, 충의열전하(忠義列傳下)]

68) 『순조실록』 권15, 순조 12년 5월 6일(丁丑)에 있는 순무 중군 유효원이 진려하여 돌아올 때의 순무영의 노포에 나오는 '賈吾餘勇, 鄭考叔之先登, 礫汝萬端, 唐睢陽之爲厲'에서 따온 것이다. 이하의 내용에서도 여기서 따온 표현이 많기 때문에, 이 단락은 전체적으로 이를 참고하여 작성하였을 것으로 추정된다.

69) 『시경(詩經)』 「소아(小雅)」 '채미(采薇)'에서 나온 것으로 버드나무가 푸를 때 떠나

곧 우리 앞선 성스러운 조종이 심고 키워온 원래 기운의 깊은 은혜가 넓었던 덕택이었다.

猗歟盛哉 惟我聖朝 威靈之攸曁 實萬萬世 基業垂統 無疆之休 而一府之安堵
幸賴留相金公之鎭撫故 居民恐有或失 以借寇之意 六百民人 願留于政府議
政府啓曰 開城府留守 金壽鉉 初政先務安堵爲治 先著循良 今番洋匪之警
近在接境 而鎭物之量 察奸之明 騷訛帖息 閭里晏然 一府民情至請久留 待箇
滿更加一瓜 仍任何如

아름답고 성하도다. 삼가 생각건대 우리 성스러운 조정이 신령의 위력에 함께 하여 실제로 무궁한 만세의 기업(基業)을 계속 이어가고 무궁한 아름다움으로 온통 강화부가 안도하게 되었다. 다행히 유상 김공의 훌륭한 작전과 보살핌으로 주민들이 혹시나 유수를 잃지 않을까 두려워하여 지방관을 유임시켜달라는 뜻[借寇之意][70]으로 600명의 백성이 머물기를 원한다는 내용을 의정부에 올리면서, "개성유수 김수현(金壽鉉)은 처음 부임하면서부터 백성들을 안정시키는데 힘을 써서 잘 다스린다는 소문이 났습니다. 이번에 외국의 오랑캐들이 이웃 고을에 침입하였을 때도 넓은 도량과 밝은 지혜로 소란을 진정시켜 백성들이 평안을 유지하였습니다. 온 고을 백성들이 유임시켜 줄 것을 청하오니, 임기가 다하면 다시 한 번 더 임명해주시는 것이 어떻겠습니까?"라고 하였다.

오랫동안 전쟁터에 있다가 돌아갈 때 눈이 온다는 내용으로 전쟁의 고달픔을 말한다.

70) 차구지의(借寇之意) : 『후한서(後漢書)』 권16, 구순전(寇恂傳)에 나오는 내용이다. 후한(後漢)의 구순(寇恂)이 영천태수(潁川太守)가 되어 치적을 세우고 이임(移任)되었다. 후에 광무제(光武帝)를 따라 남정(南征)할 때 영천(潁川)에 이르자, 백성들이 노상에서 길을 막고 말하기를, "폐하께서는 구군(寇君)을 이 영천에 1년만 더 빌려 주소서."라고 하였는데, 어진 지방관을 유임시키는 것을 비유한다.

傳曰 允 此守臣莅任未幾 治聲已多入聞 而今其存恤撫摩 闔境寧靖 民恐或失
至有願留之擧 此不可一瓜仍任 特加一資 用褒優異之典

이에 〈조정에서〉 명령을 보내길, "윤허한다. 이 지방관(개성유수 김수현)은
부임한 지 얼마 되지 않아 잘 다스린다는 소식이 들려왔다. 이번에 또
백성들을 잘 살피고 무마하여 온 고을이 편안하고, 백성들은 혹 그를 잃을까
염려하여 유임시켜 주기를 청하기까지 하였다. 이는 한 번의 임기만 더해주
고 그칠 것이 아니다. 한 자급을 올려 우수한 공적을 표창하도록 하라."고
하였다.

[해설]

이 내용은 조선왕조실록에도 나온다. 1866년 11월 4일에 내린 결정이었
다.[71] 양요 후 김수현은 개성유수로 재직하면서 청석골에 진과 관문을
설치하고, 밀린 조세를 탕감해서 백성을 안정시켰다. 그의 가장 큰
공적은 개성에 있는 고려의 왕릉들을 일체 보수한 것이다. 그러나
개성부에 오래도록 재임하라는 명령은 승진을 제한하기 때문에 김수현
에게는 오히려 불리한 것이었다. 조선 수령의 임기는 6년인데, 유망한
관료일수록 6년을 채우는 경우는 없다. 김수현도 1867년 9월에 병조
판서로 승진해서 10월에 개성부를 떠났다. 그 후 김수현은 한성부판윤·
함경도관찰사를 역임했다. 1872년에는 동지정사(冬至正使)로 청에 다녀
와 혼란한 대내외 사정을 알렸다. 그 뒤 지의금부사(知義禁府事) 등을
지내다가 1882년 임오군란 직전 형조판서에 임명되었으나, 군란이
수습된 그해 10월에야 정식으로 취임하였다. 또, 군란이 일어나자
흥선대원군이 종척집사(宗戚執事)로 임명하였지만 이에 응하지 않았다.
후에 예조판서·공조판서·이조판서와 의정부의 좌우참찬 등의 요직을
거쳤으며, 1894년 갑오개혁 당시 제1차 김홍집(金弘集) 내각에서 의정부
좌찬성으로 활약하였다.

---

71) 『고종실록』 3권, 고종 3년 11월 4일 기미.

此傳敎 適下於陞補設場 中多士等 共拜賀時 金尙禧曰 一資之褒 天恩感祝
一瓜之加 民心浹洽 留相公 亦以感祝答之 甲申 留相金公履載 豐德移屬本營
矣 今還復邑 以李敏純 爲府使 癸亥留相徐公美修 設靑石關 辛巳 留相吳公翰
源 革罷 今重創以金川江南面移屬 而中軍 尹漳 兼守防官 各自董役大興 自本
營勤仕置僉使云

이 명령서를 승보시(陞補試)의 과거 시험장에서 맞이하였다. 그 가운데의
많은 선비들이 함께 절하고 축하할 때에 개성유수 김상희(金尙禧)는, "한
자급을 높여 포상 받은 하늘의 은혜에 대해 감격하고, 임기를 더한 것은
민심에 퍼져나가 흡족해 하고 있습니다."라고 하였다. 유상공이 또한 축하하
면서 답하였다. "갑신년에 유상 김이재(金履載)가 풍덕을 본영에 옮겨서
속하게 하였습니다. 지금 다시 읍이 개성으로 소속이 돌아가고 이민순(李敏
純)이 부사가 되었습니다. 계해년(1803)에 유상 서미수(徐美修)가 청석관(靑石
關)을 설치하였습니다. 신사년(1821)에 유상 오한원(吳翰源)이 이를 혁파하였
는데 다시 중창하여 금천강(金川江)의 남면(南面)으로 옮겨서 배속하였습니
다. 중군 윤위(尹漳)가 겸수방관일 때 각자 감독하여 크게 일으키고 본영으로
부터 근무할 벼슬아치로 첨사를 두었다고 합니다."라고 하였다.

[해설]

개성이 병인양요에서 수고한 공을 기려서 1867년에 개성부에서 특별과
거를 열었다. 승보시는 서울의 4부 학당의 생도를 대상으로 시험을
봐서 성균관 입학생을 결정하는 시험인데, 여기서는 성균관 입학자격
을 주는 생원진사시라는 의미로 사용했다.
병인양요에서 활약한 사람, 자원자, 심지어 작은 물품이라도 식량이나
기부를 한 사람은 아낌없이 포상을 받았다. 그런데 유독 개성군에
종군했던 사람들은 이 포상에서 빠졌다. 이용희와 양헌수가 지휘했던
순무영군은 공을 세웠고, 강화도의 주민들은 고통을 받아서 위로의
뜻으로도 포상을 했다. 하지만 개성군은 전투를 전혀 하지 못했으므로

그들의 활약은 미미했다고 판단했기 때문인 듯하다. 이들에게 포상이 내려진 것은 병인양요가 끝난 지 무려 5년이 지난 1871년이었다. 개성유수였던 서형순이 개성부의 공로자에 대한 명단을 올리고 포상을 요청했다. 이 보고에 『개성부원록』에서 낯익은 명단들이 등장한다.

(김병학이) 또 아뢰었다. "방금 개성유수 서형순이 보고한 것을 보고를 보니, '지난 병인양요 때 개성부의 중군 윤위가 군사들을 거느리고 해안을 방어하다가 이어 심도(강화도)에 들어가 풍찬노숙(風餐露宿)하면서 고생했습니다. 사민 중에는 백의종군한 사람도 있고 의리를 내세우고 모집에 응한 사람도 있으며 성의와 힘을 다하여 식량을 이어댄 사람도 있었는데 모두 명단을 만들어 보고하였습니다.'라고 하였습니다.
중군(구연홍, 윤위)이 군사들을 거느리고 전장에 나가 도와준 것은 사실 직책상의 일입니다. 그러나 사민으로서 의리를 내세우고 적개심을 품고 행동한 데 대해서는 포상하는 은전을 베풀지 않을 수 없습니다. 유생 민치오·강황, 출신 김종원·한덕교는 모두 초사에 조용(調用: 관리를 골라서 등용함)하고, 전 오위장 박동헌, 가선대부 김정근, 절충장군 강석룡, 전 부장 허헌은 모두 가자하고, 한량 장익수 등 2인은 모두 상가(賞加)하고, 서리 박응한 등 5인은 모두 첨가하며, 기타 전장에 나간 사람들과 군졸들은 모두 본부에서 시상하도록 분부하는 것이 어떻겠습니까?" 하니, 윤허하였다.(『고종실록』 8권, 8년 3월 25일 을묘)

前後陣 左右別武士 都記

전후진 좌우별무사 도기(都記)

左列別將 金廷根 百摠 白日繪 金鍾源 把摠 姜錫龍 哨官 劉學善(自願) 韓德教 執事 金錫九 許櫶 右別武士 李周復 金德一 李秀弘 出身 姜宗元 出身 李啓賢

金鎭九 李鎭化 金億山 姜得良 出身 金奉祿 出身 魯錫浩 出身 高學錫 出身
高學基 鄭在銑 金光文 金德煥 廉右錫 出身 沈尙弼 姜命仁 金弘集 秦鉉器
秦福奎 李昌植 兪在觀 韓昌敎 姜仁弼 洪在範 金永東 金弘澤 朴景哲 金履運
韓時觀 姜仁寬 尹仁哲 朴宇炯 尹琓 姜顯岐 禹允憲 金基默 出身 林尙顯
左別武士 李時懋 金學魯 韓尙五 孫道行 洪在基 李宗福 李命周 姜仁權 崔亨崙
李周錫 梁用涉 金麗澤 朴允會 金有鎭 具重瓘 韓廷復 林在敏 林時桓 李壽永
姜快學 姜命祿 李啓淳 金辰業 鄭在弘 金大均(自願) 出身 鄭載鈺 出身 崔吉
出身 金道常 朴致茂 吳奎哲 金學祚 姜禧文 高載亨 白基英 姜儀文 金鎭錫
出身 金鎭國 白衣從事 閔致五[주 : 自願] 白衣叅謀 姜載璜 進士 金復亨 出身
王彦鏞 等 六百人 以請留事 上書于左議政閣下

좌열별장 김정근(金廷根), 백총 백일회(白日繪), 김종원(金鍾源), 파총 강석룡(姜錫龍), 초관 유학선(劉學善) 자원(自願), 한덕교(韓德敎), 집사 김석구(金錫九), 허헌(許櫶), 좌별무사 이시무(李時懋), 이주복(李周復), 김덕일(金德一), 이수홍(李秀弘), 출신 강종원(姜宗元), 출신 이계현(李啓賢), 이진화(李鎭化), 김억산(金億山), 강득량(姜得良), 출신 김봉록(金奉祿), 출신 노석호(魯錫浩), 출신 고학석(高學錫), 출신 고학기(高學基), 정재선(鄭在銑), 김광문(金光文), 김덕환(金德煥), 염우석(廉右錫), 출신 심상필(沈尙弼), 강명인(姜命仁), 김홍집(金弘集), 진현기(秦鉉器), 진복규(秦福奎), 이창식(李昌植), 유재관(兪在觀), 한창교(韓昌敎), 강인필(姜仁弼), 홍재범(洪在範), 김영동(金永東), 김홍택(金弘澤), 박경철(朴景哲), 김이운(金履運), 한시관(韓時觀), 강인관(姜仁寬), 윤인철(尹仁哲), 박우형(朴宇炯), 윤완(尹琓), 강현기(姜顯岐), 우윤헌(禹允憲), 김기묵(金基默), 출신(出身) 임상현(林尙顯), 우별무사(左別武士) 이시무(李時懋), 김학로(金學魯), 한상오(韓尙五), 손도행(孫道行), 홍재기(洪在基), 이종복(李宗福), 이명주(李命周), 강인권(姜仁權), 최형륜(崔亨崙), 이주석(李周錫), 양용섭(梁用涉) ,김여택(金麗澤), 박윤회(朴允會), 김유진(金有鎭), 구중관(具重瓘), 한정복(韓廷復), 임재민(林在敏), 임시환(林時桓), 이수영(李壽永), 강쾌학(姜快學), 강명록(姜命祿), 이계순(李啓淳), 김진업(金辰業), 정재홍(鄭在弘), 김대균(金大均), 정재옥(鄭載鈺), 출신(出

身) 최길(崔吉), 출신(出身) 김도상(金道常), 박치무(朴致茂), 오규철(吳奎哲), 김학조(金學祚), 강희문(姜禧文), 고재형(高載亨), 백기영(白基英), 강의문(姜儀文), 김진석(金鎭錫), 출신(出身) 김진국(金鎭國), 백의종사(白衣從事) 민치오(閔致五)[주 : 자원], 백의참모(白衣參謀) 강재황(姜載璜), 진사(進士) 김복형(金復亨), 출신(出身) 왕언용(王彦鏞) 등 600명이 머무르는 일을 요청하여 좌의정 합하에게 상서(上書)하다.

[해설]

이하 내용은 개성의 관리와 사족 600여명이 병인양요 후의 포상을 바라며 상소한 내용이다. 주 내용은 개성유수 김수현의 공적을 칭찬하고 그를 개성유수로 연임시켜 줄 것을 청원한 것이다. 그러나 이 이면에는 개성부 원군에서 활약한 인물들을 포상해 주기를 바라는 마음도 있었다. 그러나 이들의 소원은 이때는 이루어지지 않고 김수현과 권현 등 주요 관료들에 대한 포상만 행해졌다.

伏以書曰 民惟邦本 本固邦寧 漢詔 與我共治 天下者 其惟良二千石乎 夫二千石之良 固不易得而苟得其良 必久任責成 得展其才則 百姓安其田里 無歎息愁恨之心 所謂邦本不固而自固矣 是以虞典 三載考績 三考黜陟幽明 是九載之庸也

엎드려 올린 글에서, '백성은 오직 나라의 근본이니 근본이 튼튼해야만 나라가 평안하다.'고 하였으며, 한(漢)의 조서에 '나와 함께 정치할 천하의 사람은 오직 어진 2,000석(태수)이다.' 대개 2천석(태수)의 어진 사람은 원래 얻기가 어렵습니다. 만약 어진 사람을 얻으면 반드시 임기를 길게 하여 그 직책을 다하게 해야 합니다. 만약 얻게 되면 그 재능을 펼치게 하여 백성이 자신의 논과 마을에서 편안하게 살게 되어, 탄식이나 근심하고 원망하는 마음이 없어지게 됩니다. 그래서 나라의 근본이 튼튼하지 못한

것이 저절로 튼튼해질 것입니다. 이『서경』의 우전(虞典)에는 3년 동안의
실적을 고과하는데, 세 번을 〈유능한 관리를〉 승진시키고 〈무능한 관리의〉
지위를 낮추는 내용이 나오니, 이것이 바로 9년 동안 3번의 업적 평가를
하는 것입니다.

漢唐以來 太守節度 有十年二十年之制 皇明知府知縣 九年之內 不許交代
此盖出於從民便宜 深根固本之良謨也 若以泥於期會 交代相屬則 縱有惠澤
將勃枯苗根 猶未着枝葉安附 竊伏念本府以勝國舊都 民物之繁 倉廩之實 甲
於八域 密邇輦路 緩急可恃 而挽近凋殘 甚於朽株

한·당(漢唐) 이래 태수와 절도사는 〈한 번 발령을 받으면〉 10~20년 동안
그 직책에 있었고, 황제국 명나라의 지부(知府)와 지현(知縣)은 9년 안에
교대(交代)하는 것을 허락하지 않았습니다. 이는 대개 백성의 편의를 따르고
자 하는 것으로부터 나왔으니, 뿌리를 깊게 하는 훌륭한 정책입니다. 만약
임기 내에 좋지 않은 일 때문에 서로 교대(交代)를 계속 하게 되면 혜택이
있을 수 있지만 앞으로 마른 싹과 뿌리가 생겨서, 오히려 가지와 잎사귀가
편안하게 제대로 붙지 않습니다. 가만히 엎드려 생각하건대, 본 개성부는
바로 전대 왕조의 옛 도읍으로서 백성과 사물이 번성함과 창고의 부유함이
8도 중에서 으뜸이며, 임금님이 거동하시는 길과 가까워서 위급할 때에는
의지하실 수 있습니다. 그렇지만 근래에는 몰락해가는 현상이 썩은 그루터
기보다 심한 상태입니다.

善俗日漓 民不聊生 殿屎於塗炭 值連於溝壑 雖有智者莫之拯溺何幸 天道循
環 寒後陽春 今留臺金公壽鉉 來暮千瘡百孔之餘下車 初政安堵先務 視金帛
如糞土 撫百姓如赤子 爲政半年 無形無跡 而凡厥庶務 自然中規 重之洋匪警
隣閩境騷動 躬自勞衆分甘茹苦 寢不解帶 出則屛騎 鎭物如山嶽 詞察如神明
姦宄斂跡閭里 晏如 眞可謂才兼文武 方便有餘者也

미풍양속은 날로 더럽혀져서 백성들이 살아갈 방도가 없어, 도탄에 빠져 신음하고 근심하며 그 구렁텅이에서 굴러다니니, 비록 지혜로운 사람이 있어도 물에 빠진 사람을 구해 내지 못한다는 것이 어찌 다행이겠습니까? 천도(天道)가 순환하기에 추운 뒤에 따뜻한 봄이 오는 법입니다. 지금 김수현(金壽鉉) 공이 마을에 머물러 있는데, 늦게 부임하여 만신창이로 남겨진 곳에 내려왔습니다. 〈김공은〉 부임한 이후 주로 〈백성들을〉 안도(安堵)하는 일을 최우선으로 하여 금과 비단을 마치 똥과 흙처럼 여기고, 백성을 마치 어린아이처럼 어루만졌습니다. 그래서 통치를 시작한 지 반년 만에 형체와 자취도 없이 모든 행정업무가 자연스럽게 법과 규칙에 맞게 되었습니다. 거듭하여 서양의 도적들이 이웃의 경내에서 소동을 일으키는 것에 놀라서 자신이 직접 대중을 위해 힘을 썼습니다. 그래서 단 것은 나누고 고생은 자신이 하면서 잠을 잘 때에도 허리띠를 풀지 않았고, 밖에 나올 때는 말을 타는 것을 막았습니다. 사물을 안정시키는 것은 마치 산악(山嶽)과 같았고, 뛰어난 통찰력은 신명(神明)과 같아서, 간사한 도둑은 마을에서 자취를 감추게 되었고 〈민심이〉 편안하니 참으로 문무의 재주를 겸하였고 말할 만합니다. 그러니 방편이 여유가 있을 것입니다.

比古循良 何可同年 但一府咸戴 髮白同情 患失一念 觸處多心 今見朝旨有曰 三都軍制 近甚疎虞 以原任將臣 間間差送 命下 伏念此旨 雖非今日明日施行 之事 然駒隙無情 瓜期有限 新命一下則 雖欲號 闕請留臥轍爭路 其勢末由 然則我公政績 虧於一簣 松民痼疾加於少愈 歲寒之功 終難桑楡 是故闔境四 民 裹足上京 不避猥越 預訴於相公閣下 蓋生等祈請 實非寇君一年而已耳 虞諝黜陟 冊在兀上 漢唐官制 歷代龜鑑 伏乞 俯察輿情 本府留相金壽鉉 轉達 楓陛 借之以五六年 俾松民得穌之望 毋至抑鬱於中途 重良吏固邦本之地 伏 不勝祈懇 屛營之至 草記與批答見上
定邑職 江華府留守 陞嘉義 兼三道統禦使 經歷爲判官中軍陞嘉善兼鎭撫使 永宗僉使 刱防禦使 喬桐水使 爲府使兼防禦使

옛날의 훌륭한 지방관과 비교해 볼 때 같은 햇수로 〈임기를 줄 수〉 있겠습니까? 다만 온 부가 함께 떠받들기를 어린이와 늙은이가 모두 같은 심정으로 하고 있어서, 혹시 한 마음으로 그를 잃어버릴까 염려하여 닿는 곳마다 걱정이 많았습니다. 지금 조정의 뜻을 보니, 삼도(三都)의 군사제도가 근래에 매우 소홀하여 원임(原任)인 장수들을 간간이 파견할 것이라는 명령을 내렸습니다. 엎드려 생각건대 이 뜻은 비록 오늘, 내일에 시행해야 할 일은 아닙니다. 그러나 무정하게 시간은 빠르게 가서 벼슬의 기한이 다 되어 한계가 있는데, 새롭게 명령이 한 번 내려지면 비록 부르시려고 하여도 그냥 머물기를 요청하면서 〈백성들이〉 수레바퀴에 눕고 길에서 다투게 되어버리니 이것은 어찌 할 수 없는 일입니다. 그래서 우리 공의 정치적 업적이 한 삼태기 흙이 모자라 허사가 되고, 송도의 백성들은 고질병이 조금 나을 것 같을 때에 다시 도지게 됩니다. 날씨가 추울 때의 공로가 마침내 말년에 만회하는[桑楡]⁷²⁾ 것보다 어렵습니다. 이런 까닭으로 온 구역의 사민(四民)이 발을 싸매고 서울에 올려가서 외람됨을 피하지 않고 상공 합하(相公閤下)께 호소를 드립니다. 저희 백성들이 빌면서 요청하는 것은 사실 지방관[寇君]⁷³⁾을 1년 더 있기를 청하는 것뿐만이 아닙니다. 『서경』에서의 인사고과는 장부를 상 위에 두는 것이었고, 한·당의 관제는 역대의 귀감이었습니다. 엎드려 빌건대 여론의 실정을 굽어 살피시어 유상

---

72) 흔히 초년(初年)의 실패를 노년(老年)에 만회한다는 뜻이다. 이 말은 후한(後漢) 때의 장수인 풍이(馮異)가 적미(赤眉)의 난을 토벌하기 위해 나섰다가 처음 싸움에서 대패하고, 얼마 뒤에 다시 군사를 정비하여 적미의 군대를 격파하였는데, 황제가 친히 글을 내려 위로하기를, "처음에는 회계(會稽)에서 깃을 접었으나 나중에는 민지(澠池)에서 떨쳐 비상하니, 참으로 '동우에 잃었다가 상유에 수습하였다.[失之東偶 收之桑楡]'라고 할 만하다." 한 데서 나온 말로, 동우는 해가 뜨는 새벽을, 상유는 해가 지는 저녁을 뜻한다.(『後漢書』 卷17, 馮異列傳)

73) 후한(後漢)의 구순(寇恂)이 영천 태수(潁川太守)가 되어 치적을 세우고 이임(移任)되었다. 그런데 이후에 광무제(光武帝)를 따라 남정(南征)할 때 그가 영천(潁川)에 이르자, 백성들이 노상에서 길을 막고 말하기를, "폐하께서는 구군(寇君)을 이 영천에 1년만 더 빌려 주소서."라는 것에서 나온 말이다.[『후한서(後漢書)』 권16, 구순전(寇恂傳)] 어진 지방관을 유임시키는 것을 비유한다.

김수현 공을 궁궐[楓陛]74)에 전달하시어 5~6년 동안 (개성에) 그를 빌려 주십시오. 그리하여 송도의 백성들이 소생할 희망을 얻도록 해주시고 중도에 억울하게 여기도록 하지 마소서. 소중한 지방관은 진실로 나라의 근본이 되는 바탕입니다. 엎드려 간절히 바라마지 않으며 황공하옵니다.

초기(草記)와 비답(批答)을 임금께서 보시고, 읍직(邑職)을 정하셨다. 강화유수를 가의(嘉義)로 올리고 겸하여 삼도통어사(三道統禦使)로 정하였다. 경력(經歷)을 판관중군(判官中軍)으로 삼으시고 가선(嘉善)으로 올리며 진무사(鎭撫使)를 겸하게 하였다. 영종첨사를 방어사로 벼슬을 깎고, 교동수사를 부사 겸방어사를 하게 하였다.

元勳

巡撫使 李景夏 除華城府留守

開城府留守 金壽鉉 加資嘉義 兼 工曹判書

江華府留守 李章濂 加資嘉義 兼 三道統禦使

巡撫中軍 李龍熙 (결락) 除千摠梁憲洙 除江華中軍

前監察 李基赫 除長湍府使 永宗僉使 白樂莘 除 (결락)

江華中軍 朴熙景 除永宗僉使 餘皆以功次酬勞

是歲 十二月十一日

命設別

丁卯 正月 十一日 放榜于太平館 除謝恩

원훈(元勳)

순무사 이경하(李景夏)를 화성부유수로 제수하였다. 개성부유수 김수현(金壽鉉)을 가의로 벼슬을 더하고 공조판서를 겸하게 하였다. 강화부유수 이장렴(李章濂)을 가의로 벼슬을 더하고 삼도통어사를 겸하게 하였다. 순무중군

---

74) 단풍의 섬돌, 곧 궁전(宮殿). 한대(漢代)에 궁중에 단풍나무를 심었으므로 이렇게 말한다.

이용희(李龍熙)를 (결락) 제수하다. 천총 양헌수(梁憲洙)를 강화중군에 제수하였다. 전 감찰 이기혁(李基赫)을 장단부사에 제수하였다. 영종첨사 백낙신(白樂莘)을 (결락) 제수하였다. 강화중군 박희경(朴熙景)을 영종첨사에 제수하였다. 나머지는 모두 공으로 따라서 차례로 술을 내리고 위로하였다.

是歲 十二月十一日 命設別 丁卯 正月 十一日 放榜于太平館 除謝恩

이 해 12월 11일 별시(別試)를 거행할 것을 명령하였다. 정묘 정월 11일 태화관에서 합격자를 발표하고 사은(謝恩)행사는 생략하였다.

開城府
御題賦 保障哉 試官本守金 試所太平館
文科
李喆 父 震奎 生父 縣監 膺奎
王庭揚 父 進士 師憲
陳集喬 父 東錫
武科
金弘瓚 父 光文
取三十人 傳曰 新及第 王庭揚 聞是勝國遺裔也 始有科聲 爲之可幸 而其所抱
負 亦自不淺云 兵曹叅議除授 以示朝家眷眷之意 文甲科 李喆 除典籍 武甲科
金弘瓚 除瓦署別提

개성부
어제부(御題賦) : '보장(保障)'. 시관은 본부 수령 김수현, 시험 장소는 태평관.
문과
이철(李喆) : 아버지는 이진규(李震奎), 낳아준 아버지는 현감 이응규(李膺奎)이다.
왕정양(王庭揚) : 아버지는 진사 왕사헌(王師憲)이다.

진집교(陳集喬) : 아버지는 진동석(陳東錫)이다.

무과

김홍관(金弘瓘) : 아버지는 광문(光文)이다.

30인을 뽑았다. (국왕께서) 명령하시기를, "새로 급제(及第)한 왕정양(王庭揚)은 고려왕실의 후예라고 한다. 처음으로 과거에 급제하였으니 다행스러우며, 그의 포부도 작지 않다고 한다. 병조참의(兵曹參議)에 제수하여 조정에서 (왕씨의 후예를) 돌보아주고 있는 뜻을 보이도록 하라."고 하였다.

문과 갑과에 이철(李喆)은 전적(典籍)에 제수하였다. 무과 갑과의 김홍관(金弘瓘)을 와서별제(瓦署別提)로 제수하였다.

江華府

合試四邑同日設場 試所司倉

御題賦 天時不如地利地利不如人和

試官 趙然昌

文科

李演壽 父 虞候禮培 居江華

權采圭 父 恩觀 居豐德

尹時榮 父 興柱 居江華

李晩奎 父 居通津 (결락)

李建昌 父 都事 象學 居江華

劉元植 父 守門將 漢奎 居喬桐

武科

取十二人

甲科 劉永吉 除引儀

네 읍이 합동으로 과거 시험을 보기에 같은 날에 과거 시험장을 설치하였다. 시험 장소는 사창(司倉)이다.

어제부(御題賦) : '천시(天時)가 지리(地利)만 같지 못하고, 지리가 인화(人和)

만 같지 못하다.'

시관 조연창(趙然昌)이다.

문과

이연수(李演壽) : 아버지는 우후(虞候) 이예배(李禮培)이고 강화에 산다.

권채규(權采圭) : 아버지는 권은관(權恩觀)이고 풍덕에 산다.

윤시영(尹時榮) : 아버지는 윤흥주(尹興柱)이고 강화에 산다.

이만규(李晩奎) : 아버지는 (결락) 통진에 산다.

이건창(李建昌) : 아버지는 도사(都事) 이상학(李象學)이고 강화에 산다.

유원식(劉元植) : 아버지는 수문장(守門將) 유한규(劉漢奎)이고 교동에 산다.

무과

12명을 뽑았다. 갑과 유영길(劉永吉)을 인의(引儀)에 제수하였다.

丙寅赴援記

此渡沁陣列名懸板于訓鍊院 及拱辰亭

松京自古 忠義之鄉也 載於前史者 無容更贅 逮我聖朝 壬辰 島夷之亂 三賢殉
節 崇祠腏享 戊申湖西之亂 三百騎士 扈從成勳錄諸鐵券 辛未 關西之變 百有
餘騎 自備器械 破城奏功 其敵愾效命 蓋此土風氣之所然也 客秋 洋匪之警
迫在接壤 京鄉騷擾 八域人民 迸山避荒者多矣 而惟西都之民 賴我保釐金相
公壽鉉 鎭撫如山嶽 懷保如赤子 闔境安堵如故 當赴援者 咸曰 王事靡監 何敢
遑處 朝令夕發 如赴樂地 凡我鞾韋君子 固是分內事也 至有窮巷蓽門 飭躬讀
書之士 亦自願赴 此豈非涵泳德化 不避湯火之致歟 及其渡江之日 噫 彼醜類
見機遠遁 肆未能破其船滅其種 快雪江都之恥 是所憤歎者也 旋凱之後 欲與
題名揭板 要余爲記辭 不獲忘其拙略 綴顚末罔 俾先輩專美於前將 使來裔昭
示於後 以實其忠義之有素焉

「병인부원기」

이는 심진(沁陣 : 강화도의 진)으로 건너간 것을 훈련원 및 공진정(拱辰亭)의 현판에 이름을 열거하였다.

송경(松京)은 옛날부터 충의(忠義)의 고향이다. 이전 역사책에 실려 있는 것은 다시 덧붙이지 않겠다. 우리 성스러운 조정에 이르러서 임진년(임진왜란)에 섬 오랑캐들의 난리에 3명의 현자(賢者)께서 순절하시자 이를 사당에 모시고 제사를 지냈다. 무신년 호서(湖西)의 난리에 300명 기사(騎士)가 국왕을 호위하여 따라간 것을 기록한 성훈록(成勳錄)과 여러 철권(鐵券)이 있다. 신미년 관서(關西)의 변란에는 100여명의 기병이 자신의 돈으로 기계(器械)를 갖추고 성을 깨트려 공로를 이루고 적을 무찌르는데 목숨을 아끼지 않았다. 대략 이 송도는 풍속과 〈선비들의〉 사기가 그러한 곳이다. 지난 가을에 서양 오랑캐들이 이웃 고을에 쳐들어와 서울과 지방이 시끄럽게 되어, 8도의 인민이 산과 황폐한 곳으로 흩어져 달아난 사람이 많았다. 그렇지만 오직 서도(西都 : 개성)의 백성은 우리 김수현 공이 편안하게 다스렸던 것에 힘입었다. 〈그 분은〉 마치 산과 같이 어루만져 주시고, 〈우리를〉 어린아이와 같이 품고 보호하셨으니, 온 경내가 안도함이 옛날과 같았다. 마땅히 〈강화도를〉 구원하러 가는 자가 모두 말하기를, "나라 일로 편안하지 못한데 어찌 감히 가만히 있겠습니까."라고 하였다. 아침에 명령하고 저녁에 출발하여 극락의 땅으로 가는 듯이 하였다. 대개 우리 군인들에게는 오로지 본분에 따른 일이었다. 뒷골목[窮巷]에 있는 사립문[蓽門]에 이르기까지 몸가짐이 바르고 책을 읽던 선비가 또한 자원하여 나가니 이것이 어찌 덕화(德化)에 빠져들어가 큰 불 속을 피하지 않는 소치가 아닌가? 강을 건너는 날에 이르러 아! 저 추잡한 무리(프랑스군)가 낌새를 알아채고 멀리 달아나니 그 배를 깨트리지 못하고 그 종(種)을 없애버려 강화도의 치욕을 깨끗하게 씻어 버리지 못하였으니, 이것이 분하고 탄식하는 이유이다. 개선(凱旋)한 뒤에 모두 함께 이름을 판(板)에 달아서 걸고자 하였다. 그래서 중요한 내용을 나에게 기록하게 하여 이를 사양하였지만 받아들여지지 않아서, 졸렬하고 소략한 것을 잊어버리고 그에 대한 전말(顚末)을 기록으로 엮었다. 선배들에게 앞쪽 장수들의 아름다운 이름을 독차지하지 말고,

후세의 자손에게 실제 충의(忠義)가 원래부터 있었다는 것을 분명하게 보이
도록 할 것이다.

中軍 尹湋 別將 金廷根 百摠 金鍾源 把摠 姜錫龍 哨官 韓德敎 差官 許櫶
騎士 姜仁弼 韓尙五 李周復 孫道行 金弘集 李周錫 崔亨崙 韓廷復 金鎭國
金學祚 朴致茂 姜儀文 金鎭九 鄭載鈺 金大均(自願) 姜宗元 李啓賢 金麗澤
朴允會 梁用涉 金有鎭 李宗福 吳奎哲 崔吉 白基英 金奉祿 李鎭化 高載亨
金鎭錫姜禧文 金德一 李時懋 李秀弘 姜得良 金億山 金道常 秦鉉器 李命周
韓昌敎 金履運 秦福奎 洪在基 姜仁寬 金永東 具重瓛 洪在範 兪在觀 李昌植
魯錫浩 林尙顯 譏察 朴光益 朴佑炯 額外自願 幼學 閔致五
副護軍 崔尙儒 謹書
上之四年 丁卯三月 日 前縣監 王錫綏 謹記

중군 윤위(尹湋), 별장 김정근(金廷根), 백총 김종원(金鍾源), 파총 강석룡(姜錫
龍), 초관 한덕교(韓德敎), 차관(差官) 허헌(許櫶), 기사(騎士) 강인필(姜仁弼),
한상오(韓尙五), 이주복(李周復), 손도행(孫道行), 김홍집(金弘集), 이주석(李周
錫), 최형륜(崔亨崙), 한정복(韓廷復), 김진국(金鎭國), 김학조(金學祚), 박치무(朴
致茂), 강의문(姜儀文), 김진구(金鎭九), 정재옥(鄭載鈺), 김대균(金大均) 자원(自
願), 강종원(姜宗元), 이계현(李啓賢), 김려택(金麗澤), 박윤회(朴允會), 양용섭(梁
用涉), 김유진(金有鎭), 이종복(李宗福), 오규철(吳奎哲), 최길(崔吉), 백기영(白基
英), 김봉록(金奉祿), 이진화(李鎭化), 고재형(高載亨), 김진석(金鎭錫), 강희문(姜
禧文), 김덕일(金德一), 이시무(李時懋), 이수홍(李秀弘), 강득량(姜得良), 김억산
(金億山), 김도상(金道常), 진현기(秦鉉器), 이명주(李命周), 한창교(韓昌敎), 김이
운(金履運), 진복규(秦福奎), 홍재기(洪在基), 강인관(姜仁寬), 김영동(金永東),
구중관(具重瓛), 홍재범(洪在範), 유재관(兪在觀), 이창식(李昌植), 노석호(魯錫
浩), 임상현(林尙顯), 기찰 박광익(朴光益), 박우형(朴佑炯), 액외자원(額外自願)
유학(幼學) 민치오(閔致五)

부호군(副護軍) 최상유(崔尙儒)가 삼가 씀

현 임금 4년 정묘년 3월 일 전 현감 왕석수(王錫綬) 삼가 기록하다.

開城赴援錄下終

개성부원록 하 끝

인물 색인

인 물	표 기	위 치
강감찬	姜邯贊	1866-09-11
강득량	姜得良	前後陣左右別武士都記/丙寅赴援記
강명록	姜命祿	前後陣左右別武士都記
강명인	姜命仁	前後陣左右別武士都記
강석룡	守防官　姜錫龍	1866-08-22
강석룡	出身把摠姜錫龍	1866-08-19
강석룡	把摠姜錫龍	1866-10-3
강석룡	把摠姜錫龍	前後陣左右別武士都記/丙寅赴援記
강영휘	把摠姜永禧	8월
강의문	姜儀文	前後陣左右別武士都記
강의문	姜儀文	丙寅赴援記
강인관	姜仁寬	前後陣左右別武士都記
강인관	姜仁寬	丙寅赴援記
강인권	姜仁權	前後陣左右別武士都記
강인필	姜仁弼	前後陣左右別武士都記
강인필	騎士姜仁弼	丙寅赴援記
강재황	姜姓載璜	1866-09-28?
강재황	姜載璜	1866-10-7
강재황	姜載璜	1866-10-7
강재황	姜載璜	1866-10-8
강재황	姜載璜	1866-10-5
강재황	老樵姜載璜	1866-09-18
강재황	老樵-晉州后人姜載璜	1866-10-4
강재황	白衣叅謀姜載璜	前後陣左右別武士都記
강종원	姜宗元	丙寅赴援記
강종원	出身姜宗元	前後陣左右別武士都記
강쾌학	姜快學	前後陣左右別武士都記
강쾌학	左騎士姜快學	1866-09-17
강현기	姜顯岐	前後陣左右別武士都記
강화유상	江華留相	1866-09-10

강희문	姜禧文	前後陣左右別武士都記
강희문	姜禧文	丙寅赴援記
고경악	執事高景岳	8월
고재형	高載亨	丙寅赴援記
고재형	高載亨	前後陣左右別武士都記
고학기	出身高學基	前後陣左右別武士都記
고학석	出身高學錫	前後陣左右別武士都記
관노정	洞所居之堂官奴鄭	1866-09-28?
괴령	上使魁齡	1866-09-28
괴령	上使魁齡	1866-09-21
괴령	上使魁齡	1866-09-11
구득규	具得圭	1866-09-28?
구상질	具尙質	1866-09-28?
구수사?	具水使	1866-09-27?
구연홍	中軍兼守城將具然泓	1866-09-12
구연홍	中軍具然泓	1866-09-19
구연홍	中軍具然泓	1866-09-13
구연홍	中軍具然泓	1866-09-11
구연홍	中軍具然泓	1866-09-16
구연홍	中軍具然泓	1866-09-12
구자덕	具滋德	1866-09-12
구중관	具重瓘	丙寅赴援記
구중관	具重瓘	前後陣左右別武士都記
권은관	權采圭父恩觀	江華府合試四邑
권채규	權采圭-문과	江華府合試四邑
권현	經歷權公	1866-09-12
권현	經歷權公炫--年高而忠義兼摯治績載路	
권현(권공)	權公	1866-08-22
권현(명부권공)	明府權公	1866-08-22
권현(명부권공)	明府權公	1866-09-10
권현(명부권공)	明府權公	1866-09-28?
권현(명부권공)	明府權公	1866-09-27
권현(명부권공)	明府權公	1866-09-13
권현(명부권공)	明府權公	8월
권현(명부권공)	明府權公?	1866-08-22
급암	汲黯	1866-10-6
기사	騎士金某	1866-09-12
길윤	吉伊	1866-09-27?
김견신	義兵將金見臣	1866-09-13
김광문	金光文	前後陣左右別武士都記
김광문	金弘璀父光文	1867-1-11放榜
김규현	禮房別提金揆鉉	1866-09-28?

김규현	禮房別提金揆鉉	1866-09-10
김기명	金沂明(초관)	1866-09-28?
김기명	金司果	1866-10-7
김기명	金司果沂明	1866-10-7
김기명	都監哨官金沂明	1866-10-8
김기명	巡撫先鋒金沂明	1866-10-6
김기묵	金基默	前後陣左右別武士都記
김기상	書吏金綺商	1866-09-13
김기상	書吏金綺商	1866-09-11
김기상	書吏金綺商	1866-09-12
김대균	騎士金大均	1866-09-28?
김대균	金大[균](自願)	丙寅赴援記
김대균	金大均(自願)	前後陣左右別武士都記
김대균	左別武士金大均	1866-10-8
김대택	金大宅	1866-09-13
김덕일	金德一	前後陣左右別武士都記
김덕일	金德一	丙寅赴援記
김덕환	金德煥	前後陣左右別武士都記
김도상	金道常	丙寅赴援記
김도상	出身金道常	前後陣左右別武士都記
김려택	金麗澤	丙寅赴援記
김모	騎士金某	1866-09-12
김방경	金方慶	1866-09-11
김봉록	金奉祿	丙寅赴援記
김봉록	出身金奉祿	前後陣左右別武士都記
김상정	玉圃金相鼎	1866-09-18
김상희	金尙禧	
김석구	金錫九	1866-09-12
김석구	丁串執事金錫九	1866-09-13
김석구	執事金錫九	1866-09-11
김석구	執事金錫九	1866-09-13
김석구	執事金錫九	1866-10-9?
김석구	執事金錫九	前後陣左右別武士都記
김수현	開城府留守金壽鉉	1866-12-11元勳
김수현	金公壽鉉	前後陣左右別武士都記
김수현	金相公壽鉉	丙寅赴援記
김수현	留相公	1866-10-14
김수현	留相金公	
김수현	留相金公壽鉉	1866-06-24
김수현	本府留相金壽鉉	前後陣左右別武士都記
김수현(김상공)	本府留守金相公	1866-08-19
김수현(유상공)	留相公	1866-08-22
김수현(유상공)	留相公	1866-09-12

김수현(유상공)	留相公	1866-09-10
김수현(유상공)	留相公	1866-09-08
김수현(유상공)	留相公	1866-09-28?
김수현(유상공)	留相公	1866-09-29
김수현(유상공)	留相公	1866-09-11
김수현(유상공)	留相公	1866-09-21
김수현(유상공)	留相公	1866-09-17
김수현(유상김공)	留相金公	1866-09-10
김수현(유상김공)	留相金公	1866-09-15
김시면	士人金始冕	1866-09-11
김시선	主簿金始善	1866-09-28?
김시선	主簿金始善	1866-09-10
김억산	金億山	丙寅赴援記
김억산	金億山	前後陣左右別武士都記
김여택	金麗澤	前後陣左右別武士都記
김연광	金淮陽	1866-09-11
김연광	金淮陽鍊光	1866-09-10
김영동	金永東	前後陣左右別武士都記
김영동	金永東	丙寅赴援記
김영희	領井浦守防金永熙	1866-09-12
김영희	守防官金永熙	1866-09-12
김영희	執事金永熙	8월
김우기	執事出身金禹器	1866-07-15
김유진	金有鎭	丙寅赴援記
김유진	金有鎭	前後陣左右別武士都記
김이운	金履運	丙寅赴援記
김이운	金履運	前後陣左右別武士都記
김이재	留相金公履載	
김익용	領井浦守防金益鎔	1866-09-12
김익용	領井浦守防金益鎔	1866-09-10
김익용	哨官金益鎔	8월
김일후	士人金日厚	1866-09-28?
김장생	沙溪	1866-10-4
김재기	剛明才子	1866-08-22
김재기	出身把摠金載琦	
김재도	吏房金在道	1866-09-28?
김재옥	鄭載鈺	丙寅赴援記
김재헌	경력(經歷) 김재헌(金在獻)	1866-07-00
김재헌	경력 김재헌(公在獻)	1866-07-17
김정근	金廷根	8월
김정근	金廷根	1866-10-6
김정근	金廷根	1866-09-10
김정근	金廷根	1866-10-3

김정근	金廷根	1866-09-28?
김정근	別將金廷根	1866-09-28?
김정근	別將金廷根	1866-08-22
김정근	別將金廷根	丙寅赴援記
김정근	別將金廷根	1866-10-3
김정근	別將金廷根	1866-10-8
김정근	別將金廷根	1866-09-11
김정근	廷根是鍊光之後裔	1866-09-10
김정근	左列別將金廷根	前後陣左右別武士都記
김정근	左列別將金廷根	1866-09-11
김정근	左列別將金廷根	
김정근	左別將金廷根	1866-09-11
김정근	左別將金廷根	1866-09-28?
김정근	左別將金廷根	1866-10-3
김정삼	哨官金鼎三	8월
김정환	出身執事金鼎煥	1866-09-28?
김종원	金鍾源	1866-09-18
김종원	金鍾源	1866-09-28?
김종원	金鍾源	前後陣左右別武士都記
김종원	百摠金鍾源	丙寅赴援記
김종원	百摠金鍾源	1866-10-3
김종원	哨官金鍾源	8월
김종원	哨官出身金鍾源	1866-07-15
김좌근	金荷屋(金左根)	1866-09-27?
김진구	金鎭九	前後陣左右別武士都記
김진구	金鎭九	丙寅赴援記
김진국	金鎭國	丙寅赴援記
김진국	出身金鎭國	前後陣左右別武士都記
김진석	金鎭錫	丙寅赴援記
김진석	金鎭錫	前後陣左右別武士都記
김진업	金辰業	前後陣左右別武士都記
김진희	哨官金晉僖	8월
김초선	金初善	1866-07-18
김초선	義州人能漢語者金初善	1866-07-18
김학로	金學魯	前後陣左右別武士都記
김학순	中營執事金學枸	1866-09-11
김학조	金學祚	丙寅赴援記
김학조	金學祚	前後陣左右別武士都記
김현대	顯大(金廷根之子)	1866-09-28?
김현주	顯周(金廷根之子)	1866-09-28?
김홍관	金弘瓘-무과-와서별제	1867-1-11放榜
김홍관	초관金弘瓘	8월
김홍규	執事金弘珪	8월

김홍도	초관金弘道	8월
김홍의	執事金弘毅	8월
김홍집	金弘集	丙寅赴援記
김홍집	金弘集	前後陣左右別武士都記
김홍택	金弘澤	前後陣左右別武士都記
김희영	領井浦守防金永禧	1866-09-10
남종삼	南鍾三	1866-07-00
노석호	魯錫浩	丙寅赴援記
노석호	出身魯錫浩	前後陣左右別武士都記
노인석	別武士　魯	1866-09-28?
대발(오페르트)	戴拔(Oppert, Ernest Jacob)	
대원군	院位	1866-09-27?
대원군	院位大監	1866-09-28?
두보	杜工部	1866-10-8
두예	杜預	1866-09-28?
라위개	羅爲凱自稱大法國大都督	1866-09-18
로사(로즈)	水賊魯斯自稱大英國大都督	1866-09-18
류풍린	柳翁	1866-09-12
류풍린	류찰방(柳察訪)	1866-09-12
류풍린	主人柳豊麟	1866-09-12
류풍린	主人柳豊麟-갑인년초시합격	1866-09-12
마예래	幼學馬豫來	1866-09-12
명달아	通官明達阿	1866-09-11
문유근	執事文有根	8월
민경호	我亡子京鎬	1866-09-11
민심언	民卽前留守諱審言之后	1866-09-11
민유혁	辛未自願從征愈爀之子	1866-09-11
민재호	其從子在鎬-민치오조카	1866-09-11
민치선	閔致五之兄致璇	1866-09-12
민치섬	哨官閔致暹	8월
민치연	致璉-민치오동생	1866-09-17
민치오	里中人閔致五	1866-08-22
민치오	閔某	1866-09-28?
민치오	閔生	1866-09-11
민치오	閔生	1866-08-22
민치오	民卽前留守諱審言之后	1866-09-11
민치오	閔致五	1866-09-17
민치오	閔致五	1866-09-16
민치오	閔致五	1866-09-13
민치오	閔致五	1866-10-8
민치오	閔致五	1866-09-28?
민치오	閔致五	1866-10-6
민치오	閔致五	1866-09-12

민치오	白衣從事閔致五[自願]	前後陣左右別武士都記
민치오	士人閔致五	1866-09-11
민치오	辛未自願從征愈嫌之子	1866-09-11
민치오	額外自願幼學閔致五	丙寅赴援記
민치오	靑下閔致五	1866-09-18
민치황	致璜-민치오동생	1866-09-17
민태호	高陽郡守閔兒鎬	1866-09-28?
박감사	朴監使	1866-09-17
박경철	朴景哲	前後陣左右別武士都記
박광세	哨官朴光世	8월
박광익	譏察朴光益	丙寅赴援記
박광익	捕校朴光益	1866-10-3
박동엽	초관朴東曄	8월
박동헌	前五衛將朴東憲	1866-09-11
박언하	哨官林彦河	8월
박연형	書吏朴淵衡	1866-09-11
박우형	軍官朴祐炯	1866-09-28?
박우형	朴佑炯	丙寅赴援記
박우형	朴宇炯	前後陣左右別武士都記
박우형	朴佑炯포교	1866-10-3
박원우	丁山朴元友	1866-09-18
박윤회	朴允會	丙寅赴援記
박윤회	朴允會	前後陣左右別武士都記
박치무	朴致茂	丙寅赴援記
박치무	朴致茂	前後陣左右別武士都記
박형로	朴衡魯	1866-07-18
박형로	執事朴衡魯	1866-06-24
박형로	執事朴衡魯	8월
박형로	집사첨지박형로(朴衡魯)	1866-07-15
박홍규	執事朴弘奎	1866-10-14
박희경	江華新中軍朴熙景	1866-09-18
박희경	江華中軍朴熙景	1866-12-11元勳
박희경	朴中軍	1866-10-8
박희경	朴熙景爲中軍	1866-09-28?
박희경	전남병우후(南兵虞侯) 박희경(朴熙景)	1866-07-00
박희경	前虞候朴熙景	1866-09-28?
박희경	中軍朴熙景	1866-10-9
방윤직	礪峴鎭僉使龐允直	1866-09-28?
백경석	討捕行首軍官前嘉善五衛將白景錫	1866-09-28?
백경석	討捕行首白景錫	1866-09-28?
백기영	白基英	前後陣左右別武士都記
백기영	白基英	丙寅赴援記

백기조	執事白基祚	8월
백낙신	白兵使	1866-09-28?
백낙신	永宗僉使白樂莘	1866-10-8
백낙신	永宗僉使白樂莘	1866-09-28?
백낙신	永宗僉使白樂莘	1866-10-6
백낙신	永宗僉使白樂莘	1866-09-28?
백낙현	前府使白樂賢	1866-09-10
백락신	永宗僉使白樂莘	1866-12-11元勳
백락신	永宗僉使白樂莘	1866-09-12
백락현	幸州巡撫中軍白樂顯	1866-09-12
백명찬	禮成江哨官白命纘	1866-09-23
백명찬	초관白命纘	8월
백보형	白黼炯	1866-07-18
백보형	哨官出身白黼炯	1866-07-15
백응수	哨官白應洙	1866-07-15
백응채	哨官白應采	8월
백응현	白日繪之父應絢	1866-09-12
백일회	白日繪	1866-09-13
백일회	百摠白日繪	前後陣左右別武士都記
백일회	百摠白日繪	1866-09-12
백일회	左列百摠白日繪	1866-09-11
상공합하	相公閣下	前後陣左右別武士都記
서미수	留相徐公美修	
선전관 이	宣傳官李	1866-09-10
설병주	前監察薛秉周	1866-09-11
손권	孫權	1866-09-28?
손덕립	哨官孫德立	1866-07-15
손도행	孫道行	前後陣左右別武士都記
손도행	孫道行	丙寅赴援記
송상현	宋東萊	1866-09-11
송상현	宋東萊象賢	1866-09-10
신숙	兼中軍申橚	1866-09-21
신숙	大輿兼中軍申橚	1866-09-27
신숙	長湍府使申橚	1866-09-19
심상필	出身沈尙弼	前後陣左右別武士都記
안?	安中軍	1866-10-8
안명호	別軍官安命鎬	1866-10-13
안우	安祐	1866-09-11
양동	梁仝(=同)	1866-09-13
양용섭	梁用涉	丙寅赴援記
양용섭	梁用涉	前後陣左右別武士都記
양헌수	梁千摠	1866-10-7
양헌수	梁憲洙	1866-10-9

양헌수	巡撫營千摠梁憲洙	1866-09-28?
양헌수	千摠梁憲洙	1866-12-11元勳
여몽	呂蒙	1866-10-6
염우석	廉右錫	前後陣左右別武士都記
영고숙	鄭考叔-정나라潁考叔	
오계영	吳啓泳	1866-09-28?
오규철	吳奎哲	前後陣左右別武士都記
오규철	吳奎哲	丙寅赴援記
오상완	都糾憲前分教官吳尙琬	1866-09-28?
오한원	留相吳公翰源	
왕문산	汪文山	
왕사헌	王庭揚父進士師憲	1867-1-11放榜
왕석수	前縣監王錫綬	丙寅赴援記
왕석수	直長意齋王錫疇	1866-09-18
왕언성	別提王彥聲	1866-09-11
왕우칭	王禹稱	1866-09-28?
왕정양	王庭揚-문과-병조참의	1867-1-11放榜
우세록	집사禹世祿	8월
우윤헌	禹允憲	前後陣左右別武士都記
운랑	妓女雲娘	1866-09-10
월곶쉬	月串倅	1866-07-17
유극량	劉副元帥	1866-09-11
유극량	劉副元帥克良	1866-09-10
유순근	劉舜根	1866-09-28?
유시풍	把摠劉始豐	8월
유영길	劉永吉-무과-引儀	江華府合試四邑
유원식	劉元植-문과	江華府合試四邑
유재관	兪在觀	前後陣左右別武士都記
유재관	兪在觀	丙寅赴援記
유학선	劉學善	1866-09-12
유학선	新差哨官劉學善	1866-10-8
유학선	哨官劉學善	1866-09-11
유학선	哨官劉學善(自願)	前後陣左右別武士都記
유학선	學善以新差哨官亦自願而頗有膽略者也	1866-09-12
유한규	劉元植父守門將漢奎	江華府合試四邑
유한규	前守門將劉漢奎	1866-09-19
윤관	尹瓘	1866-09-11
윤시영	尹時榮-문과	江華府合試四邑
윤완	尹琓	前後陣左右別武士都記
윤위	大興中軍尹湋	1866-10-6
윤위	新中軍尹湋	1866-09-28?
윤위	新中軍尹湋	1866-09-28

윤위	前府使尹瑋	1866-09-27
윤위	中軍	1866-09-29
윤위	中軍尹瑋	丙寅赴援記
윤위	中軍尹瑋兼守防官	
윤위(윤중군)	尹中軍	1866-10-6
윤위(윤중군)	尹中軍	1866-10-6
윤위(윤중군)	尹中軍	1866-09-28?
윤위(윤중군)	尹中軍	1866-09-28?
윤위(윤중군)	尹中軍	1866-10-8
윤위(윤중군)	尹中軍	1866-10-8
윤위(윤중군)	尹中軍	1866-10-7
윤인철	尹仁哲	前後陣左右別武士都記
윤자응	同任郎廳尹滋應	1866-09-28?
윤자응	郎廳尹滋應	1866-09-10
윤중군	尹中軍	1866-10-14
윤흥주	尹時榮父興柱	江華府合試四邑
이(이렴? 이대흥?)	哨官李(李濂, 李大興?)	1866-09-28?
이건곤	仙李乾坤	1866-08-22
이건창	李建昌-문과	江華府合試四邑
이경연	李景淵	1866-09-28?
이경연	察訪李景淵	1866-09-18
이경재(이보국)	時左閣晦洞李輔國	1866-09-27?
이경하	大將李景夏	1866-09-28?
이경하	巡撫大將李景夏	1866-09-13
이경하	巡撫使李景夏	1866-12-11元勳
이계순	李啓淳	前後陣左右別武士都記
이계하	郎廳李啓夏	1866-09-10
이계하	郎廳李啓夏	1866-09-28?
이계현	李啓賢	丙寅赴援記
이계현	出身李啓賢	前後陣左右別武士都記
이공(이름 미상)	新經歷李公	1866-10-8
이군직(성명 미상)	李軍職	1866-09-27?
이규태	집사李圭泰	8월
이규태	집사출신이규태(李圭泰)	1866-07-15
이기조	李豊川基祖	1866-09-28?
이기혁	前監察李基赫	1866-12-11元勳
이기혁	靑田伯后李基赫	1866-09-28?
이낙희	把摠李樂熙	8월
이덕조	초관李德祚	8월
이만규	李晚奎-문과	江華府合試四邑
이명주	李命周	丙寅赴援記
이명주	李命周	前後陣左右別武士都記
이민순	李敏純	

이민순	李三水敏純	1866-10-6
이민순	李三水敏純	1866-10-8
이민순	裨將李敏純	1866-10-9
이민순	前三水府使李敏純	1866-10-6
이봉규	초관李逢圭	8월
이사협	李思協	1866-09-28?
이상학	李建昌父都事象學	江華府合試四邑
이석기	中軍錫麒	1866-10-7
이석윤	李錫允	1866-07-18
이수영	李壽永	前後陣左右別武士都記
이수홍	李秀弘	前後陣左右別武士都記
이수홍	李秀弘	丙寅赴援記
이승훈	李承薰	1866-07-00
이시무	李時懋	丙寅赴援記
이시무	左別武士李時懋	前後陣左右別武士都記
이시원	李相公	1866-09-28?
이시원	李台	1866-10-7
이시원	李判書	1866-10-7
이시원	沙磯相公(李是遠)	1866-09-28?
이시원	原任吏曹判書沙磯李相公李是遠	1866-09-18
이씨	寡婦洪勳燮妻李氏	1866-09-11
이씨	寡婦洪勳燮妻李氏童蒙教官贊曾孫女	1866-09-11
이양봉	李陽鳳	1866-07-18
이양봉	義州人能漢語者李陽鳳	1866-07-18
이연수	本邑李演壽-從事叅謀	1866-10-7
이예부	李演壽父虞候禮培	江華府合試四邑
이용회	中軍李龍繪	1866-09-28?
이용희	巡撫中軍李龍熙	1866-12-11元勳
이용희	巡撫中軍李龍熙	1866-09-13
이용희	巡撫中軍李龍熙	1866-09-12
이원구	本官李源龜	1866-10-9
이원근	李郎廳元根	1866-10-7
이원근(이낭청)	李郎廳	1866-10-8
이유형	白峙鎭僉使李裕衡	1866-09-28?
이응규	이철生父縣監膺奎	1867-1-11放榜
이인기	沁舊留전강화유수李寅夔	1866-09-17
이인기	沁留李寅夔	1866-07-00
이인달	中軍李仁達	1866-09-28?
이인수	李演壽-문과	江華府合試四邑
이인영	內幕李仁永	1866-09-12
이인영	戶房郎廳李仁永	1866-09-10
이인영	戶房李仁永	1866-09-28?

이일취	班首? 士人李日就	1866-09-11
이장렴	江華留守李章濂	1866-09-12
이장렴	江華府留守李章濂	1866-12-11元勳
이장렴	新守李章濂-강화유수	1866-10-7
이장렴	沁留李章濂	1866-09-19
이장수	執事李杖秀	8월
이정기(유수이공)	留守李公	1866-09-28?
이정오	加設捕校出身李正五	1866-09-11
이제하	초관李濟河	8월
이종복	李宗福	前後陣左右別武士都記
이종복	李宗福	丙寅赴援記
이주복	李周復	丙寅赴援記
이주복	右別武士李周復	前後陣左右別武士都記
이주석	李周錫	前後陣左右別武士都記
이주석	李周錫	丙寅赴援記
이준조	李璿派-이장렴의선조	1866-10-7
이지	寡婦洪勳變妻李氏童蒙教官贊曾孫女	1866-09-11
이지번	李枝蕃	1866-07-18
이지번	李枝蕃	1866-09-28?
이지번	別將李枝蕃	8월
이지번	是豪俊多能者一便賀之一便謝之	1866-08-19
이지번	右列別將李枝蕃	1866-08-19
이지번	右列別將李枝蕃	1866-09-11
이지번	집사첨지이지번(李枝蕃)	1866-07-15
이지수	喬桐中軍李芝秀	1866-10-8
이지수	喬桐中軍李芝秀	1866-10-8
이진규	李喆父震奎	1867-1-11放榜
이진화	李鎭化	丙寅赴援記
이진화	李鎭化	前後陣左右別武士都記
이창식	李昌植	丙寅赴援記
이창식	李昌植	前後陣左右別武士都記
이철	李喆-문과-전적	1867-1-11放榜
이춘일	南門將李春一	1866-09-28?
이호량	阿陰李好良	1866-09-28?
이희원	李喜遠	1866-09-18
임상현	林尙顯	丙寅赴援記
임상현	出身林尙顯	前後陣左右別武士都記
임성철	초관임성철(林聖哲)	1866-07-15
임시환	林時桓	前後陣左右別武士都記
임윤집	林潤集	1866-09-28?
임재민	林在敏	前後陣左右別武士都記
임재현	執事林在賢	8월

임재현	집사첨지임재현(林在賢)	1866-07-15
임학문	幼學林鶴聞	1866-09-28?
장덕량	判校張德良	1866-09-11
장덕선	張德良其弟幼學德宣	1866-09-11
장세학	張顯鶴(張顯國子)	1866-09-28?
장학룡	進士張學龍	1866-09-11
장현국	工房前五衛將張顯國	1866-09-28?
장현국	工房前五衛將張顯國	1866-09-10
전재규	捕校田在圭	8월
전홍우	집사출신전홍우(全弘瑀)	1866-07-15
정로	鄭薯父魯	1866-09-10
정시	嘉山郡守鄭薯	1866-09-10
정재선	鄭在銑	前後陣左右別武士都記
정재옥	出身鄭載鈺	前後陣左右別武士都記
정재홍	鄭在弘	前後陣左右別武士都記
정종로	유학? 鄭宗魯	1866-09-11
제갈량	武侯	1866-09-28?
제경욱	諸景彧	1866-09-13
조귀석	趙貴石(포졸)	1866-09-28?
조두순	趙心菴(趙斗淳)	1866-09-27?
조벽	辛未應募應濂之孫也	1866-09-11
조벽	出身趙璧	1866-09-11
조연창	試官趙然昌	江華府合試四邑
조응렴	辛未應募應濂之孫也	1866-09-11
조인준	東門卒曺仁俊	1866-09-28?
조조	曹孟德	1866-09-28?
조청봉	조능봉(趙凌奉)	1866-07-18
조쾌철	捕卒趙快哲	1866-09-28?
주자	舟子	1866-09-13
중군	中軍-윤	1866-10-12
중군	中軍-윤	1866-10-10
지봉준	池鳳俊	1866-09-28?
지봉준	池生	1866-09-28?
진동석	陳集喬父東錫	1867-1-11放榜
진복규	秦福奎	前後陣左右別武士都記
진복규	秦福奎	丙寅赴援記
진상현	집사秦尙顯	8월
진의렴	집사秦宜濂	8월
진집교	陳集喬-문과	1867-1-11放榜
진평	陳平	1866-09-28?
진학선	집사秦學善	8월
진현기	秦鉉器	丙寅赴援記
진현기	秦鉉器	前後陣左右別武士都記

채동권	安撫使前兵使蔡東權	1866-09-12
청봉	清峯	1866-09-28?
최길	崔吉	丙寅赴援記
최길	出身崔吉	前後陣左右別武士都記
최난헌	崔蘭軒：Thomas, Robert Jermain	1866-07-18
최난헌	(崔)蘭軒	1866-09-28?
최대현	進士壽園崔大顯	1866-09-18
최상유	副護軍崔尚儒	丙寅赴援記
최정순	서리崔廷順	8월
최종학	집사崔鍾學	8월
최택선	執事崔宅善	8월
최택선	출신최택선(崔宅善)	1866-07-15
최한규	兵房僉知崔漢奎	1866-09-10
최한규	兵房僉知崔漢奎	1866-09-28?
최형륜	崔亨崙	丙寅赴援記
최형윤	崔亨崙	前後陣左右別武士都記
태평춘	太平春	1866-09-13
풍지림	蓋文山(馮)芝林	1866-09-28?
풍지림	芝林	
풍지림	馮芝林	
한굉리	哨官出身韓宏履	1866-07-15
한덕교	領井哨官韓德敎	1866-09-21
한덕교	領井浦守防哨官韓德敎	1866-09-19
한덕교	哨官韓德敎	丙寅赴援記
한덕교	哨官韓德敎	1866-10-3
한덕교	哨官韓德敎	1866-10-9
한덕교	哨官韓德敎	1866-09-28?
한덕교	哨官韓德敎	8월
한덕교	韓德敎	前後陣左右別武士都記
한상오	韓尚五	前後陣左右別武士都記
한상오	韓尚五	丙寅赴援記
한시관	韓時觀	前後陣左右別武士都記
한신용	哨官韓信容	8월
한응필	延安府使韓應弼	1866-09-12
한정리	外幕千摠韓貞履	1866-09-12
한정리	左部千摠韓貞履	1866-08-19
한정리	千摠韓貞履	1866-09-10
한정리	千摠韓貞履	1866-09-11
한정리	千摠韓貞履	1866-06-24
한정리	卓犖之傑士	1866-08-22
한정리	韓貞履	1866-09-28?
한정복	韓廷復	前後陣左右別武士都記
한정복	韓廷復	丙寅赴援記

한창교	韓昌敎	前後陣左右別武士都記
한창교	韓昌敎	丙寅赴援記
항적	項籍	1866-10-6
허겁정	許㤼丁	1866-09-13
허항	許沆	1866-09-13
허헌	執事許櫶	1866-09-28?
허헌	執事許櫶	8월
허헌	執事許櫶	1866-10-3
허헌	差官許櫶	丙寅赴援記
허헌	許櫶	前後陣左右別武士都記
현명량	吏房書吏玄命亮	1866-09-28?
홍경래	景來	1866-09-13
홍경태	洪景泰	1866-07-18
홍곽산	洪郭山	1866-09-27?
홍면섭	右列別將洪冕燮	1866-07-18
홍붕섭	哨官洪鵬燮	1866-08-19
홍성함	守門將聖涵-홍훈섭의부친	1866-09-11
홍신규	平山府使洪愼圭	1866-09-12
홍우복	前察訪홍禹復	1866-10-8
홍우복	前察訪洪禹復	1866-09-12
홍재기	洪在基	前後陣左右別武士都記
홍재기	洪在基	丙寅赴援記
홍재범	洪在範	前後陣左右別武士都記
홍재범	洪在範	丙寅赴援記
홍제순	書吏洪濟順	8월
홍종철	洪郞廳鍾喆	1866-10-9
홍진구	柳川洪鎭九	1866-09-25
홍진구	哨官自願洪鎭九	8월
홍진구	哨官洪鎭九	1866-09-18
홍진구	哨官洪鎭九-홍우복아들	1866-10-8
홍진구	洪鎭九	1866-07-15
황석환	執事出身黃錫煥	1866-07-15
황석환	執事黃錫煥	8월
황택인	黃宅仁	1866-09-28?
황호덕	分敎官黃浩德	1866-09-28?
희원	副使希元	1866-09-11
희원	副使希元	1866-09-21

찾아보기